九年一貫課程改革
的
省思與實踐

黃嘉雄　著

作者簡介

學歷

國立台灣師範大學教育學博士

美國北科羅拉多大學研究

經歷

國小教師

台北縣政府教育局課員

基隆市政府教育局督學、課長、主任督學

國立台北師範學院初等教育學系副教授兼附設實驗小學校長

現職

國立台北師範學院初等教育學系教授兼課程與教學研究所所長

著作

轉化社會結構的課程理論，台北：師大書苑，八十五年初版，

八十九年修訂一版。

學校本位管理制度比較研究，台北：五南，九十年初版。

序

　　課程改革不但直接改變師生的教學內容、方法和日常生活，同時也帶動師資培育、教師資格檢定、教育資源分配、學校行政組織運作、校園文化氛圍、教材和教科書選編、教學資源設施和學習成就評量方式等之變革，甚而影響未來的整體社會運作模式和生活素質，故課程改革乃教育改革的火車頭，也是社會改造的活水泉源。是以，課程改革本即應為大眾所關注，不只是政府和教育專業者該關心，廣大的一般社會大眾也須關心。尤其，這一次國民中小學九年一貫課程的改革幅度，在台灣國民中小學課程改革史上應無出其右，大家更應該關心；事實上，本次改革所引發的討論熱潮也是空前的。

　　我自己作為一位師資培育者、課程學者、曾是實驗小學校長和國民教育階段學童的家長，比起他人更關心此次的課程改革。過去三年來，有時為應教育部或學術團體之邀，有時為了滿足自己教學和研究之需，也有時為了向學校校長和教師分享心得、詮釋觀點，乃撰寫了十餘篇有關九年一貫課程改革的文章。為了分享心得，倡導大眾對課程改革的關注，並作為政府未來推動進一步革新的參考，乃將其中十五篇稍加潤飾後，輯印成本書。

本書之出版，首先感謝心理出版社許總經理麗玉應允付梓，其次感謝內人於操持家務之餘協助電腦打字、排版和校稿。

黃嘉雄

於民國九十一年八月十五日

目　錄

第一篇　課程改革的省思與檢討

第二篇　課程領導

第三篇　課程評鑑

第一篇

課程改革的省思與檢討

第一章

九年一貫課程的組織結構

　　課程內涵由許多課程要素組成，通常包括諸多期望學習者習得的概念、原則、事實、理論、論題、價值和技能。從事課程設計時，一方面要考慮這些要素的完整性、彼此間的垂直與水平關係；另一方面須考慮學習者的發展層次、動機與需求之滿足，以及這些要素隨著學習進程不斷開展的銜接性、延續性和擴展性，故必須將這些要素予以適當的組織。本文從整體課程組織結構和各學習領域課程組織結構兩角度，說明探討國民中小學九年一貫課程的組織結構。

壹、整體課程組織結構

　　依國民中小學九年一貫課程暫行綱要之規定，國民中小學九年一貫課程以培養學生「了解自我與發展潛能」、「欣賞、表現與創新」、「生涯規畫與終身學習」、「表達、溝通與分享」、

「尊重、關懷與團隊合作」、「文化學習與國際了解」、「規畫、組織與實踐」、「運用科技與資訊」、「主動探索與研究」和「獨立思考與解決問題」等十項基本能力，作為課程總目標（教育部，民89）。

為了協助學生獲得此十項基本能力，自一年級至九年級，國民中小學所提供的課程內涵主要包括三者：一是作為核心主軸的七大學習領域課程（國民小學一、二年級則將社會、自然與生活科技、藝術與人文三學習領域整合為生活課程），二是為因應各地區、各校、各年級、各班或學習者自主學習所需而為輔軸的彈性學習節數課程，三是融入於七大學習領域、甚至於彈性學習節數課程活動的六大教育議題。換言之，九年一貫課程一至九年級的整體課程組織結構，如圖 1-1 所示。

從圖 1-1 的整體課程組織結構可發現下述要點：

一、就整體課程架構而言，十項基本能力的每一項基本能力皆是各學習領域、六大教育議題和彈性學習節數課程活動的共同課程目標，各學習領域、六大教育議題和彈性學習節數課程活動，均負有實踐十項基本能力的每一項能力之責任。從另一角度言之，任一項基本能力均非某特定學習領域的專屬課程目標。

二、十項基本能力的養成是漸進發展的過程，自第一學習階段起至國中畢業止的國民教育階段各年級、各學習階段課程，均應協助學習者漸進開展十項基本能力。易言之，從國民中小學整個一至九年級的學習歷程觀之，十項基本能力亦是各學習階段、各年級的共同課程目標。所以，

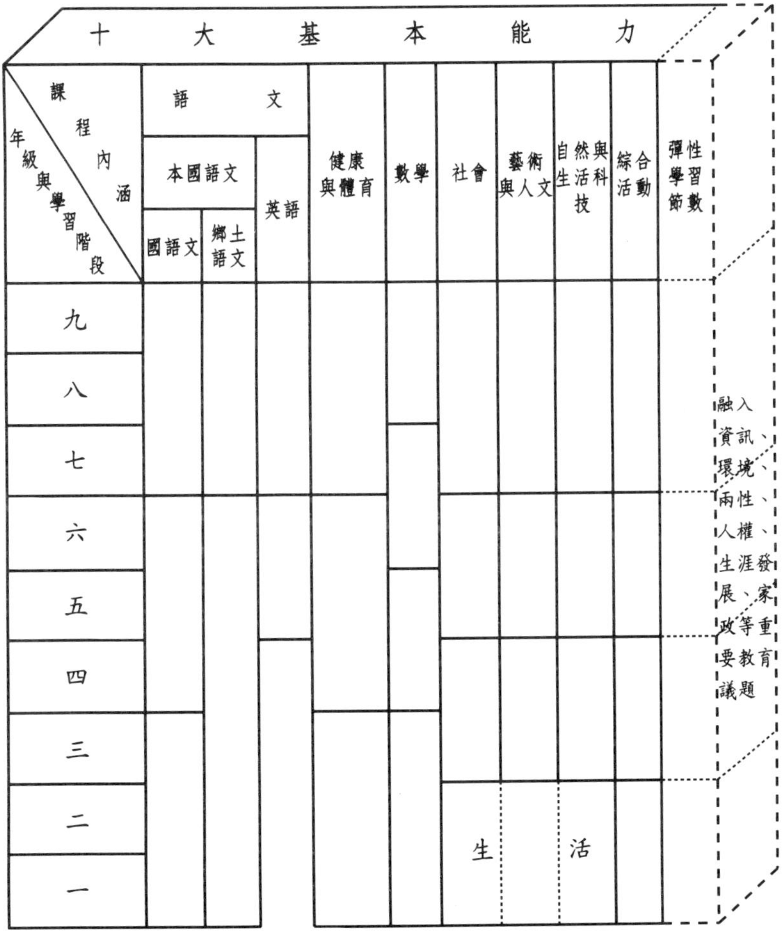

十 大 基 本 能 力

課程內涵 年級與學習階段	語文			健康與體育	數學	社會	藝術與人文	自然與生活科技	綜合活動	彈性學習節數
	本國語文		英語							
	國語文	鄉土語文								
九										
八										
七										
六										
五										
四										
三										
二					生		活			
一										

融入資訊、環境、兩性、人權、生涯發展、家政等重要教育議題

圖 1-1　國民中小學九年一貫課程整體結構圖

十項基本能力是發展性的。

三、國民中小學一至九年級課程的內涵,已把八十二年國小

課程標準和八十三年國中課程標準的國小十一學科和國中二十一必修學科及其他選修科重新調整為包括七大學習領域、六大教育議題和彈性學習節數課程。

🌀 貳、各學習領域課程組織結構

　　十項基本能力雖是九年一貫課程各學習階段、各學習領域和六大教育議題的共同課程目標，但由於其是綱領性、抽象性和概括性的目標，乃無法直接作為選擇與組織系統化學習經驗的依據。一般課程設計的做法，是將綱領性、抽象性的課程目標予以具體化、明確化，再將具體化的目標，按其邏輯關係、屬性、難易度、關聯性和學習者的發展層次等因素加以排序、分類和組織，作為各學習領域、各學習階段的系統化、層次化和組織化課程目標。

　　國民中小學九年一貫課程採取類似方法，將一至九年級的七大學習領域課程各劃分為三至四個學習階段，每一學習階段均列述各該學習領域課程用以實踐十項基本能力的更具體化分段能力指標。於是，分段能力指標乃成為各學習領域、各學習階段的具體化課程目標，它設定了預期學生應獲得的基本成就水準，也標明了學習者應學習的各種概念、事實、原理原則、理論、論題、價值和技能。而且，各學習領域課程綱要對這些能力指標之分類、排序和組織方式，也形塑了各學習領域的內在組織結構。

　　茲將各學習領域、各學習階段能力指標所呈現的內在組織結構，以圖表的方式說明之。

能力別\年級與階段	注音符號應用能力	聆聽能力	說話能力	識字與寫字能力	閱讀能力	寫作能力
九八七	↑	↑	↑	↑	↑	↑
六五四						
三二一						

圖1-2　國民中小學本國語文（國語文）課程組織結構

主題軸\能力別\年級與階段	語言能力				學習英語的興趣與方法	文化與習俗
	聽	說	讀	寫	聽說讀寫綜合運用	
九八七	↑	↑	↑	↑	↑	↑	↑
六五							

圖1-3　國民中小學英語（標準版）課程組織結構

年級與階段＼主題軸	生長發展	人與食物	運動技能	運動參與	安全生活	健康心理	群體健康
九八七	↑	↑	↑	↑	↑	↑	↑
六五四							
三二一							

圖 1-4　國民中小學健康與體育學習領域課程組織結構

年級與階段＼主題軸	數與量			圖形與空間	統計與機率	代數	連結
	數與計算	量與實測	關係				
九八	↑	↑	↑	↑	↑	↑	察覺 轉化 解題 溝通 評析
七六							
五四							
三二一							

圖 1-5　國民中小學數學學習領域課程組織結構

年級與階段＼主題軸	人與空間	人與時間	演化與不變	意義與價值	自我人際與群己	權力規則與人權	生產分配與消費	科學技術與社會	全球關聯
九八七	↑	↑	↑	↑	↑	↑	↑	↑	↑
六五四									
三二一									

圖 1-6　國民中小學社會學習領域組織結構

年級與階段＼主題軸	探索與創作			審美與思辨			文化與理解		
	視覺藝術	音樂	表演藝術	視覺藝術	音樂	表演藝術	視覺藝術	音樂	表演藝術
九八七	↑	↑	↑	↑	↑	↑	↑	↑	↑
六五四									
三二一									

圖 1-7　國民中小學藝術與人文學習領域課程組織結構

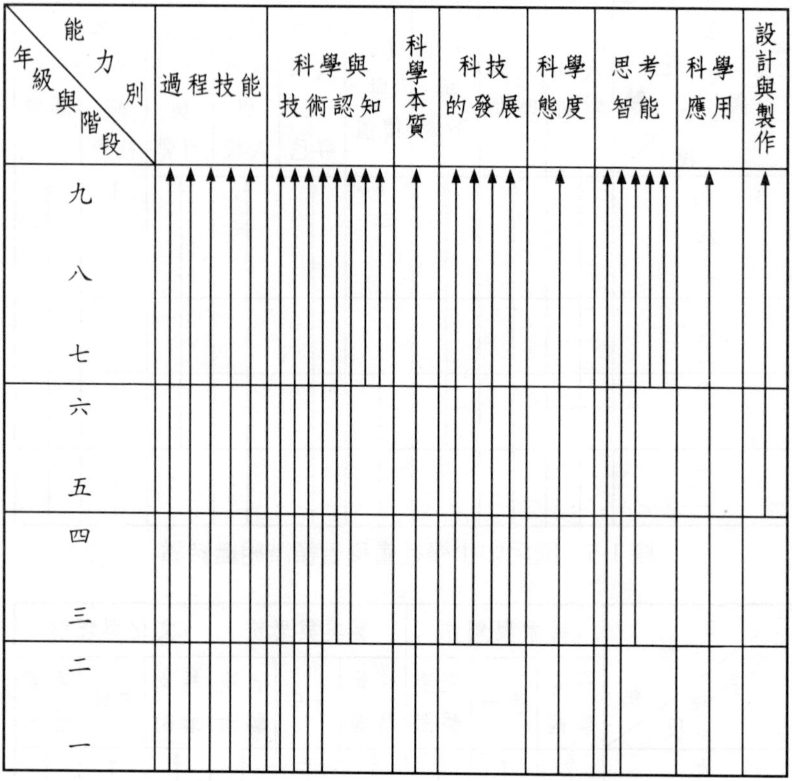

圖 1-8　國民中小學自然與生活科技學習領域課程組織結構①

年級與階段 ＼ 主題軸	認識自我	生活經營	社會參與	保護自我與環境
九 八 七	↑	↑	↑	↑
六 五				
四 三				
二 一				

圖 1-9　國民中小學綜合活動學習領域課程組織結構

　　若將圖 1-2 至圖 1-9 各表所呈現的各學習領域內在組織結構融入圖 1-1，則可形成圖 1-10 的九年一貫課程組織詳細結構圖。

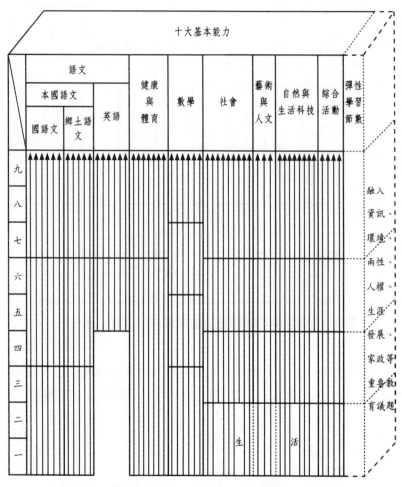

圖 1-10　國民中小學九年一貫課程組織結構詳細圖

　　觀察及分析圖 1-2 至圖 1-10 有關九年一貫課程各學習領域的內部組織結構，可獲得下述要點：

一、九年一貫課程各學習領域的內部組織結構，主要是以主題軸（國語文和自然與生活科技則以不同性質的能力類別）作為其內部的組織核心。除社會和自然與生活科技學習領域的少部分主題軸或能力類別不是從第一學習階段開始外，其餘各學習領域的主題軸均貫串學習者一至九年級的各學習階段。

二、作為九年一貫課程各學習領域課程組織軸心的主題軸，在課程組織上具有多種功能。首先，它將學習領域內相似但原來可能分散於各學科的概念、事實、原理原則、論題、價值和技能等整合在同一主題軸內，故具有某種程度的跨越學科界限功能。其次，它與更具體細瑣的行為目標相比，通常是範疇較廣的能力、論題和構念，這可避免課程內容的片段化、析離化，協助學習者參與較具整合性的課程經驗。第三，各主題軸大都貫串學習者的數個學習階段，使學習者在各階段的重要學習內容具延續性，使學習的內容沿著學習時間的發展而具加深加廣的擴展性效果，所謂螺旋式課程組織的想法乃更容易實現。故九年一貫課程所重視的國民中小學課程的一貫性，並不只是國民中小學各學習領域名稱的一致而已，更重要的應是以主題軸為核心的組織結構，使各學習領域的一至九年級課程目標和內容更易銜接、更具延續性和擴展性。

三、若以其他國家的實例相比擬，九年一貫課程的主題軸概念，極類似澳大利亞一九九三年公布的國家課程綱要裡

的 strand 概念。所謂 strand，澳大利亞國家課程綱要的界定是：「一個學習領域裡的主要結構性組織者，其將內容、過程和概念的理解（conceptual understanding）加以分類組織（The Curriculum and Assessment Committee of the Australian Educational Council, 1994, p. 2）。」再查 strand 的字義，是指繩內之細股或發展軸線之意。繩內各股一方面可使股內各細線相結合；另一方面，各股之結合則再組成大繩。因為有股，繩乃得以組成並延伸長度，將各細絲片縷緊密有力地結合在一起。引申言之，九年一貫課程各學習領域內之主題軸，就如同繩內各股，各學習領域則似大繩，透過主題軸，一則將各類更細微的概念、事實、原理原則、價值和技能等加以組織，二則進一步構造為更寬廣的學習領域內涵，三則使各學習階段的學習內涵得以銜接、連貫和擴展。

四、可能由於暫行課程綱要提到：「學習領域之實施應以統整、協同教學為原則」，再加上國內部分學者論述或倡導了某些跨學科或超學科的課程統整觀念，致使近年來不少學校教師投入很多心力發展許許多多的所謂跨領域主題統整課程方案。這些方案固然有其理論上的、學術上的價值，或許也可適用於各校彈性學習節數、綜合活動學習領域及其他課程所需，但從上述九年一貫課程的內在結構觀之，這並非九年一貫課程的原意。九年一貫課程裡的所謂主題，應是指各學習領域內的各主題軸。

註

① 過程技能包括觀察、比較與分類、組織與關聯、歸納與推動、傳達五種技能。科學與技術認知的第一學習階段包括認知層次、認識常見的動物、植物、現象及現象變化的觀察、認識家用的科技產品四類；第二學習階段包括認知層次、認識動物、植物生長、認識物質、認識環境、交互作用的認識、認識常見的科技六類；第三學習階段包括認知層次、認識植物、動物的生態、認識物質、認識環境、交互作用的認識、認識常見的科技六類；第四學習階段包括認知層次、認識植物、動物的生理、認識環境、認識物質、交互作用的認識、能的觀點、動態與平衡、認識常見的科技八類。科技的發展包括科技的本質、科技與社會、科技的演進，皆由第二學習階段開始。科學態度的第一階段為喜歡探索、第二學習階段為發現樂趣、第三學習階段為細心確實和第四學習階段為求真求實。思考智能包括第一學習階段創造思考、解決問題，第二、三學習階段再加上批判思考，第四學習階段再增加綜合思考與推論思考。科學本質、科學態度、科學運用、設計與製作四者內部無更細的分類，其中設計與製作從第三學習階段開始。

 **參考文獻**

教育部（民 89）。國民中小學九年一貫課程暫行綱要。台北：作者。

The Curriculum and Assessment of the Australian Education Council (1994).
CURASS guidelines papers. Carlton, Vic.: Curriculum Corporation.

➧本文發表於教育部主辦、國立台北師範學院課程與教學研究所承辦之全國地方教育視導人員與國民中小學校長九年一貫課程知能培育講師群研討會，民國九十一年五月五日，於台北公務人力發展中心。

第二章
新的權力分配與社會控制原則：
論九年一貫課程改革的社會深層意義

　　「社會如何選擇、分類、分配、傳遞和評價其所認為的公共教育知識，反映出其權力分配與社會控制的原則（Bernstein, 1977, p. 85）」，「課程是學校與社會的價值和權力體系相互結合的關鍵領域，亦是對年輕人及其教導者施與社會控制的關鍵機制（Eggleston, 1977, p. 12）。」

　　課程社會學者主張學校的課程反映出該社會的權力分配與社會控制原則；引申言之，即學校課程的變革，亦反映社會的權力分配與社會控制原則的改變。既是如此，則國民中小學九年一貫課程的改革與實施，也將反映和牽動台灣社會新的權力分配與社會控制原則。以下即分析說明九年一貫課程改革過程及課程內涵所蘊含的台灣社會新權力分配與社會控制原則。

壹、市民社會活力的興起

　　長期以來台灣地區的國民中小學課程，通常由中央政府決定
而地方遵行，專家參與制訂課程標準而學校和教師執行，整個課
程決策與執行的過程，鮮少有民間社團或人士置喙的機會，課程
似乎被定位為官方和代表官方專家們的專屬領域，課程決定權幾
乎由政府壟斷包辦。這大概是因為台灣社會長久以來，通常假定
政府辦理公共事務較能反映大多數公眾的利益，而學校教育及其
課程屬公共事務，故理所當然地認為應由政府專權決定。但是從
九年一貫課程改革決策的形成過程及未來學校層次的課程決定過
程可發現，這種官方包辦課程決定的現象已然改變，台灣市民社
會（civil society）的活力已日漸勃興。

　　首先，從九年一貫課程的決策背景與緣起而言，林殿傑（民
89）和洪詠善（民89）皆指出主要的動因有三：一乃因應社會變
遷發展和國家競爭力的需求，二是回應前行政院教育改革審議委
員會所提教育改革總諮議報告書之建議，三則來自民間團體結合
民意代表的共同催生。而前行政院教育改革審議委員會因何而設？
其中一項最重要原因，是因應當時民間教育改革團體的強烈改革
訴求（行政院教育改革審議委員會，民84）。所以，台灣的市民
社會在此次九年一貫課程改革政策的發動上發揮極大的影響力。

　　民間團體不但催化九年一貫課程改革，更積極參與九年一貫
課程綱要的制訂。民國八十六年四月教育部成立「國民中小學課

程發展專案小組」，歷經九次小組會議討論後，於民國八十七年九月三十日公布「國民教育階段九年一貫課程總綱綱要」，為九年一貫課程的理念、目標、內涵和實施原則定下基調（林清江，民88；教育部，民87）。該專案小組成員計三十一人，其中有多位成員的身分屬民間組織或團體的代表，例如，屬私立學校的李珀、吳明錦、廖木泉，屬家長會的包崇敏，屬教師會的楊益風，屬企業界的詹仁道，屬文化界的殷允芃。另專案小組為研擬課程綱要，曾進行十六項專案研究，其中澳洲課程和美國課程研究分別委由天下雜誌社和主婦聯盟辦理。由此可見，民間組織或團體不但催生改革政策，甚至參與了九年一貫課程總綱綱要的制訂。

貳、邊陲聲音的湧現

　　Apple（1990）曾將課程描述為政治足球（political football），認為學者如果將 H. Spencer：「何種知識最有價值？」的問題，改為「最有價值的知識是誰的知識？」的問題更恰當（p. vii）。課程決定的過程是一種不斷排除和納入的篩選過程，被認為有意義、有價值的知識被納入，而被認為無意義、無價值或有違優勢文化定義的知識與價值則被排除，而未發出聲音的意義與價值，則通常被有意無意地忽略而根本無機會進入學校課程的殿堂。

　　前已述及，台灣的市民社會在此次九年一貫課程改革過程當中發揮極大的催化作用，有時也實質地參與課程綱要的研修，因而許多原先被主流價值所忽略、邊緣化或邊陲化的聲音被激盪，

蜂擁而出，影響或甚至決定了課程的實質內涵。例如，洪詠善（民89）的研究，發現九年一貫課程將原來國小的道德與健康科、體育科分科而設，改整合為健康與體育學習領域的過程中，民間團體主婦聯盟的聲音與意見，具舉足輕重的角色。她的研究，曾有如下的訪問紀錄：「這兩個（健康與體育）合在一起是蠻（滿）可以談的，當然反對的意見也有，學者每一個都希望獨立的，但是主婦聯盟就很有說服力的把其他國家的狀況，以及體育與健康有很多的部分是重疊的，又何必要分成兩科呢，所以這個合科主要可說是歸於教改民間團體，他們認為還是要站在學生的立場而不是學者和學科本位的立場（頁96）。」又如，何以在藝術與人文學習領域中特別強調「人文」？洪詠善的研究亦提到，多次參與總綱委員會的家長代表並且擔任藝術領域小組研修的委員，多次公開發表闡述人文在現階段台灣教育的意義：「將美術、音樂與表演藝術統整為藝術與人文領域，其主要理由為：藝術本來植根於人文，只是長久以來殖民化的背景，個體人、家庭人、社會人的位格消失久矣，所談國家、民族徒為虛幻概念，於此階段藝術與人文並談，是在喚起人存在與人所在的覺知（頁107-108）。」在這裡，我們看到以前課程改革時被邊陲化、沉默化其聲音的婦女團體、家長，發出了令人折服讚嘆的意見，反而將以往的主流聲音、學科專家的聲音衝散。

📖 參、場域疆界的跨越

在社會生活中常可見到許多人為的社會場域的疆界劃分，如我族與他族、男性與女性、社區內與社區外、專業與非專業、新教徒與舊教徒、高級文化與低級文化等之疆界區分。學校課程裡也常發現類似現象，如區分可教與不可教的知識，不同的科系、組別、學科、年級和班級，以及師生身分地位間、校內外生活間的場域疆界；也常將不同的課程知識區別出等級，而形成 Young（1971）所謂的知識階層化現象。

按 Bernstein（1990）的看法，場域疆界劃分的分類（classification）關係，實深含著該社會的權力分配與維持功能。他指出，社會分工不但產生階級關係，也產生分類關係。分類關係之建立與維持，必須創造分類的意義和規範，使對外有別於他類，對內建立類別內的特殊社會關係和溝通形式以創造類別內的「合法」意義。類別內的合法意義是本類成員的權力象徵，規範成員行為的規則，而這些意義的解釋者和維持者就是權力的來源，分類強度愈強，該類別愈特殊化，愈封閉化，愈不容類別外事物或意見滲入致褻瀆類別內「神聖的權力結構和規則」。換言之，當分類強度很強或場域疆界很嚴時，原有的權力結構趨向於再製永存；而當分類強度減弱或場域界限模糊化而可相互跨越時，則表示既有權力結構的重組；甚至於若類別或場域間可不斷相互跨越時，則代表權力將因而流散於各種不同類別的成員之間而有權力分散

化或流動化的現象。

　　此次的九年一貫課程改革，在許多方面顯現出場域疆界跨越或重組的現象。在身分界限的跨越方面，如前所述民間社團和邊陲聲音跨越官方的疆界和教育專業的圍牆而參與課程決策。在教育知識價值疆界的跨越上，早期被鄙視、醜化的鄉土語言，已堂堂跨越家庭和民間的界限而邁入學校教育知識的殿堂，相對地，國語科的教學時間則被大幅削減。另外，學校的彈性學習節數，亦提供學校一個可納入許多原被鄙視的教育知識的可能空間。在學科疆界的跨越上，原先國小的十一學科和國中的二十一必修科，已被重新整合為七大學習領域。在年級疆界的跨越上，貫串數個年級的學習階段，在某種程度上顯示以前的年齡分級疆界也逐漸模糊化。在教師間的疆界跨越上，隨著將分化的學科整合為較大的學習領域及協同教學的倡導，意謂著教師間原先的孤立、疏離現象，將會重新建立起另一種彼此互動的社會關係。

　　九年一貫課程改革所顯現的諸多場域疆界跨越現象，已對既有的權力結構產生衝擊，新的權力分配原則和權力結構正在重新建構中。一般而言，場域疆界的模糊化，應會使新的權力分配和社會關係產生離中化、民主化的效果。Giroux（1997）即指出，在後現代當中，舊有現代主義的中心與邊陲，專家與外行人，熟識者與陌生人的觀念，已逐漸瓦解中；地理、文化和種族上的疆界已漸邁向權力、社區、空間和時間上的不斷轉化組合；公民性本身已不能再立基於歐洲中心的形式和殖民主義的語言，而必須創造出新的空間、關係和認同體，以使我們能跨越疆界，將殊異與他人納為正義、社會義務和民主奮鬥之言說（discourse）的一

部分（p. 227）。

 # 肆、權力分配的離中化

　　前述場域疆界的跨越現象，已隱含權力分配的離中化。除此之外，九年一貫課程的若干特徵，更明顯地揭示權力分配的離中化。首先，就中央、地方和學校在課程決定權上的關係而言，以前的課程決定權明顯地有中央集權化現象，地方政府和學校的決定權限極少，但是在九年一貫課程改革後，中央、地方和學校之間呈現某種程度的課程決定權上的分工現象，中央決定課程理念、目標、分階段能力指標、課程內涵架構、學習時間分配和實施基本原則、學生成績評量準則和教科書之審查等；地方政府則督導各校課程實施、審查各校課程計畫、辦理與督導學校舉辦各學習領域表現測驗、根據學生成績評量準則制訂各校學生成績評量辦法、發展鄉土教材和訂定學生在校時間之規定等；學校則在課程綱要的規範下被授與若干課程決定權，如可決定各領域學習節數，可決定自編教材或選用教科書，可發展彈性學習節數所需和綜合活動領域指定單元以外的課程，可訂定學生成績評量的補充規定，和可決定學校的詳細作息。

　　其次，就出誰做決定而言，八十六年教育部所成立而發展出總綱綱要的國民中小學課程發展專案小組，委員計三十一人，其中包括課程、教育心理、教育哲學等學者專家、中小學教師、教育行政人員、立法委員、家長代表、企業界和婦女界之代表（林

殿傑，民89）。在各領域課程綱要的決定者方面，以藝術與人文領域綱要為例，該領域課程綱要發展小組的組織分成三個部分，首先是由計畫的主持人和協同主持人負責會議召開與人員邀請；綱要內容部分則委由音樂、視覺藝術、表演藝術的研究員負責研究草擬，研究員除表演藝術外，主要來自各師範校院相關系所教授；最後，研修委員負責對研究員提出的草案進行諮議，研修委員包括了總綱委員、領域綱要研修委員、民間社團代表、藝文界和家長代表等（洪詠善，民89）。在學校層級的課程決定方面，各校須成立課程發展委員會及各學習領域課程小組，以規畫和發展學校的課程計畫。

從上述觀之，九年一貫課程改革後，中央、地方和學校間形成某種程度的課程決定分權化狀態；而且，無論就總綱綱要或各領域課程綱要或學校層次課程事項的決定過程而言，也呈現出參與決定的特徵。課程決定權既非完全集中在某一行政層級、某一機構，也非集中在某個特定的角色職務上，故而權力分配有離中化現象。

伍、政治性的溝通協商漸興而科層式的直接控制減弱

課程改革多多少少會具政治協商的特性，以前教育部制訂課程標準時，也會見到政治性決策或協商的痕跡。但是，以前當課程標準制訂後，中央教育行政機關會將課程標準對課程目的、年

級目標、教學科目與時數、教材和評量等的詳細規定，透過各級教育行政機關的層級節制和各種視輔導措施傳遞至學校，再由校長及各處室主任推廣至教師身上。這種行政控制模式，是一種直線式的科層控制模式。解嚴前，台灣的社會控制極為依賴科層控制。解嚴後，在野黨力量漸興，社會愈趨開放而多元，科層控制力量漸趨消弱，但其仍扮演社會控制的關鍵角色，八十二和八十三年的國小和國中課程標準仍見極強的科層控制色彩，唯比起以往，其控制力道已漸褪色。而隨著教育基本法、地方制度法和九年一貫課程綱要等的頒布，台灣的科層控制體系，已見更進一步的消弱當中；相對地，更強調折衝、協商和溝通的政治性社會控制模式，則日漸興起。從九年一貫課程改革的決策過程及課程綱要所呈現的風貌，已可發現此種現象。

歐用生（民88）指出，九年一貫課程重視基本能力、加強課程統整和強調學校本位的課程發展，但前者和後兩者所隱含的基本假設完全不同，他們所蘊含的課程觀、知識觀、教學觀等彼此之間並不一致，而且相互矛盾。余安邦（民88）也曾批評九年一貫課程缺乏深厚紮實的教育哲學思想為根基、後盾，十項基本能力與七大學習領域看起來像是個課程大雜燴、學習大拼盤。兩位學者所評論的現象，正是政治協商結果的常態。在重視折衝妥協，強調多元參與的政治性社會控制時代裡，又豈容定於一尊的教育哲學體系和課程理論派點主導課程改革？

再觀各領域課程綱要的形成過程，也發現極強烈的衝突、折衝與協商。莊明貞（民88）提到：「台灣現階段規畫的九年一貫課程綱要，是各種不同團體協商下的產物，兩性教育作為多元文

化教育的內涵，在融入過程中不可避免地也會經歷傳統學科體系在『學科本位』的拒斥，其間當然也不免夾雜著價值衝突與意識型態對立（頁43）。」另外，陳文輝（民88）對於藝術與人文領域課程綱要之發展歷程，曾描述：「藝術與人文之研修，此次由完全不同以往的教授群來出發，其缺點是，跳過從前累積之經驗，好處則是突破固定思考魂結，走出老舊，進入全新的思考空間，可惜的是，在四月一日師範院校集體反彈之下，以更改主事者方式，重返體制窠臼，以舊酒新裝方式上市（頁76）。」所以，直線式的或工具理性式的科層控制力量已見消弱，社會控制將更趨向於政治性的折衝與協商。未來在學校層次的課程決定過程中，代表多元旨趣的學校課程發展委員會，將可預見會面臨比以往更耗時、複雜、曲折和激烈的折衝與協商過程。而這似也印證Murphy與Beck（1995）對後工業化社會的觀察，他們認為由於後工業化社會中資訊時代的來臨，訊息傳播迅速且容易取得而透明化，對於問題的解決，將更強調採取政治方式而非行政管理的方式解決；政治互動也將朝向更真正的民主運作型態，機構人員參與決定的權利將廣泛被接受，這將使社會機構逐漸擺脫科層體制的專業控制。

陸、新管理主義控制型態的醞釀形成

　　除了政治性協商控制之外，九年一貫課程改革後，也逐漸醞釀產生另一種新型態的控制模式，即西方世界近年來逐漸崛起的

新管理主義（New managerialism，有些學者稱為新公共管理）控制型態。Ball（1993）曾以遙控導引（steering at a distance）的觀念解釋新的公共管理派典：以遙控導引取代強制性、規約性控制；其特徵為以誘因激勵取代各種束縛限制，以事後效果或結果的評估取代事前的詳細規範，以自主監督管理取代強制性規定。Hartley（1993）則以評鑑國家（evaluate state）的概念闡釋新公共管理型態：一、將管理重點放在產品（目標）而非過程，把達成目標的方法與過程授權給機構和組織，國家所掌握者，係對其產品的監督與評鑑；二、建立功績獎賞制度，根據國家所訂定的目標衡量指標，對機構的表現予以獎懲（引自黃嘉雄，民90）。

　　九年一貫課程在某些方面顯現出新管理主義的色彩。首先，雖然重視學校本位課程發展觀念，但其是在國家制訂的綱要框架下為之，仍然在中央的遙控引導下運作。其次，各領域課程綱要中，國家最重視的是分階段能力指標，它是國家規範學校和教師發展或選用教材，實施教學，進行教學評量的最重要依據；國家最重視的是作為成就指標的分階段能力指標是否達成，而將達成指標的方法與教材授權學校自主決定，國家要的是成果，而非過程和方法。最後，九年一貫課程雖未採取類似英國由中央辦理各關鍵學習階段成就評量的措施，但是課程綱要實施要點規定各地方政府應辦理與督導各校實施學習領域表現測驗；再者，近來各縣市政府因遴選校長之需而著手積極辦理校務評鑑，故同樣亦重視學習結果和績效的評鑑。所以，新管理主義的控制型態，已逐漸在台灣地區醞釀形成之中。

　　綜言之，從此次九年一貫課程改革的過程及課程綱要所呈現

的內涵觀之，台灣地區已產生或逐漸醞釀新的權力分配與社會控制原則。課程的改革和新的權力分配與社會控制原則彼此相互牽動，新的權力分配與社會控制原則影響課程改革的過程與結果，而課程改革的結果又將深化或擴展這些新的權力分配和社會控制原則。下次的課程改革，也會再次受到這些新或更新的權力分配和社會控制原則的影響，如此交互影響，循環不息。

參考文獻

卯靜儒（民90）。台灣近十年來課程改革之政治社會學分析。**台灣教育社會學研究**，1（1），79-101頁。

行政院教育改革審議委員會（民84）。**行政院教育改革審議委員會第一期諮議報告書**。台北：作者。

余安邦（民88）。夢中情人——九年一貫課程。**教育資料與研究**，26，19-22頁。

林清江（民88）。國民教育九年一貫課程規畫專案報告——八十七年十月七日向立法院教育委員會第三屆第六會期報告。收錄於教育部編，**教育改革的理想與實踐**，159-171頁。台北：教育部。

林殿傑（民89）。九年一貫新課程之政策規畫與因應策略。教育部台灣省國民學校教師研習會編印，**九年一貫課程試辦學校研習參考資料**，10-31頁。台北縣：教育部台灣省國民學校教師研習會。

洪詠善（民89）。**國民教育階段九年一貫課程總綱綱要決策過程之研究**。國立台北師範學院課程與教學研究所碩士論文（未出版）。

陳文輝（民 88）。藝術與人文學習領域之統整概念與研修發展歷程。**教育研究資訊**，7（4），48-78 頁。

莊明貞（民 88）。「兩性教育」九年一貫國民教育課程綱要之規畫。**教育研究資訊**，7（4），28-47 頁。

教育部（民 87）。**國民教育階段九年一貫課程總綱綱要**。台北：作者。

教育部（民 89）。**國民中小學九年一貫課程暫行綱要**。台北：作者。

黃嘉雄（民 90）。**學校本位管理制度比較研究**。台北：五南。

歐用生（民 88）。九年一貫課程之「潛在課程」評析。收錄於中華民國教材研究發展學會編印，邁向課程新紀元──九年一貫課程研討會論文集（上），19-33 頁。台北：編者。

Apple, U. (1990). *Ideology and curriculum* (2nd ed). New York & London: Routledge.

Bernstein, B. (1977, 2nd ed). *Class, codes and control (vol. III): Towards a theory of educational transmissions.* London: RKP.

Bernstein, B. (1990). *The structuring of pedagogic discourse.* London & New York: Routledge.

Eggleston, J. (1977). *The sociology of the school curriculum.* London: RKP.

Giroux, H.A. (1997). *Pedagogy and the politics of hope: Theory, culture and schooling.* Boulder: Westview Press.

Murphy, J. & Beck, L.G. (1995). *School-based management as school reform: Taking stock.* Thousand Oaks, California: Corwin Press.

Young, M.F.D. (1971). An approach to the study of curriculum as socially organized knowledge. in M.F.D. Young (ed.), *Knowledge and control: New direction for the sociology of education* (19-46). London: Collier-Macmillan.

➠本文發表於教育部主辦之課程與教學論壇，民國九十年十月二十
日和二十一日，於國立中正大學。

第三章
九年一貫課程暫行綱要的問題與對策

　　教育部於一九九八年九月公布國民教育階段九年一貫課程總綱綱要，二〇〇〇年九月公布涵蓋國小一年級至國中三年級各學習階段的國民中小學九年一貫課程暫行綱要（以下簡稱九年一貫課程）。並且，於一九九八（一九九八年八月至一九九九年七月）和一九九九（一九九九年八月至二〇〇〇年七月）兩學年，選定三百一十所國民中小學（一九九八學年一百九十八校，一九九九學年再增一百一十二校，佔全國總校數三千三百一十餘校將近十分之一），參加課程試辦。二〇〇一學年則自國民小學一年級開始正式實施新的九年一貫課程，預計二〇〇二學年的國小二、四年級、國中一年級，二〇〇三學年的國小三、五年級、國中二年級，二〇〇四學年的國小六年級和國中三年級亦將接續正式實施。

　　台灣本次的課程改革，無論在改革的理念，或課程的目標、內容、組織、實施與行政上，均有諸多突破傳統的新思維和新做法。在改革理念上，強調培養具人本情懷、統整能力、民主素養、鄉土與國際意識、及能進行終身學習的健全國民（教育部，民

89）。在課程目標上，揭櫫以強調社會生活實踐的十大基本能力作為國民中小學各學習領域課程和各學習階段的共同目標，以矯正過往學校太重視分科化學科知能傳習的現象，使學習與生活實踐及社會發展更能密切結合；而且，以強調學習者行為表現的各學習領域分階段能力指標，取代之前課程標準的各學科各年級的較細微教學目標，作為學校選編教材、進行教學及評量活動的依據，期使學校的課程確能落實改革理念及培養學習者的十大基本能力。在課程內涵上，則將原先國民小學的十一學科和國民中學的二十一必修學科及其他選修科，整合為語文、社會、數學、自然與生活科技、健康與體育、藝術與人文、綜合活動等七大學習領域，並將兩性、家政、環境、資訊、人權和生涯發展等六大教育議題融入於七大學習領域課程中。在課程組織上，除了將原先的學科化課程整合為七大學習領域及融入六大教育議題外，最重要的是以主題軸作為各學習領域課程內容的組織核心，每一學習領域內均由若干貫串數個學習階段的主題軸組成，各主題軸之於各學習領域如同繩內各分股之於大繩，貫串學習者的學校學習生涯，維繫著各學習階段的延續性和一貫性。在課程行政和權責分工上，則把原來偏於中央教育行政機關集權和專家專權的課程決定權力結構，調整為給與學校更多的課程決定權，並且建立教師、家長和市民社會參與各層級課程決策過程的機制，使課程決定的權力結構更具分權化、民主化和跨越疆界的現象（黃嘉雄，民90）。在學校層級的課程行政上，新課程要求學校廣納教師、家長和社區代表組成課程發展委員會、各領域課程小組，以規畫、發展和落實新課程，使過往常被學校校長和教師忽略的課程事務，

重新成為學校關注的重心。這些九年一貫課程綱要所展現的大方向新思維,值得肯定、喝采。

但毋須諱言,目前的九年一貫課程暫行綱要,仍存在若干問題。近兩餘年來,由於筆者曾兼主持國立台北師範學院附設實驗小學校務而參與新課程試辦,也因擔任新課程試辦輔導小組委員而經常赴各試辦學校與校長、教師們深入討論、座談,因而蒐集了不少暫行課程綱要的問題及改進建議。茲將相關問題及改進對策,舉要分述之。

 壹、 理念與目標

一、基本理念

暫行課程綱要的課程目標架構,按抽象程度依序主要由下列三層次的目標所組成:基本理念、課程目標和各學習領域及六大教育議題分段能力指標。基本理念部分,綱要揭示:「跨世紀的九年一貫新課程應該培養具備人本情懷、統整能力、民主素養、鄉土與國際意識,以及能進行終身學習之健全國民(教育部,民89,頁3)。」基本理念之地位類似課程的基本宗旨,乃課程綱要的最高指導原則。以人本情懷、統整能力、民主素養、鄉土與國際意識,以及終身學習五大面向能力之培育,作為整體課程綱要的指導性原則,應該能獲得社會及教育專業人士的認同與支持。

二、課程目標

在第二層次的課程目標部分，則有改進的空間。目前課程綱要列舉的國民中小學各學習領域和教育議題之共同課程目標，為培養學生下列十項基本能力：

(一)增進自我了解，發展個人潛能。

(二)培養欣賞、表現、審美及創作能力。

(三)提升生涯規畫與終身學習能力。

(四)培養表達、溝通和分享的知能。

(五)發展尊重他人、關懷社會、增進團隊合作。

(六)促進文化學習與國際了解。

(七)增進規畫、組織與實踐的知能。

(八)運用科技與資訊的能力。

(九)激發主動探索和研究的精神。

(十)培養獨立思考與解決問題的能力。

這十項基本能力中的第(三)和第(七)項，兩者的意義，有相當程度的重疊性，彼此間很難區隔。這與一般進行目標分類時所強調的互斥性原則，有所違背，容易造成混淆。其實，可將這兩項基本能力加以整合為：「增進規畫、實踐與終身學習能力」即可。因為規畫一詞，本身既可涵蓋日常的生活規畫，亦可包含生涯規畫；而且，良好的規畫行為，必須對相關事物加以組織，故規畫一詞亦可涵蓋組織一詞，組織能力可納為規畫能力中的一部分。

此外，第(九)和第(十)兩項基本能力，亦可加以整合。因為「主動探索和研究的精神」與「獨立思考與解決問題的能力」，兩類的能力內涵在性質上亦極為相似，同樣亦可以整合。可將之整合為：「培養思考、探究與解決問題的能力」。在此，以探究一詞涵蓋探索和研究兩詞；並且，以「思考、探究和解決問題的能力」來包含第(九)項所強調的「主動探索和研究精神」，主要的理由是人若具有探究、思考和解決問題的能力，應該就會有對各種事物「主動」研究的傾向，故而不必特別強調「主動」兩字。還有，獨立思考一詞，改由「思考」兩字代表，主要的理由是在重視合作互動的現代化社會裡，實在不宜強調「獨立」思考。人類社會各種制度與器物的革新，無論就實然面或應然面，更應重視群體的智慧和人際間的互動，不能過於倡導獨立思考。此外，思考一詞的概念內涵極廣，可包含創造思考、批判思考、歸納思考、演繹思考、個別化思考和群體思考等等不同種類和層面的思考在內，因而以思考一詞來代替獨立思考，應屬較佳。

最後，對於十項基本能力的檢視，仍須考慮一個重要的層面，那就是須檢視是否有哪些重要能力被忽略了？有關此點，較常被提及的是忽略了學科能力。九年一貫課程改革的產生背景，具濃厚的反「學科本位」傾向（陳伯璋，民88），因而學科知識在課程結構中的地位被削弱了，連作為課程目標的十項基本能力，也看不出哪一項能力與學科能力有直接關係。或許，是因綱要研修人員有意將學科能力的重要性降低！但吾人必須深思，學科知能體系乃人類文化遺產中最重要的精髓之一，也是激發人類各種能力的重要泉源，實不能矯枉過正、因噎廢食地忽視之。

就九年一貫課程暫行綱要而言，改善之道，其實可將「文化學習與國際了解」此一基本能力的內涵加以擴充，使文化學習的內涵包含學科知能，而非局限於目前所界定的「認識並尊重不同族群文化，了解與欣賞本國及世界各地歷史文化，並體認世界為一整體的地球村，培養相互依賴、互信互助的世界觀。」等較偏於對各族群和各國歷史文化加以認識、了解和欣賞的內涵而已。

　　要言之，暫行課程綱要所列的十項基本能力課程目標，應可再予以修正、整合，將其中的㈢和㈦兩項能力，整合為「增進規畫、實踐與終身學習能力」，㈨和㈩項整合為「培養思考、探究與解決問題的能力」，第㈥項促進文化學習與國際了解，則擴充內涵，納入學科知能的學習能力。

　　至於第三層次的課程目標──分段能力指標的問題與改進建議，留待後文再論。

 ## 貳、課程結構與學習階段劃分

　　為培養學生十項基本能力，九年一貫課程暫行綱要規畫的學校課程內涵，主要由三部分組成：一是作為主軸的七大學習領域，二是融入七大學習領域的六大重要教育議題，三是作為輔軸而由學校自行發展與實施的彈性學習節數。七大學習領域中之社會、自然與生活科技和藝術與人文三大領域，在國民小學的一、二年級階段，又整合為生活課程。七個學習領域與六大教育議題在國民中小學九年的學習生涯過程中，各劃分成三至四個階段，每階

段皆設定一些學習者學習後的應然表現指標，稱之為分段能力指標。構想上，是希望學習者自一年級至九年級間，能透過七大學習領域和六大教育議題課程內涵的學習，習得各階段能力指標，以逐段累積與擴展能力，而獲得暫行綱要所揭櫫的十項基本能力，實踐課程目標。此種構想，整體而言，符合課程設計的基本原則。

有關七大學習領域的名稱及學習階段劃分，如表 3-1。

表 3-1　國民中小學九年一貫課程學習領域與階段劃分

學習領域 ＼ 年級	一	二	三	四	五	六	七	八	九
語文	本國語文				本國語文		本國語文		
					英語		英語		
健康與體育	健康與體育			健康與體育			健康與體育		
數學	數學			數學		數學		數學	
社會	生活			社會		社會		社會	
藝術與人文				藝術與人文		藝術與人文		藝術與人文	
自然與生活科技				自然與生活科技		自然與生活科技		自然與生活科技	
綜合活動	綜合活動			綜合活動		綜合活動		綜合活動	

唯上述課程內涵結構與學習階段劃分，仍存在若干問題，可再修正調整之：

一、學習階段劃分

　　從表 3-1 可知，七大學習領域的學習階段劃分並不一致，主要有三類：本國語文、健康與體育兩者每三個年級一階段，計分三階段；社會、藝術與人文、自然與生活科技、綜合活動四者，國小每兩個年級一階段，國中三年為第四階段，計分四階段；最奇特的是數學，國小一至三年級為第一階段，四、五年級為第二階段，國小六年級和國中一年級為第三階段，國中二、三年級則為最後的第四階段。

　　各學習領域的學習階段劃分不一，實在是非常奇特，也很奇怪。睽諸他國的課程綱要或課程標準，幾乎找不到相似案例。紐西蘭一九九三年公布的中小學全國性課程架構（The New Zealand Curriculum Framework），由語文、數學、科學、科技、社會、藝術及健康與幸福等七學習領域組成，各領域皆劃分為八層級，各層級皆陳述各該領域的成就指標（黃嘉雄，民 88）。澳大利亞的國家課程綱要，由英文、數學、科學、科技、外語、健康與體育、社會與環境、藝術等八大學習領域構成，除外語外，其他學習領域自一至十年級，亦皆劃分為八層級，各層級各領域皆列出清晰化的成就指標（The Curriculum and Assessment of the Australian Education Council, 1994）。另英國一九八八年的國定課程（national curriculum），則將學生的學習階段，自一年級至十一年級，區分為四個關鍵階段（key stages）：一至二年級第一階段，三至六年級第二階段，七至九年級第三階段，十至十一年級第四階段，

其學習階段的劃分亦不因學科而異（黃光雄，民 79；廖春文，民79）。除非我們能確切證明他國的做法有明顯的缺失，否則實不宜採取現行各領域階段劃分不一的奇特學習階段劃分法。

各領域學習階段劃分不一，其實也會造成課程實施上的一些困難。首先，若欲對國中畢業前各階段學習者評定其整體學習成就，將難以決定出一共同的評定年級或成就指標。例如，欲對國小三年級學生評定其各領域的整體學習成就，則雖有本國語文、健康與體育和數學三大領域的成就指標，卻缺乏社會、藝術與人文、自然與生活科技和綜合活動四大領域的成就指標。其次，有礙各領域課程與教材間的整體關聯性。例如，當一位小學教師或教科書編輯者在選編四年級數學教科書或教材時，會不知採用哪些能力指標為依據，使之更能協助並增進學生在自然與生活科技領域方面的學習，或避免對學生的其他領域學習造成困難。最後，對學校行政和教師的協同分工造成困惑。因為台灣的小學向來將小學區分為低（一、二年級）、中（三、四年級）和高（五、六年級）三個年段，無論在導師輪換，教師間的協同合作，學生各項成就比賽或教學時間的安排上，大體都以此三年段作為思考和規畫的基礎單位，而今不同領域的學習階段劃分不一致，各領域在各階段的學習節數安排也不一，這已對學校的日常運作，造成諸多困惑。

根本解決之道，應對台灣地區學生的心理、身體和認知等之發展，進行長期性研究，依學生的發展階段，劃分學習階段。除非研究結果顯示學生在各類知能發展面向的常模出現彼此不一現象，否則各學習領域的階段劃分應一致化。

二、學習領域名稱和結構

七大學習領域中，名稱較奇特的是健康與體育、藝術與人文、自然與生活科技。健康與體育領域，主要是由先前課程標準的體育、健康教育兩科結合而成，此兩科雖然在學科內容上差異頗大，但目的則一致，若真正落實課程統整的精義，則本領域改名為「健康」或「體育」，其實皆可。

藝術與人文之所以加上「人文」一詞，其中一個重要原因，是希望本領域的課程能擺脫以往藝術類學科偏重於藝術的技術層面教學，而較缺乏更重要的人文素養之涵育的現象（洪詠善，民89）。藝術課程應更注重人文涵養，此種想法立意極佳，應予支持，唯是否需於課程名稱加上人文，則待斟酌。若為了加強人文涵育，而在課程名稱加上人文一詞，則其他領域豈非均應加上人文二字。同樣的道理，自然與生活科技，實亦不必加上「生活」兩字，否則數學和語文豈不是應改為「生活數學」、「生活語文」？

在課程結構上，本次的課程改革，將之前國民小學的十一學科和國民中學的二十一必修科及若干選修科（教育部，民82；教育部，民 84），整合為七大學習領域，此種強調課程統整的結構，與紐西蘭、澳大利亞的中小學課程整體架構頗類似，也吻合課程改革揭櫫的基本理念，唯亦存在一些問題。

首先，語文領域中之英語，教育部是安排於國小五年級起修習，但大部分縣市則將英語的學習提早自小學三年級，甚至一年

級起修習。這將使國中階段的英語課程實施,造成極大的困擾,除非各縣市政府能重新整體設計自小學一年級至國中三年級的英語課程目標和教材,否則國中階段的英語課程,將會是耗費光陰的無謂重複學習。但若縣市政府果真如此,而各縣市步調不一時,則高中階段學生的英語能力將會呈現非常大的個別差異現象,這又會對後期中等教育階段的英語課程實施造成困難(除非教師能真正實施個別化教學)。如果大部分縣市均覺得英語課程的實施年級有提早的必要,不如由教育部邀各縣市政府代表研商修改課程綱要,將英語課程改自小學一或三年級起實施,才是釜底抽薪之策。但這涉及整體課程結構和語文教育政策的問題,必須做更周詳的規畫,有關語文教育政策問題,下文將再深入探討。

其次,目前小學一、二年級的生活課程,內含社會、藝術與人文、自然與生活科技三大學習領域。其中,藝術與人文領域跟其他兩領域的內容與性質相比,獨特性較大;而目前單獨成為一領域的健康與體育領域,不但其屬性與生活課程較接近,而且其第一學習階段能力指標與生活課程中的能力指標有不少相似者,因此國小低年級階段的生活課程宜改由健康與體育、社會、自然與生活科技三領域融合而成,而藝術與人文領域宜單獨成為一個領域。

復次,自然與生活科技領域內含自然科學與生活科技兩大範疇,另六大議題中尚有資訊教育,這三者之間如何組織彼此關係,亦值再深入細究。依目前綱要之規定,資訊教育以電腦相關知能之學習為主,且又希望能融入於七大學習領域中學習。然而,若無專屬的電腦課程,又如何讓學生習得基本的電腦知能,以便其

能將電腦知能運用於各學習領域中？七大領域中的哪一領域須負起教導電腦基本知能的責任？從領域名稱來看，似乎應是自然與生活科技。其實不然，現行自然與生活科技領域課程綱要中的能力指標，並未將系統化基本電腦知能內容納入，系統化的能力指標被列在資訊教育議題中。資訊教育議題須負起這個責任，問題是它又屬於融入課程。雖然資訊教育課程綱要規定學生在三到六年級每學年須學習二十節，七年級學習四十節資訊基本技能，但卻未說明學校應利用哪一領域的學習節數教導之。這實在是相當大的矛盾。較佳的解決之道，是參照前述紐西蘭和澳大利亞國家課程綱要的做法，將科技從自然與科技領域中獨立出來，於國小三年級起至國中三年級，均增列科技一領域，並將資訊教育納為科技領域中的重要部分而非屬於融入性課程，但仍須強調各學習領域應善用各種現代化科技（包括電腦）於日常的教學之中。如此，即可解決目前自然科學、科技和資訊教育三者間的矛盾關係。

最後，各學習領域的內部結構，亦有再進一步調整的必要。目前各學習領域內，大體上皆由若干主題軸或所謂核心能力組成。例如，數學由「數與量」、「圖形與空間」、「統計與機率」、「代數和連結」五大主題軸，社會由「人與空間」、「人與時間」、「演化與不變」、「意義與價值」、「自我、人際與群己」、「權力、規則與人權」、「生產、分配與消費」、「科學、技術與社會」和「全球關聯」等九個主題軸組成。領域內的主題軸，類似澳大利亞國家課程綱要中各學習領域的 strand，是一種貫串學習領域內數個學習階段的發展軸心，其地位和功能類似粗繩內的細股，使整個學習領域內部組織結構更加嚴謹，也使學習

內涵得以沿著學習時間的進展而產生延續性的加深加廣。這是九年一貫課程各領域內部組織的重要設計,透過它,各領域內原有的分立式學科得以整合,學習階段得以貫串、銜接,課程的實質學習內涵,也由主題軸來界定,其地位不言而喻。

　　然而,目前七大學習領域中部分學習領域的內在結構,似乎尚未完全掌握主題軸的精神。例如,語文領域中的國語文,其主題軸架構似乎不太明顯,是由「注音符號應用能力」、「聆聽能力」、「說話能力」、「識字與寫字能力」「閱讀能力」和「寫作能力」等六大範疇組成,鄉土語言中的閩南語、客家語和原住民語,其內部結構也與國語文者相似。這些語文領域課程的內在結構,傾向於將課程的目標與內涵指向語文的工具層面,而非更豐富的文以載道內涵,而且其組織結構,與主題軸的觀念存在一定程度的差異。相對地,同樣是語文領域的英語,則有不同的結構。英語課程綱要的內在結構,由「語言能力」(再區分為聽、說、讀、寫和聽說讀寫綜合運用能力五部分)、「學習英語的興趣與方法」和「文化與習俗」三大範疇組成。故英語的內在結構,較符合主題軸的結構,將來在修訂課程綱要時,應先由課程學者向各學習領域課程綱要研修小組成員,說明主題軸的意義、性質與功能,再由研修小組調整或發展各領域的內在結構,以增進課程內部的整合。

三、六大教育議題

　　此次課程改革,將新興的教育議題,採課程融入的方式,融

入於七大學習領域的課程中，一方面藉以顧及新興的知識、概念和價值，另一方面則避免學科的過度分化，這是非常明智的措施。

　　但是，有兩點須再考慮。第一，教育「議題」一詞可考慮更名為教育「課題」，因為議題一詞令人有該項事務或觀念具爭議性之感，若以課題為名則較能凸顯該觀念或價值的重要性與時代性。第二，目前六大教育議題均單獨編有課程綱要，綱要皆明列各議題的分段能力指標及其與七大領域可相融的分段能力指標，以協助教學者和教科書編輯者將六大教育議題的能力指標融入七大學習領域課程與教材當中。筆者以為，更佳的融入方式，可考慮將六大教育議題的能力指標，直接載為各學習領域的分段能力指標，毋須另編六大教育議題的課程綱要，這樣的融入將更深入有效。

 ## 參、學習節數

　　課程暫行綱要規定的各年級每週學習節數，如表 3-2。且規定語文領域佔領域學習節數的20%至30%，其餘六個領域各佔領域學習節數的10%至15%，實際節數由各校課程發展委員會依前述規定分配之（教育部，民89，頁13）。

表 3-2　九年一貫課程每週學習節數分配表

年級＼節數	學習總節數	領域學習節數	彈性學習節數
一	22~24	20	2~4
二	22~24	20	2~4
三	28~31	25	3~6
四	28~31	25	3~6
五	30~33	27	3~6
六	30~33	27	3~6
七	32~34	28	4~6
八	32~34	28	4~6
九	35~37	30	5~7

　　上述學習節數安排與分配之規定，學校面臨的最大困難莫過於小學的語文領域課程。因為新的語文領域課程，在小學一至四年級包含了國語文和鄉土語文兩種內涵（暫行課程綱要規定，小學一至六年級學生，必須就閩南語、客家語、原住民語等三種鄉土語言任選一種修習），五和六年級則再加上英語。反觀先前的小學課程標準，單國語一科在國小一和二年級就高達十節，三至六年級則有九節。若按上述規定計算，九年一貫新課程實施後小學一、二年級的語文領域僅能安排四至六節，三、四年級五至七點五節，五、六年級約五至八節。換言之，語文領域的學習節數大幅縮減，但須學習的語文種類卻增加，這樣的結果，語文學習的品質必然大降。

相較於語文領域節數的不足，小學低年級語文與數學以外的活動取向課程之學習節數，卻顯得過於充裕，生活、綜合活動和健康與體育三者的學習節數可高達領域學習節數的50％至75％，換算節數為十至十五節。小學低年級是接受正式學校教育的初始階段，固然不宜安排太多的系統化知識學習，但過多的鬆散式活動取向課程，亦是一種機會成本的浪費。其實，正式學校教育之初始階段，其課程當中應以語文為要，語文能力是各種課程的根基，因而語文領域的學習節數在國小階段應增加。具體的建議，是將國小各年級語文領域學習節數的比率，由目前的 20％至 30％，提高為 30％至 40％；小學一、二年級的生活課程降低為 20％至 30％，其他年級的各學習領域則可維持為 10％至 15％，或隨著學習階段之變化而調整各領域的比率上下限。

　　另外，綜合活動領域課程若按前述節數分配原則，一般學校會安排每週二至四節的學習節數實施之。唯現行學校常安排的若干活動，如校慶、校外教學、露營、園遊會、社區服務、展演、運動會等活動，其實質上是能實踐綜合活動的課程目標，但往往須集中一天或數天的時間才能進行，不過卻難以計為每週的綜合活動課程時間。換言之，應該鼓勵各校將原應分配於各週的綜合活動節數，化零為整改集中於某些天實施，以規畫實施更具整合性的活動來落實綜合活動課程的目標。但目前暫行課程綱要有關學習節數安排的規定，並未看到如此的敘述或鼓勵，宜再補充之。

🌐 肆、語文教育政策

　　本次課程改革的最大特色之一，是語文領域課程中於五、六年級開設英語課程，國小一至六年級學生須就閩南語、客家語和原住民語三種鄉土語言選其中一種修習（學習時間為每週至少一節）。但許多縣市政府要求學校自一年級起開設英語課，可能形成小學生須同時學習三種語文的現象。

　　前已述及，學校目前已面臨語文課程目標與內涵增加，而學習節數卻明顯縮減的困境。除此之外，其實最根本的癥結在於語文教育政策的問題。語文的學習，所指涉的不只是其作為語文工具的學習而已，尚涉及語文所承載的經濟作用、思維模式、文化維持與創新、政治與身分認同等深層功能。今日台灣語文教育政策所面臨的最大問題，是如何使三類語文課程（國語、鄉土語言和英語）的安排，能適切反應這些語言的深層功能，並使之彼此平衡。

　　英語為國際化語言，台灣之經濟發展與文化創新有賴於國際化，故學生學習英語對台灣而言具有極強的經濟功能和文化創新功能，因而英語課程是重要的。然英語的強勢發展，卻可能對台灣既有文化和價值體系、政治與身分認同，產生衝擊，今日的新加坡和香港已顯現此種現象，因而英語的課程時間，實亦不必居於支配性地位。

　　國語（大陸謂之普通話）是華人世界的主要共通語言，也是

承載台灣數十年來主流文化與價值的語言體系，但也由於其支配性過強而壓抑了台灣既有鄉土語言及其文化體系的發展。國語對現今台灣而言，仍具極強的經濟功能、中華文化維持與創新功能和中國認同功能，但相對地，其支配性與強勢卻也對台灣本土文化和鄉土語言體系的維持、發展與認同，造成危機。因而，學校裡國語課程仍然是重要的，仍可居主流，但不能像以往般排除台灣鄉土語言的學習。

　　鄉土語言地位的提升，對台灣的整體經濟發展功能較弱，也可能與中國認同產生矛盾，但是對台灣部分族群，卻能產生極強的台灣在地認同功能和鄉土文化保持與發展功能。因此，鄉土語言列入學校課程，亦屬必要。是故，應就三種語文的各種深層功能慎思評估，然後再據以決定語文教育政策。而其中，最須評估者是國語和鄉土語文兩者間各種功能的動態平衡關係，尤其是突破台灣在地文化認同與中國文化認同間的矛盾，進而將兩種語言文化體系的競爭關係轉化為共榮發展關係。一個可思考的解決策略，是文字體系和音標體系的統一。目前台灣的鄉土語言尚缺統一的文字體系，其文學內涵亦不夠成熟（當然這可能是國語文長期支配下的結果），若能直接採用或至少大部分採用國語文字體系為鄉土語言的文字體系，多鼓勵採用文采和內涵均佳的國語文轉化為鄉土語文的教材，並於教材中注重在地文化和中華文化的雙主軸地位，則兩者間的矛盾或可減弱。另外，音標符號體系若採同一體系，亦可發揮此功能。文字體系和音標體系的共通化，亦可減少學習者的學習困難，增進兩種語言的學習轉換。更佳的策略，則應建立英語、國語和鄉土語言三者的共通音標系統，降

低學習者學習三種語言的難度。但若重新建構三者共通的音標系統，則全國的教師均應參加在職訓練。

若三大語文體系的地位與功能均已慎思確定，須進一步考慮者則是學習時間的安排，包括三者的時間比率及三者的學習進程。就時間比率而言，若注重經濟功能，則國語和英語的時間比率須佔大部分，鄉土語言的比率則不宜太多；若欲加強台灣的在地文化認同和發展，則鄉土語言的時間比率須提升。

再就三者的學習進程而言，目前的現象是三者極可能於國小一年級同時學習，而且學習的延續時間是國小一年級至六年級。此種安排並非是最佳的方式，較佳的安排應是與生活相貼近的國語和鄉土語言先學習，待學習者奠定好必備的語言工具後，再學英語。原本教育部公布的課程綱要即是採此種安排，但現實上許多縣市已將英語的學習提前至國小一年級實施。若能增加語文領域的總學習節數，則三種語言同時學習也許尚無問題（有關學童同時學三種語言的學習成效如何，尚待更充足的實證性研究），但若無法大幅增加，較可行的方法則是將鄉土語言或英語其中之一的學習往後延至三年級起實施，唯延後學習之語文，屆時的學習時間量應增加。

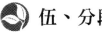 伍、分段能力指標

七大學習領域和六大教育議題的分段能力指標，是暫行課程綱要裡的最重要部分，它是各領域各學習階段的課程目標，也是

教師和教科書選編教材和決定教學方法的依據，亦是評定學習成就的指標，因此指標的良窳關係著課程的品質。理想上，分段能力指標至少應符合下列規準：可學習性，適合大部分學童心智和身體的發展層次；周延性，包含各該學習領域的基本核心概念、原則、價值和技能；連結性，能與十大基本能力和各領域的其他能力指標建立連結關係；清晰性，敘述明確、具體、容易了解；銜接性與延續性，重要的學習內涵在往後階段延續發展且銜接良好，但不能形成無謂的重複；可行性，指標的質和量與學習時間的安排之間具有可行性；體例一致性，各學習領域能力指標之編號、排序、組織結構和敘述方式等形式體例的一致性。

本文限於篇幅，無法就這些規準，逐一檢討現行綱要的每一能力指標，僅提出若干下述不佳的指標實例，供未來修正之參考：

一、難度太高者

如國語文第一學習階段 E-1-2-6「能從閱讀過程中，了解中國語文的優美」、「能從閱讀過程中，了解不同文化的特色」，E-1-7-7「能從閱讀材料中，培養分析歸納的能力」，E-1-7-1「能認識並練習使用常用的標點符號」，E-1-8-2「能分辨並欣賞文章中的修辭技巧」，這些對一至三年級的學生都太難了。

鄉土語文中的閩南語能力指標，亦有太難者，如 1-2-6「能利用音標系統與不同族群語言音標之差異，了解不同語言之差異」，5-2-11「寫作遊記，記錄旅遊所見所聞，增加認識各地風土民情」，這兩者是第二階段（四至六年級）的指標，太難了。又如，

健康與體育領域的 1-1-1「知道並描述對於出生、成長、老化及死亡的概念與感覺」，4-1-2「認識各項休閒活動並積極參與」，5-1-4「認識藥物及其對身體的影響並能正確使用」、7-1-3「描述人們獲得運動資訊，選擇運動服務及產品之過程，並能辨認其正確性與有效性」這些對六至九歲的學童而言，實在太難了，其敘述也過於抽象。

社會領域裡 9-1-1「舉例說明各種關係網路（如交通網、資訊網、人際網、經濟網等）如何把全球各地的人連結起來」、9-1-2「察覺並尊重不同文化間的歧異性」、5-1-1「覺察自己可以決定自我的發展」等指標，對一、二年級學生也太難。

二、重複或重疊者

閩南語 2-1-4「建立聽辨後複述，聽後記錄的初步能力」與2-1-8「建立聽辨後複述，聽後記錄的初步能力，奠定終身學習的初步能力」兩者大同小異。2-1-15「能養成愛聽台灣閩南語的態度」（第一階段）、2-2-18「能深刻養成愛聽台灣閩南語表達的態度」（第二階段）和 2-3-21「深刻養成愛聽優雅台灣閩南語的態度」（第三階段）這三者分別出現在不同學習階段，第一階段「愛聽」、第二階段「深刻愛聽」、到了第三階段變成「深刻養成愛聽優雅台灣閩南語的態度」，此種延續性安排著實太牽強了，難道「愛聽」與「深刻愛聽」間有重大的價值差異？又第二階段強調愛聽「優雅」台灣閩南語，何謂優雅？之前第一、二階段所愛聽者不必優雅嗎（揚嵐智，民 90）？

另，不同領域間的能力指標，亦有重複者。如健康與體育「生長、發展」和「健康心理」兩主題軸、生活課程「體驗個人與群體生活」主題軸、綜合活動領域「認識自我」主題軸，這些主題軸的能力指標，彼此有不少相近者。健康與體育「安全生活」的指標內涵，與綜合活動「保護自我與環境」主題軸的指標內涵，也有一些雷同者。

三、抽象或語意不清者

例如，數學 S-3-1「能使用形體的性質描述某一類形體」、S-3-2「能指出合於所予性質的形體」、N-4-1「能掌握命數系統，並以科學符號表示一個數」，國語文 D-2-3-1「能正確掌握筆劃、筆順、偏旁覆載和結構」、D-3-5-2「能欣賞書法作品的行氣」、E-3-3-2「能經由朗讀、美讀及吟唱作品，體會文學的美感」、客家語文 5-2-7「能運用客語能力整合各客語間的矛盾」、5-2-5「具備讀寫能力促進社會和諧」。另外，健康與體育領域裡的能力指標，常用「了解」、「養成」、「體認」、「體會」、「明瞭」、「認識」、「重視」、「思考」等抽象性詞彙舉述能力指標，其他領域有些亦有類似現象，能力指標的敘述若過於抽象，則已失去「指標」的功能。

四、可行性低者

各學習領域課程中，鄉土語言的學習節數極少（每週通常一

節），但所訂定的能力指標的質與量卻不低。除了原住民語外，閩南語和客家語課程綱要均要求學習者在第一學習階段，習得拼音系統、聆聽、說話、閱讀和寫作能力。這樣的期望未免太高，可行性太低。

五、體例不一致者

各學習領域綱要對於能力指標之編號方法、組織方式和敘述語法，彼此間存有若干差異，導致體例不一的現象。在指標編號方法方面，體例較一致者是社會、英文、綜合活動、健康與體育和藝術與人文等領域，這些領域的能力指標編號皆以三個阿拉伯數字編碼，第一個數字代表主題軸、第二個數字表示學習階段、第三個數字則為流水號；而國語文和數學領域的能力指標編碼方式就稍有不同，其第一個符號是以英文字母（非阿拉伯數字）代表主題軸別（國語文領域稱第一個英文符號代表能力指標項目，其實應為類似其他領域的主題軸較恰當），其餘第二和第三個數字符號，則與其他領域一樣；自然與生活科技的能力指標編號則採四個阿拉伯數字，從第一至第四個數字，分別依序代表能力項目（亦應改為主題軸較佳）、學習階段、能力次類目和流水號。

在能力指標的組織方式上，較特別的是國語文和自然與生活科技，此兩領域對於能力指標之組織和分類偏重於依能力性質之不同作能力指標類別之分類與組織，而其他領域則主要以主題軸的觀念對能力指標加以分類和組織。

在敘述語法方面，有的領域對能力指標敘述相當抽象，如健

康與體育，有的則頗為具體且數量龐大，如國語文。

　　未來進行暫行課程綱要的修訂時，應盡量協調各領域課程綱要研修小組，力求能力指標體例的一致性，以增加其可理解性和使用的方便性。

　　除了以上舉列者外，相信暫行課程綱要中仍存在其他不合適的能力指標，宜由教育部成立專案小組或委請各領域課程綱要研修小組，依前舉各項指標建構規準，逐項檢閱修正。更佳的做法，是在課程綱要研訂時，另成立與各領域課程綱要研訂小組相對應的審閱小組，由學科、教育及心理學者、課程學者和優秀教師組成，負責審閱各領域課程綱要草案，提供回饋意見，以交互回饋辯證的方式研訂課程綱要。

 ## 陸、課程行政

　　本次課程改革，在課程行政改革上有若干突破性措施，贏得稱許。但亦有一些規定不盡理想，仍有改善的空間。

一、學校課程計畫備查

　　首先，有關學校課程計畫的規畫與備查方面，目前規定由各校組課程發展委員會（亦得跨校成立）於每學年開學前一個月規畫完成學校總體課程計畫，送所轄教育行政主管機關備查後，方能實施。學校課程計畫應依學習領域為單位提出，內容包含：「學

年／學期學習目標、單元活動主題、相對應能力指標、時數、備註」等相關項目。依此規定，會產生兩種問題：第一，各學習領域課程計畫採逐學年／學期的方式提出，將會難以兼顧各領域課程在各學年（尤其是同一階段內各學年）的延續性與銜接性；第二，此種分領域逐年度（學期）的詳細課程計畫，與過往台灣學校教師例行的分科學期教學計畫相類似，對人力不足的縣市政府教育局而言，審查此類計畫的工作負擔，實在太重且無實質意義，導致目前各縣市政府大都委由某些學校組成小組審查的現象。對此，改善的對策，可將學校總體課程計畫和各領域課程計畫的審查分開處理。前者仍由縣市政府審查，但內涵調整為：「學校總體課程計畫，應包括學校願景、發展目標與特色、各年級學習總節數與各領域學習節數的分配、彈性學習節數課程計畫大綱、綜合活動領域課程（包括指定單元以外課程活動）計畫大綱、各學習領域學生成績評量補充規定、導師時間和學校作息時間規畫、教師授課分工與合作和課程實施相關事項。」這些內涵是本次課程改革中規定學校課程決定層級應預為規畫決定的事項，故宜由學校逐項規畫後報由縣市政府審查之。至於後者，各學習領域課程計畫之審查，仍然很重要，但可改由各學習領域課程小組或授課教師規畫後，於開學前一個月提經學校課程發展委員會審查後實施，並於開學兩週內發給相關學生之家長了解。如此，一則發揮學校課程發展委員會的功能，另則讓家長知悉課程與教學的目標、內涵、活動和進度，三則可減輕縣市政府的無謂工作負荷。

二、協同教學

　　其次，有關協同教學之規範，亦對學校的課程行政，造成困惑。暫行課程綱要的規定為：「學習領域之實施應以統整、協同教學為原則。」這句話在語意上相當奇怪，似乎認為學習領域的教學應採統整教學及協同教學為原則，但課程與教學的學術用語，雖有協同教學，但似乎未曾見過統整教學。另若按此規範，則課程綱要似以為學習領域內的協同教學，將有助於達成課程目標，實則課程目標的達成與是否實施協同教學並無必然關係。尤其是小學階段，一位小學教師單獨擔任一種乃至數種學習領域的教學，不但是常態，且合乎教師資格檢定法規的要求，其效果也不見得比不同教師共同合作擔任某一領域的教學還差，何必強調其須以協同教學為原則？協同教學對原先分科任教現象極明顯而現改採領域課程實施的國中教師言，在其教師資格檢定方式未改為領域檢定之前，確有倡導的需要，但亦毋須硬性規定，因為有些領域，如數學，即使在國中階段亦無實施協同教學之必要，更何況是小學。因而，比較合理的做法，應將「學習領域之實施應以統整、協同教學為原則。」改為「各學習領域之實施應掌握統整精神，必要時得採協同教學。」

三、課程評鑑

　　最後，有關課程評鑑之規定。此次改革首度將意義較廣的「課

程評鑑」納入綱要，是進步的做法，也指出評鑑範圍包括課程教材、教學計畫、實施成果等廣義的課程評鑑。然而，在評鑑分工上之規定，則過於僵化、機械化，也略偏功利主義的評鑑觀（黃嘉雄，民 89）。現行規定為：「中央：建立各學習領域學力指標，並督導地方及學校課程實施成效；地方政府：負責辦理與督導學校舉辦各學習領域表現測驗；學校：負責課程與教學的評鑑，並進行學習評鑑。」可看出，現行規定似乎把中央和地方政府的評鑑重點放在課程結果和實施成效之評鑑與督導，忽略了中央和地方政府對其所頒布之課程綱要、計畫、實施準備和實施過程等之評鑑。更佳的做法，可採如下規定：「課程評鑑範圍，包括課程綱要與計畫、課程準備與材料、課程實施及其成效等，由中央、地方政府和學校分別加強辦理，定期依權責編列預算實施。」如此，則更周延。

本次暫行課程綱要的變革幅度很大，台灣又尚缺常設性的國家層級課程研究發展機構，採任務編組而成的課程綱要研修小組人員在時間壓力下發展課程綱要，難免顧此失彼而未盡周延、妥善。唯中小學課程改革所影響者，不只是台灣地區數十萬教師，還包括數百萬學生及家長，其結果更關乎未來台灣社會的興衰，因此不得不妥善行事，力求周延。本文就個人參與課程試辦及其輔導過程所蒐集的意見與資料，加上自己的思索，對九年一貫課程暫行綱要提出上述問題和改善策略，以作為教育部和課程綱要研修小組委員修訂綱要之參考，希望「暫行」綱要之暫行二字取下時，綱要是完善的，也希望它及早來臨。

參考文獻

洪詠善（民 89）。國民教育階段九年一貫課程總綱綱要決策過程之研究。國立台北師範學院課程與教學研究所碩士論文（未出版）。

教育部（民 82）。國民小學課程標準。台北：台捷。

教育部（民 84）。國民中學課程標準。台北：作者。

教育部（民 89）。國民中小學九年一貫課程暫行綱要。台北：作者。

陳伯璋（民 88）。九年一貫課程的理論與理念。中華民國教材研究發展學會編，邁向課程新紀元——九年一貫課程研討會論文集（上），10-18 頁。台北縣：編者。

黃光雄（民 79）。英國國定課程評析。中華民國比較教育學會主編，各國中小學課程比較研究，379-399 頁。台北：師大書苑。

黃嘉雄（民 88）。學力指標之建構與評量。中正大學教育學院主編，迎向千禧年——新世紀的教育展望國際學術研討會論文集，339-362 頁。高雄：麗文。

黃嘉雄（民 89）。論台灣地區國民中小學九年一貫課程的評鑑規畫。教育部、國立台北師範學院、台北市政府教育局主辦，國民中小學九年一貫課程試辦工作輔導小組研討會，二〇〇〇年九月七、八日，於新竹縣關西鎮。

黃嘉雄（民 90）。新的權力分配與社會控制原則：論九年一貫課程改革的社會深層意義。課程與教學論壇，二〇〇一年十月二十日於國立中正大學。

楊嵐智（民90）。小學教師實施閩南語課程之個案研究計畫。國立台北師範學院課程與教學研究所碩士論文研究計畫（未出版）。

廖春文（民79）。英國一九八八年教育改革法案對我國中小學課程發展的啟示。中華民國比較教育學會主編，各國中小學課程比較研究，347-377頁。台北：師大書苑。

The Curriculum and Assessment of the Australian Education Council (1994). *Studies of society and environment: A curriculum profiles for Australian schools.* Carlton Vic., Australia: Curriculum Corporation.

➡本文修改自國立台北師範學院、中華民國教材研究發展學會主辦之海峽兩岸新世紀小學課程與教材改革學術研討會論文，民國九十一年四月二十四日和二十五日，於國立台北師範學院。

第四章
國民中小學閩南語課程暫行綱要之評析

　　國民中小學九年一貫課程暫行綱要（以下簡稱九年一貫課程）開宗明義地說：本次課程改革之主要背景乃是國家發展的需求，和對社會期待的回應（民89，頁1）。除此之外，課程改革也牽動了台灣社會新的權力分配與社會控制原則，包括：市民社會活力的興起、邊陲聲音的湧現、場域疆界的跨越……等。使得早期被鄙視、醜化的鄉土語言，能跨越家庭和民間的界限，邁入學校教育知識的殿堂（黃嘉雄，民90）。

　　閩南語在台灣的使用人口超出百分之八十，長期以來，卻漸漸地在以國語為主的教育體制和社會中流失。直到九年一貫課程的實施，始將閩南語課程納入語文領域的學習範圍裡。雖然，有人認為這是邁向多元社會的開始，有人讚頌這是平等、尊重的表徵；然而，在教室裡所進行的閩南語課程卻仍困難重重，除了近來大家所熟知的鄉土語言師資培訓、音標系統選用的問題之外，其實，許多問題卻是來自閩南語課程暫行綱要本身。

　　本文將評析閩南語課程暫行綱要中的兩個重要部分，首先，

是閩南語課程的基本理念及課程目標；其次，以教學時間分配、音標系統選用，和明確性、正確性、順序性、難易度、繼續性、周延性的原則，檢驗閩南語分段能力指標的問題。

壹、理念與目標之評析

　　閩南語原屬於許多台灣民眾母語中的一環，然而，因為學校語言教育的影響，讓台灣原有的家用語言竟逐漸地脫離家庭；相反地，現在卻必須利用學校教育喚回家庭、社會對母語的重視。因此，我們以為「語言的使用是自然的」這種說法是一種錯誤的認知，它除了建立在出於善意的主觀願望外，還反映出政治支配者長期的有意引導（施正鋒，民85）。

　　當前的九年一貫課程恢復了閩南語在語文教學中的位置，但是，卻無法給閩南語所代表的鄉土文化價值相對的地位[1]。嚴格說來，就本文以下所探討的教學時數看來，閩南語雖為鄉土語言中的主流，卻仍位於語文領域課程的邊陲地帶；對於建構多元文化理念的幫助有限，更遑論 Halcon 與 Reyes（1992）所說的，在教學的歷程中，整合雙語或多語的複雜概念和知識。

　　語言與政策，其實是一種互為因果的關係（施正鋒，民85）。而今語言教育政策的開放，對閩南語課程所隱含的意義為何？本文將從實施雙語教育的各種理念，反觀當前九年一貫課程中的閩南語課程之基本理念與課程目標。

一、雙語教育之實施理念

今日台灣教育所要實施的閩南語，和北京話一樣均為華語的一種變體，成為具有區域特性的方言。就廣義的雙語現象解釋，閩南語與今日成為共同語的北京話，是不同個人或語言社群所使用的兩種語言。因此，閩南語教育的實施可以參考其他地方推動雙語教育的理念。

黃嘉雄（民82）認為雙語教育一般泛指採用兩種語言作為教學媒介之教育措施，通常這兩種語言指國家的官方語言和學生的第一語言（母語）。而九年一貫課程中的閩南語教學正是與雙語教育的理念相仿。是故本文先歸納以下幾種實施雙語教育的理念，以作為評析閩南語課程基本理念的參照。

(一)文化傳承

就語言學而言，語言是探究文化的線索；簡言之，語言的流逝也就是文化的消失，而語言就是文化；所以，應積極恢復正在消失中語言的地位，並鼓勵各民族語言發展以豐富世界更多元的文化。猶如新加坡總統李光耀於一九八八年開始，體認到「語言即是文化」的重要，是故積極推動星馬地區各族群語言，並保存其特有文化，如華語中的儒家文化。

(二)實現教育機會均等

依據文化再製論的觀點，語言即是文化資本（cultural capital）之一，學童在入學前所具備的文化資本原是不同的（黃嘉雄，民85）。因此，語言的單一僅能圖利於某一族群，使該族群內的學童能以熟悉的溝通方式和既有經驗繼續學習；另一方面則造成非主流語族內的學童得要重新學習教育中的語言。而這正是Edwards（1994）所謂的「教育限制了兒童的機會」。語言應均享有平等的尊重與公平，沒有人會因為語言而受到歧視，當然，在教育的計畫中也應考慮不同語族的需求。

以南非為例，在第一位黑人總統曼德拉上任不久後即宣布（劉德勝，民89）：人人有權在公立學校接受官方語言（包含Sepedi、Sesotho、Setswana、siSwati、Tshivenda、Xitsonga、Afrlkaans、English、isiNdebele、isiXhosa、isiZulu）的教育，或他們自己所選擇的語言，為了有效實現此權利，政府教育均應符合公平、可行性，及矯正以往的種族歧視的法律與措施。除此之外，各官方語言均享有平等的尊重與公平，並認可在歷史逐漸消失的土著語言的使用和地位，政府須採取積極有效的方法以增進其地位與使用。

(三)促進族群的尊重、了解

語言能擴大族際間的交流，對於各族群的語言發展應樂觀其成，並讓語言間能相互激盪，豐富彼此的詞彙、語言內容，以及彼此的文化。雙語教育教導學生認識、尊重不同族群文化，並在和諧的多語社會中，使人與人之間學習相互尊重，同時包容不同文化的差異性，促進容納異己的民主精神，使各族群和諧地共存共榮。

(四)對鄉土的認同

語言隨著鄉土的發展而孳長代謝，所以，在鄉土語言中也就蘊含了一個地區的歷史和文化；因此，大部分的人相信：喚起群眾對語言使用的熱情，就能樹立在他們心中對鄉土的認同。

(五)獨立建國

由於語言就是認同，許多獨立建國的領導者均注意到語言所代表的文化資本；所以，鼓吹一種有別於以往獨大或霸權的語言政策，或以鄉土文化的語言教育代替，則能喚起族群間的認同，進一步能同仇敵愾對抗強權壓迫。

如同Hyde，愛爾蘭獨立的第一位總統，他藉由愛爾蘭光榮的民族史來建立人民的信心，鼓勵人民保存本土語言文化，同時強調語言就是認同，語言就是文化，語言就是獨立建國的文化資本（張學謙，民87）。所以，愛爾蘭即是以語言運動為其獨立建國的號召，目的在啟發人民的民族意識。

(六)減少受壓抑者的政治抗爭

身為殖民統治者均了解語言控制的重要。因此，殖民統治會施以統一（殖民地）的語言，消解各族群間對己族文化的認同，甚至以為己族文化是次級、不入流的文化，如此一來，則方便統治者的治理。於此，語言則成為減少政治抗爭的工具。

南非早年曾長期處於「白人政策」的控制底下，那裡大多數的居民（黑人）在政治或經濟等權力均受到限制。為求生存，大

部分人都寧願讓下一代學習英語或主流族群的語言，漸漸地，就有許多珍貴的語言遺產消失了；當然，執政者所代表的主流語言（英語）和高階文化，也就名正言順地成為社會認同的表徵。

殖民者以語言使被殖民地順服的狀況，亦同樣在台灣發生過。日據時期，新任台灣總督府學務部長的伊澤修二曾提出：「台灣的教育第一應該使新領土的人民從速學習日本語（陳美如，民87，頁13）。」因此，推廣日語成了國家主義的教育方針。日本殖民政府在語言教育政策上分別進行了台語漢文、台語日語、全部日語的三種同化模式，以逐年減少台灣人的政治抗爭，並增加對日本殖民政府的認同。

㈦促進經濟利益的發展

許多強勢語言的背後，如英文、日文或中文等，都代表著龐大的商機；因此，精通語言的另一個重要理念是促進語言所帶來的經濟利益。

就上述雙語教育的實施理念看來，語言政策往往隨政治情況和背後的意識型態而改變（雲惟利，民87）。透過語言、知識，讓階級的結構合法化並且再生（Weiler, 1988）。然而，利用語言達成政治的企圖是有限的，對教育的影響卻是長遠的；身為政策的決定者，不可不慎。

二、閩南語暫行課程綱要理念與目標之評析

九年一貫課程暫行綱要中閩南語的基本理念，配合十大基本

能力，發展成為閩南語課程目標，其對應關係可見表 4-1。除了課程目標第一項與第七項外，其餘之目標均可在基本理念中發現相似的概念。

表 4-1　閩南語暫行綱要之基本理念與課程目標、十大基本能力對應表

基本理念	課程目標	十大基本能力
1. 培養探索與熱愛閩南語文之興趣，並養成主動學習的習慣。	具備閩南語文學習之自學能力，奠定終身學習之基礎。	三、生涯規畫與終身學習
	培養探索閩南語文的興趣，並且養成主動學習的態度。	九、主動探索與研究
2. 培養學生聽、說、讀、寫、作等基本能力，並能在日常生活中靈活運用、表情達意。	應用閩南語表情達意並能與人分享。	四、表達、溝通與分享
3. 培養學生有效應用閩南語文從事思考、理解、推理、協調、討論、欣賞、創作和解決問題。	培養閩南語創作之興趣並提升欣賞能力。	二、欣賞、表現與創新
	應用閩南語文獨立思考解決問題。	十、獨立思考與解決問題

（下頁續）

（續上頁）

4.培養學生應用閩南語文學習各科的能力，擴充生活經驗、拓展學習領域、認識中華文化、面對國際思潮，以因應現代化社會之需求。	透過閩南語文互動，因應環境，適當應對進退。	五、尊重、關懷與團隊合作
	透過閩南語文學習認識文化並認識外國籍及不同族群之文化習俗。	六、文化學習與國際了解
5.學習利用工具書及結合資訊網路以擴展閩南語文之學習，培養學生獨立學習之能力。	充分運用科技與資訊進行閩南語文形式與內涵之整理保存，推動科技之交流，擴充台灣語文之領域。	八、運用科技與資訊
6.激發學生廣泛學習的興趣並提升其欣賞文學作品之能力。	培養閩南語創作之興趣並提升欣賞能力。	二、欣賞、表現與創新
	應用閩南語言文字研擬計畫及執行。	七、規畫、組織與實踐
	了解台灣閩南語文內涵，建立自信，以為自我發展之基礎。	一、了解自我與發展潛能

(一)閩南語基本理念在性質上與課程目標並無二致，基本理念未能彰顯實施該課程的深層內涵

就實施雙語教育的不同理念探討發現，在國家官方語言之外

所實施的第二種語言通常是基於政治、文化或教育的考量。在政治的目的方面，實施雙語教育能促進經濟的發展、增加對鄉土的認同、促進族群之間的尊重或了解，甚至是減少政治的抗爭或獨立建國。在文化的目的方面，則是希望透過第二種語言（多為母語）的教育，達成文化的傳承和發展。在教育的目的方面，則促進教育機會均等理想的實踐。

然而，在台灣所實施的閩南語課程，卻無法從綱要的基本理念中了解其真正內涵。相反地，基本理念的內容陳述卻與課程目標相似；理念中所欲達到的層次，和課程目標一樣僅止於對學生學習結果之期待，而非閩南語課程的政治、文化、教育和經濟價值，以及其對整體社會的意義。

㈡理念或目標偏重語文工具性目的，忽略語言教育的潛在功能

誠如上述雙語教育實施理念的探討，實施官方語言以外的第二語言教學，其實有許多潛在的價值和目的。以「實現教育機會均等」的理念來說，以第二語言作為教學的語言，能夠讓該語族的學生能直接透過自己的語言接觸知識，而非要先熟悉官方語言，才能輾轉獲得學習。因此，語言教育於此是為了實現教育機會均等的目的，讓學生享有平等的「文化資本」（cultural capital），不會因為語言的差異而與教育知識產生斷層。由此可知，語言教育不只有「以語言為溝通工具」的工具性目的，還應包括「以語言為實體」的深層價值。

不過，在暫行綱要的基本理念中卻僅將閩南語視為是「語言

的工具」，如基本理念第四條所述：「培養學生應用閩南語文學習各科的能力，擴充生活經驗、拓展學習領域、認識中華文化、面對國際思潮，以因應現代化社會之需求。」，以及課程目標第五條：「透過閩南語文互動，因應環境，適當應對進退。」和第六條：「透過閩南語文學習認識文化並認識外國籍及不同族群之文化習俗。」將閩南語看做是開闊經驗、適應社會的工具。

其他如理念第二條：「培養學生聽、說、讀、寫、作等基本能力，並能在日常生活中靈活運用、表情達意。」、目標第四條：「應用閩南語表情達意並能與人分享。」係屬於語文基本能力的訓練。而理念的第五條：「學習利用工具書及結合資訊網路以擴展閩南語文之學習，培養學生獨立學習之能力。」和目標的第八條：「充分運用科技與資訊進行閩南語文形式與內涵之整理保存，推動科技之交流，擴充台灣語文之領域。」均為技能的層面。其他基本理念和課程目標，雖有顧及情意的層面，但卻仍僅將語言視為「發展情意」的手段，而非以閩南語為語言實體，透過對閩南語的學習，了解語言文化的差異，發展民主與尊重的精神。

(三)閩南語理念與目標忽略閩南語在台灣的特殊發展條件，卻欲達成一般語言教育的功能

就語言的背景而言，屬於鄉土語言的閩南語也是一種曾被社會抑制的語言，過去的語言政策告訴我們「語言的分歧，無助於國家的統一」，閩南語是不受歡迎的。由於閩南語經歷過語言發展的斷裂，因此，就語言的環境而言，台灣已經面臨「爺孫無法溝通」的困窘；不僅是在家無法完全使用閩南語，甚至在學校、

在一般的公共場合也無法聽到閩南語。

閩南語在欠缺語言教育經驗和語言使用環境的條件下，實在難以達成其理念或目標所詳載的語言教育功能。以理念第一條：「培養探索與熱愛閩南語文之興趣，並養成主動學習的習慣。」、第六條：「激發學生廣泛學習的興趣並提升其欣賞文學作品之能力。」，以及課程目標第二條：「培養閩南語創作之興趣並提升欣賞能力。」、第九條：「培養探索閩南語文的興趣，並且養成主動學習的態度。」來看，雖然都提到「培養學習閩南語的興趣」；不過，令人不解的是在興趣的培養之前，更重要的應該是「使用閩南語信心」的培養，讓我們的孩子勇於說出閩南語。然而，基本理念或目標並未提高閩南語的價值，卻僅是一廂情願地認為只要實施課程，就能讓學生從一無所知，變得有興趣。

㈣閩南語理念交代不清，導致學校施行上的歧異

閩南語雖納入語文領域的正式課程中，然而，卻因為基本理念僅強調了「語文工具」的目的；因此，導致閩南語課程因為學校的認知不同，而有許多不同的實施態度。

有些學校以為閩南語課的設置是為了「文化傳承」、「鄉土認同」的目的，不僅在閩南語課程的設計和發展上不遺餘力，甚至還規畫「閩南語時間」等教學活動，營造語言環境；並且積極參與社區鄉土活動，結合社區的力量共同捍衛鄉土文化。

有些學校以為閩南語課程是為了「促進多元文化社會」的理想。於是，透過閩南語讓學生認識台灣，介紹台灣原是多語言、多文化存在的事實，以及各語言、文化相互激盪與豐富的重要性。

所以，閩南語課除了教導學生認識自己的文化之外，也要培養學生尊重、包容不同文化的差異，讓各族群和諧地共存共榮。

也有學校以為閩南語課程只是「減少政治抗爭」的藉口，是過去國民黨執政時與在野黨的利益交換，或者是現在民進黨政府理念的發揮，當政黨輪替時，閩南語課也會隨之消失。所以，學校會以「閩南語只是暫時課程」的態度執行，通常閩南語課在這些學校裡只會落個名存而實亡的下場。因此，理念的宣示甚為要緊，不然，學校則以各自的意識型態實施閩南語課程，甚至忽略之。

閩南語課程的加入，對台灣的教育而言是一個新的里程碑。閩南語課程應該是多元文化教育的開端，但是，在其基本理念中卻只以「語文的工具性目的」為限，而忽略了其維護、發展族群文化的使命，以及培養相互尊重的民主本質。

許多人對於閩南語課程的設立，所抱持的理想是關於延續文化遺產、學習相互包容與尊重，最後促成祥和共存的社會。然而，在閩南語課程綱要的基本理念中卻看不到這樣的想望。在此呼籲修訂閩南語課程的理念與目標，擬定閩南語課程「語言、文化傳承」、「族群相互了解、尊重」、「達成自由、民主的多元社會」之理念。

貳、閩南語能力指標之評析

過去的課程標準強調五育均衡，實際上，卻導致智育的一枝

獨秀；九年一貫課程是要培養具有「帶著走的能力」的學生，強調以生活為中心的「能力」，不只是「唸書」就好。至於學生在各階段學習所應完成的能力則詳載於各領域的「能力指標」中，老師的任務在於提供學生有效習得能力指標的學習經驗，使其達成基本能力。

九年一貫課程以能力指標代替過去課程標準的年級目標，其意在鬆綁課程的決定權，轉而賦與教師更多專業自主權，使教師能依據學生的背景、學校的條件、家長的需求及社區特色，規畫與實施課程。易言之，能力指標也是課程設計、實施或評鑑的準則；它的存在對於各學習領域是相當的重要。可想而知，若是能力指標出了問題，那麼不只影響課程，還包括老師的教學和學生的學習。

能力指標對於課程的不可或缺，因此，即便是首次納入正式課程的閩南語課，對於能力指標的編纂也必須謹慎為之。為了閩南語課程的長遠發展，本文將依明確性、正確性、順序性……等原則檢視閩南語課程綱要中能力指標的問題，並提出建議。

一、閩南語課程能力指標中現存的問題

閩南語課程綱要中所欲實踐的分段能力指標主要區分為音標系統應用、聆聽、說話、閱讀和寫作能力等能力類別，依其和十大基本能力的關係、學習階層的分段，發展成為各項指標內涵。

然而，從明確性、正確性、順序性、繼續性，以及周延性等基本原則來檢視閩南語課程綱要的能力指標，卻呈現出部分不適

當的指標。至於在教學時數和音標系統應用能力方面，則反映了閩南語課程實施困難的窘境。

(一)能力指標明確性的問題

明確性意指能力指標的具體明確，使教師在解讀時能清楚明瞭它的意涵。然而，若干閩南語能力指標在明確性方面卻犯了兩種失誤。

1.用字不清為第一種失誤。比如：出現在音標系統應用能力指標 2-3-4 中的「台閩方言」，大概是其他音標系統應用能力指標所指稱的「台灣閩南語」或「閩南語」的訛誤。寫作的分段能力指標也出現了內容敘述不完整，如：指標 5-3-11「能以尊重的態度用閩南語親人、師長或同學的特徵。」，其中的「用閩南語」之後應該漏掉了「描述」兩個字。

2.指標內涵的目標過多。以聆聽能力中的分段能力指標來說，有許多是同時包含兩個教育目標的。比如：指標 2-1-7「能聽辨台灣閩南語口頭表達中的生活感受、想像，並且能從聽辨閩南語語句中，略微欣賞他人日常生活語言的自然之美。」，指標 2-2-10「能熟練的辨聽台灣閩南語口頭表達中的內心感受、理智成分、想像能力，並且進而欣賞」，這二個分段能力指標皆包含屬於認知能力的「聽辨」，以及屬於情意能力的「欣賞」。同樣的問題也發生在寫作的分段能力指標 5-1-7「能初步認識影音的字幕或本事，並用閩南語發表自己對影片的觀感。」包含了兩種教育能力，一是技能的能力，一是欣賞的能力。

能力指標的具體、明確，才能讓教師清楚明白其所欲傳達的

意念，毋須再花腦筋猜測而導致不同的解讀或誤讀。

(二)能力指標正確性的問題

正確性意指能力指標的內容或敘述是否正確無誤；由於能力指標的轉化是課程設計的第一關卡，因此，應盡量避免錯誤的發生。

*1.*能力指標號碼重複的問題甚多，在聽、說、作的分段能力中均可發現。比如：在聆聽能力中就有兩條 2-2-9，其一在基本能力一、了解自我與發展潛能中的 2-2-9「加強聽辨閩南語日常語言禮貌的能力」，另一個在基本能力二、欣賞、表現與創新中的 2-2-9「能在聽辨台灣閩南語文中，深入了解自我的一般生活與別人所談論的生活」。又在說話能力中，出現同樣的號碼各代表不同的指標，指標 3-1-3「能養成愛用台灣閩南語的態度。」和指標 3-1-3「能運用台灣閩南語了解自我的一般生活並且能簡單地向別人表白自我的生活。」。也有兩個 3-2-26。寫作能力指標也有兩個 5-2-2，分別對應不同的基本能力，表示不同的能力。

*2.*指標內容的重複：分段能力指標 2-1-4「建立聽辨後複述、聽後記錄的初步能力。」與 2-1-8「建立聽辨後複述、聽後記錄的初步能力，奠定終身學習的初步能力。」同樣是在第一階段中，不同的是 2-1-4 屬於十大基本能力中的「了解自我與發展潛能」，而 2-1-8 屬於基本能力中的「生涯規畫與終身學習」；然而，平心而論，這兩個能力指標的內容所要達成的應該就是同一件事。

在說話能力中，還有不同階段的分段能力指標內容竟是幾乎一模一樣。如：指標 2-1-14「能主動向父母兄弟姊妹學習台灣閩

南語的一般生活詞彙。」和指標 3-1-27「能主動向父母兄弟姊妹學習台灣閩南語的一般生活口語詞彙。」

3.指標號碼寫錯的問題容易造成教師在課程整體規畫時，對應能力指標的困擾。比如：說話能力指標中，號碼應該為 3-2-3，卻寫成 3-3-3，使得有兩個 3-3-3。寫錯的還有 3-3-28 寫成 3-2-28，3-3-34 寫成 3-2-34。

4.在能力指標正確的問題上，較不嚴重的是號碼缺漏的問題，如：在說話能力中少一個 3-3-23 的分段能力指標。

(三)能力指標順序性的問題

閩南語之能力指標以學生年級分為三個階段，並依階段性質設立分段能力指標。依據學習的原則，能力指標應符合由淺入深、由簡至繁的順序；不過，在閩南語的能力指標中卻偶爾發現本末倒置的現象。

例如：閱讀能力的第一階段分段能力指標 4-1-16「能擬定讀書計畫」，和音標系統應用能力的第二階段 1-2-2「加強應用音標系統記錄口語」；音標系統應用能力認為學生要到第二階段才需發展出「記錄」的能力，何以在第一階段就要擬訂計畫？

(四)能力指標難易度的問題

難易度所呈現出的問題，其實主要來自能力指標順序性安排失當所導致；原本能力指標的設計應依照學生的身心條件和學習的先備經驗，然而，閩南語的部分能力指標規畫，卻造成某一學習階段中出現難以達成的目標。

以音標系統應用能力來說，分段能力指標 1-2-6「能利用音標系統與不同族群語言音標之差異，了解不同語言之差異。」對四至六年級的學生應太過困難；而且在聆聽能力中的指標 2-3-4「總結台灣主要台閩語方言差異的辨別能力」才要求七至九年級學生達成此一能力；由上可知，同樣是對方言的辨別差異，豈有辨別語言內的差異容易，而卻要年紀較小的孩子去了解更難的語音間的差異。

寫作能力中的分段能力指標普遍要求太高；比如：指標 5-2-11「寫作遊記，記錄旅遊所見所聞，增加認識各地風土民情。」對於剛學會拼音、記音的四至六年級學生應該太過困難。

(五)能力指標繼續性的問題

能力指標的繼續性意指指標內容能在不同學習階段中有適度的延續與連貫，讓學生能在不同學習階段對於同一能力繼續地加深、加廣學習。然而，閩南語能力指標卻出現不少「繼續性」的問題，亦即下一階段的能力指標無法對上一階段的能力產生接續的效果。

1. 部分閩南語分段能力指標在發展成為下一階段時，描述過於抽象。比如：說話能力的指標 3-2-1「能參照台灣閩南語言系統中的生活語言，了解自己與同伴的身體、能力、情緒、需求與個性等，並且運用台灣閩南語表現出來。」和指標 3-3-1「能參照台灣閩南語言系統中的文學語言，了解自己與同伴的身體、能力、情緒、需求、自我控制能力與個性等，並且運用台灣閩南語文表現出個人真誠風格來。」兩個指標所欲達成的能力大致相同，其

間的差異在第三階段學生應比第二階段學生更能運用閩南語表現出「真誠風格」；至於這「真誠風格」實在讓人摸不著頭緒，難以表達。

又如說話能力的指標 3-1-19「建立運用閩南語關懷別人、與人主動溝通的方式。」和指標 3-2-2「加強建立運用閩南語關懷別人，由感情出發，運用親和口吻主動問候他人的習慣。」這之間的差異也是相當的抽象；身為第二階段學生要比第一階段學生更能達成「由感情出發，運用親和的口吻」；難道第一階段的學生就無法體會或實現「感情或親和」，否則為什麼還要在下一個階段就此特別強調。還有分段能力指標 3-1-25「能具有學習閩南語口頭表達的興趣。」和指標 3-2-32「能具有學習優美閩南語口頭表達的興趣。」和指標 3-3-32「能具有學習優雅閩南語口頭表達的興趣。」這三個分別位於不同階段的能力指標，均是要「學習閩南語的口頭表達」；然而，令人不解的是閩南語中的「優美」和「優雅」究竟有何不同？還需要分階段實施。

2.有些同一能力的不同階段能力指標，其描述過於相似。比如：聆聽能力的分段能力指標 2-1-6「建立聽取教師閩南語教學語言、教學內容的基本能力。」與 2-2-8「加強建立聽取教師閩南語教學語言、教學內容的能力。」這兩個指標分別出現在第一階段和第二階段裡，就其指標內容來看，唯一的不同只在於「基本」的差異。然而，這「基本」的差異，並不容易在提供給學生的學習經驗中清楚劃分。

又如分段能力指標 2-2-7「加強建立聽辨閩南語後把握述題、把握內容、重組內容的初步能力，並且記錄下來」的延伸，是指

標 2-3-11「加強聽辨閩南語後把握述題、把握內容並且重組、加強、美化的能力，並且記錄下來」。這兩個指標內容幾乎相同，不同的是在於「初步」能力要轉化為「加強、美化」的能力。

這樣的能力指標描述，其指標內涵幾近相同，對於不同階段的學習缺乏辨識度；另一面，在課程設計上，老師為了相似能力指標而安排的教學活動，對於「基本」、「加強」或「美化」只能表現出程度上的不同，卻無法真正達到昇華能力的目的。

甚而有一些閩南語能力指標不僅描述過於相似，內容也相當抽象。比方說，在聆聽能力方面，基本能力九、「主動探索與研究」的三階段能力指標，分別為指標 2-1-15「能養成愛聽台灣閩南語的態度」、指標 2-2-18「能深刻養成愛聽台灣閩南語表達的態度」與指標 2-3-21「深刻養成愛聽優雅台灣閩南語的態度」，若分開一瞧，似乎也相當理所當然；但若綜合來看，「愛聽台灣閩南語」、「深刻養成愛聽台灣閩南語」，與「深刻養成愛聽優雅台灣閩南語」，不知編輯諸公對「愛聽」與「深刻愛聽」的定義有何不同？而特別標示的「優雅台灣閩南語」不知和「台灣閩南語」又有何不同？難道在教育中適合教「不優雅」的台灣閩南語嗎？

此一情形亦出現在說話能力中，基本能力一、「了解自我與發展潛能」的三階段能力指標中，分別是指標 3-1-3「能養成愛用台灣閩南語的態度」，指標 3-2-3「能深刻養成愛用台灣閩南語的態度」，和指標 3-3-3「能深刻養成愛用優雅台灣閩南語的態度」，其問題同前所述，恕不贅言。

(六)能力指標周延性的問題

目標的周延性意指兼顧認知、技能、情意等目標（中華民國教材研究發展學會，民85）。由於能力指標是課程發展的依據，也是培養學生學習經驗的基準；因此，能力指標應符合周延性，方能確保學生認知、技能、情意三方面能力的均衡發展。

閩南語文課程綱要鉅細靡遺地編列了一至九年級所應完成的能力指標（教育部，民89）。依據閩南語文課程綱要(四)分段能力指標與十大基本能力之關係，可以了解其編列的邏輯為：

十大基本能力 —決定→ 課程目標 —決定→ 分段能力指標 ⎰ 音標應用能力
聆聽能力
說話能力
閱讀能力
寫作能力 ⎱

此種方式，方便閱讀者直接了解閩南語十大課程目標與十大基本能力的關係，及其所延伸的分段能力指標。然而，這綱舉目張的分段能力指標架構卻無法令人一目了然它們與教育目標間的關聯。

本文於此藉助 Bloom（1956）認知領域教育目標分類、Krathwohl（1964）情意領域教育目標分類，以及 Saylor 與 Harrow（1972）技能領域教育目標分類（引自吳清基，民79），將閩南語各分段能力指標歸類成認知、情意、技能三種。並且以認知層面的知識、理解、運用、分析、綜合、評鑑，情意層面的接受、

反應、價值判斷、價值組織、品格形成,以及技能層面的知覺、心向、模仿、機械化、複雜反應、創造的各個面向,對應閩南語各分段能力指標,製成附錄。

由附錄可見,閩南語各分段能力指標與認知、技能、情意三大教育目標間的關係。無論是依學習階段或分段能力看來,均是以「技能」的培養所佔比率最高,其次是認知能力,最後則是情意能力。特別是在說話能力中,相當重視「技能」方面的訓練;不過,在閱讀能力中也很強調「認知能力」的養成。五種分段能力指標裡,以閱讀能力最能兼顧到「情意能力」。

雖然,閩南語的使用是語言工具中的一種;不過,閩南語卻是台灣語言逐漸消失中的一種,而在失去語言環境的今日,或許情意層面的認同、欣賞應該比一味的技能養成來得重要。

(七)教學時數分配的問題

九年一貫課程中以語文領域所佔的領域學習節數最多[3]。但是,若與之前的課程時數相比,反而減少;而且所需學習的語言種類卻增加了。

就教育部對九年一貫課程的鄉土語言教學實施情形的調查資料顯示,如表 4-2;台灣多數的小學僅以一節課的時間進行鄉土語言教學,而這樣的一節課不是完全用語文領域的一節課來上,大部分的學校則可能以「融入」之名,行「隨機」教學之實。

整體而言,閩南語若以一節課計算,比之其他領域的節數大大的不如;而欲以如此短少之時間完成語言教學,也是前所未見的。

就語文領域來說，閩南語文的分段能力指標共約三百零一條，比之國語文的分段能力指標（扣除閩南語所沒有的「識字與寫字能力」）共約有二百七十五條的內涵，實在有過之而無不及。若僅將閩南語定位於「選修課程」，而欲實踐能力指標之內涵，則無異於緣木求魚。

　　加上小學到了五年級以後，又必須加入英語課程，對大部分的國小而言，均是佔用二節以上的節數，如此一來則會對閩南語空間更加的壓縮。國中以後的英語約是國語的一半節數，而閩南語課改為選修；這樣一個從「有限」到「可有可無」的時間分配，閩南語的發展實在令人憂慮。

表 4-2　九十學年度國小一年級鄉土語言教學
政策推動情形與學校實施概況[②]

鄉土語言教學推動情形		
鄉土語言教學節數	每週一節	99%
	一節以上	1%
鄉土語言教學型態	「語文學習領域」時間授課	52%（13 個縣市）
	「語文學習領域＋融入相關領域＋彈性學習節數」型態	40%（10 個縣市）
	「語文學習領域＋融入相關領域」	4%（1 個縣市）

資料來源：教育部，民 90，轉引自中央日報，13 版

(八)音標系統的問題

除了口耳相傳外，語言文化的傳承和保留，主要還是得依靠書寫的紀錄；因此，一套記音系統的存在，對語言教育而言是相當的重要。過去閩南語曾有不同的標音方式，荷蘭、西班牙殖民時期的「羅馬拼音」，日據時期的「台語假音音標」，以及近來國人研發改良的「通用拼音」等等，均為閩南語的發展留下過紀錄。然今，納入正式課程中的閩南語施行全國，雖然音標系統眾多，但卻仍為缺乏統一的音標系統所苦。

教育部於八十九年九月公布「國民小學九年一貫課程暫行綱要」，其中閩南語文的(三)分段能力指標明言：「1.教育部公告台灣閩南語系統 TLPA 應用能力」；不過，到了同年十二月所印製的版本，卻將分段能力指標改稱為「1.教育部公告之音標系統應用能力」。雖只是些微的差異，但卻可以看出教育部對音標系統的態度，從先前所支持的 TLPA 系統，改為不再明確贊同某一音標系統，以免成為眾矢之的。

當然，除了在(三)分段能力指標將教育部公告台灣閩南語系統 TLPA 應用能力改稱為「音標系統應用能力」外，也在(四)分段能力指標中，將所有提到「TLPA」的字詞全都改為「音標系統」。

由於各機關或團體的堅持，使得音標系統的問題僵持不下；日前教育部雖已將拼音問題送交專業團體審議，但是，遠水救不了近火，缺乏全國統一的音標系統對於閩南語課程已經造成了影響。

基本上，多數老師並不知道該如何實施閩南語暫行綱要中所

規定的「拼音系統應用能力」，由於沒有統一的規定，身為老師都不知道該如何選擇音標系統，更遑論希望學生達成音標系統應用能力的能力指標。其他問題還包括：閩南語師資培育機構所養成分歧的音標系統師資，各民間出版商編輯了不同音標系統的教科書……；如此一來，勢必導致教學問題、銜接問題等。

二、對於閩南語能力指標的建議

　　九年一貫課程暫行綱要中的閩南語文分段能力指標，是今日實施閩南語課程所應奉行的準則；假若這些準則出現了交代不清楚或錯誤時，想必更令基層實施閩南語教學的教師們無所適從。

　　綜合上述能力指標的問題，提出以下幾點建議：

㈠盡速恢復或訂定統一、明確的音標系統，以免影響音標系統應用能力的學習。或將能力指標中之拼音系統應用能力指標全部刪除，改採語音的直接教學法實施教學，因為閩南語的學習不見得須先學拼音才能學習。

㈡在學習階段中，過於抽象的能力指標應加以修正，比如「優美」和「優雅」，這種「為賦新詞強說愁」的用法應予避免。

㈢避免在同一階段或不同階段的分段能力指標裡，記述相同或相似的能力，那麼就沒能達成加深、加廣的目的。

㈣有些分段能力指標同時包含了兩到三種目標意圖；一般而言，設計目標最好是一個目標包含一個概念，然後才能據此概念發展具體目標。

㈤應盡速修正閩南語文中分段能力指標號碼重複、寫錯和缺漏的問題。

㈥應盡速修改閩南語文中分段能力指標內容重複的問題,並且也應避免分段能力指標的內容敘述不完整,或過於抽象,比如:「真誠」這類難以言傳的詞彙。

參、結語

David（2001）認為現存語言的生機,要靠族群來維繫,也唯有族群可以維繫。若是族群將這份責任扔給外人,或扔給族群裡的一小撮人（像學校裡的老師）,語言絕對是死路一條。閩南語課程亦如是,學校教育只是維護語言、文化的一部分力量,更重要的是要得到社會的支持。因此,閩南語課程的理念應兼顧文化的維護與傳承,社群的包容與發展。

至於關係課程實質內涵至鉅的閩南語能力指標,應就其在明確性、正確性、順序性、繼續性、周延性,以及教學時數和音標系統應用能力方面加以改善。如此則有利於教師對於能力指標的解讀,以便於課程的實施。

九年一貫課程所設置的閩南語課,勾起了許多人深藏在心中的期望,也喚回了對台灣這塊土地的記憶;而當語言再次為台灣多元的文化發聲時,族群和諧才能名止言順,自由與尊重則指日可待。於是,負載著社會期望與文化記憶的閩南語課程綱要,也就更加的重要了。

註

①教育部（民 89）於「國民中小學九年一貫課程暫行綱要」實施要點規定：㈢選修課程：國小一至六年級學生，必須就閩南語、客語、原住民語等三種鄉土語言任選一種修習，國中則依學生意願自由選習。

②教育部（民 90）公布「九十學年度國小一年級鄉土語言教學政策推動情形與學校實施概況」顯示，全國一半以上的學校均在鄉土語言課中選修閩南語（選修閩南語有二千零九十八校、客語有五百三十二校、原住民語有二百六十四校）。在鄉土語言的教學節數方面，百分之九十九的學校實施每週一節，全國只有百分之一（三十五校）的學校實施一節以上的鄉土語言教學。

③《國民中小學九年一貫課程暫行綱要》之陸、實施要點規定：語文學習領域佔領域學習節數的百分之二十至百分之三十；健康與體育、社會、藝術與人文、自然與生活科技、數學、綜合活動等六個學習領域，各佔領域學習節數之百分之十至百分之十五。

參考文獻

中華民國教材研究發展學會（民 85）。**國民小學教科書評鑑標準**。台北：編者。

施正鋒主編（民 85）。**語言政治與政策**。台北：前衛。

張學謙（民 87）。愛爾蘭的語言運動和獨立建國。載於林央敏（主編），

語言文化與民族國家，171-174頁。台北：前衛。

教育部（民89）。國民中小學九年一貫課程暫行綱要語文學習領域。台北：出版者。

教育部（民90）。九十學年度國小一年級鄉土語言教學政策推動情形與學校實施概況。中央日報，13版。

陳美如（民87）。台灣語言教育政策之回顧與展望。高雄：復文。

雲惟利（民87）。台灣和新加坡近二三十年來的語言政策與華族母語的興衰。載於國立新竹師範學院、台灣語文學會（主編），台灣語言及其教學國際研討會論文集，161-182頁。新竹：編者。

黃嘉雄（民82）。美國實施多元文化教育措施及其啟示。教與愛，43，30-32頁。

黃嘉雄（民85）。轉化社會結構的課程理論：課程社會學觀點。台北：師大書苑。

黃嘉雄（民90）。新的權力分配與社會控制原則：論九年一貫課程改革的社會深層意義。論文發表於教育部主辦之「課程與教學論壇」。嘉義。

劉德勝（民89）。南非的多元文化教育。載於張建成（主編），多元文化教育：我們的課題與別人的經驗，257-286頁。台北：師大書苑。

Christian, K.M. (2001). The issues of diversity and multiculturalism in preschool education : A reader's theatre. *Multicultural Education, 9*(1), 30-32.

David, C. (2001). 語言的死亡（周蔚譯）。臺北：貓頭鷹。（原著出版於2000）。

Edwards, J. (1994)。語言、社會和同一性（蘇宜青譯）。台北：桂冠。（原著出版於1985）。

Halcon, J.J. & Reyes, M.L. (1992). Bilingual education, public policy, and tri-ckle-down reform agenda. In R.V. Padilla (Ed.), *Critical perspectives on bilingual education research* (pp.303-324). Tempe, Arizona : Bilingual Press.

Weiler, K. (1988). *Women Teaching for Change*. N.Y. Bergin of Garvey pub.

➠本文修改自作者與楊嵐智共同發表於中華民國課程與教學學會主編（民91）之「新世紀教育工程：九年一貫課程再造」一書論文，323-351 頁，台北：揚智文化。

附錄

閩南語分段能力指標與認知、情意、技能三大教育目標之對應表

教育部公布之音標系統應用能力		
學習階段 教育目標	第一階段（1-3年級）	第二階段（4-6年級）	第三階段（7-9年級）
認知		1-2-1、1-2-3、1-2-4 1-2-6	1-3-3
情意	1-1-3		
技能	1-1-1、1-1-2、1-1-4	1-2-2、1-2-5	1-3-1、1-3-2
聆聽能力		
認知	2-1-1、2-1-2、2-1-3 2-1-6、2-1-7、2-1-10 2-1-16	2-1-1、2-2-2、2-2-3 2-2-4、2-2-5、2-2-6 2-2-7、2-2-8、2-2-9 2-2-10、2-2-12、2-2-13 2-2-14、2-2-19、2-2-20	2-3-1、2-3-2、2-3-3 2-3-4、2-3-5、2-3-6 2-3-7、2-3-8、2-3-9 2-3-10、2-3-11、2-3-12 2-3-13、2-3-15、2-3-16 2-3-17、2-3-18、2-3-22 2-3-23、2-3-24
情意	2-1-5、2-1-7、2-1-9 2-1-13、2-1-15	2-2-10、2-2-18	2-3-13、2-3-21
技能	2-1-4、2-1-8、2-1-11 2-1-12、2-1-14	2-2-7、2-2-11、2-2-15 2-2-16	2-3-11、2-3-14、2-3-19 2-3-20

（下頁續）

（續上頁）

說話能力		
認知	3-1-1、3-1-21	3-2-9、3-2-10、3-2-27 3-2-35、3-2-36、3-2-37	3-3-4、3-3-6、3-3-9 3-3-11、3-3-28、3-3-34 3-3-35
情意	3-1-2、3-1-3、3-1-4 3-1-19、3-1-25	3-2-2、3-2-3、3-2-32	3-3-3、3-3-14、3-3-25 3-3-26、3-3-32、
技能	3-1-5、3-1-6、3-1-7 3-1-8、3-1-9、3-1-10 3-1-11、3-1-12、3-1-13 3-1-14、3-1-15、3-1-16 3-1-17、3-1-18、3-1-20 3-1-22、3-1-23、3-1-24 3-1-26、3-1-27、3-1-28	3-2-1、3-2-4、3-2-5 3-2-6、3-2-7、3-2-8 3-2-11、3-2-12、3-2-13 3-2-13、3-2-14、3-2-15 3-2-16、3-2-17、3-2-18 3-2-19、3-2-20、3-2-21 3-2-22、3-2-23、3-2-24 3-2-25、3-2-26、3-2-28 3-2-29、3-2-30、3-2-31 3-2-33、3-2-34	3-3-1、3-3-2、3-3-5 3-3-7、3-3-8、3-3-10 3-3-12、3-3-13、3-3-15 3-3-16、3-3-17、3-3-18 3-3-19、3-3-20、3-3-21 3-3-22、3-3-24、3-3-27 3-3-29、3-3-30、3-3-31 3-3-33、
閱讀能力		
認知	4-1-2、4-1-1、4-1-5 4-1-6、4-1-10、4-1-14 4-1-16、4-1-20、4-1-21 4-1-23、4-1-24	4-2-2、4-2-5、4-2-10 4-2-11、4-2-12、4-2-18 4-2-21、4-2-22、4-2-24 4-2-25、4-2-26	4-3-5、4-3-6、4-3-16 4-3-17、4-3-21、4-3-22 4-3-23
情意	4-1-3、4-1-7、4-1-11 4-1-12、4-1-13、4-1-15	4-2-3、4-2-4、4-2-6 4-2-13、4-2-14	4-3-2、4-3-11、4-3-12 4-3-13、4-3-14、4-3-15

（下頁續）

（續上頁）

技能	4-1-1、4-1-9、4-1-17 4-1-18、4-1-19、4-1-22	4-2-1、4-2-7、4-2-8 4-2-9、4-2-15、4-2-16 4-2-17、4-2-19、4-2-20 4-2-23	4-3-1、4-3-3、4-3-4 4-3-7、4-3-8、4-3-9、 4-3-10、4-3-18、4-3-19 4-3-20、
寫作能力			
認知	5-1-3、5-1-5、5-1-12	5-2-10、5-2-17	5-3-2、5-3-3、5-3-4 5-3-5、5-3-8、5-3-13 5-3-18
情意	5-1-4、5-1-6、5-1-7 5-1-9、5-1-10、5-1-11 5-1-16、5-1-17	5-2-4、5-2-9、5-2-16	5-3-6、5-3-10、5-3-11 5-3-12、5-3-16
技能	5-1-1、5-1-2、5-1-8 5-1-13、5-1-14、5-1-15	5-2-1、5-2-2、5-2-3、 5-2-5、5-2-6、5-2-7、 5-2-8、5-2-11、5-2-12 5-2-13、5-2-14、5-2-15	5-3-1、5-3-7、5-3-9 5-3-14、5-3-15、5-3-17

第五章

課程統整的概念層次分析

 壹、前言

　　教育部在二〇〇〇年九月所公布的國民中小學九年一貫課程暫行綱要提到：「跨世紀的九年一貫新課程應該培養具備人本情懷、統整能力、民主素養、鄉土與國際意識，以及能進行終身學習之健全國民。」其中的統整能力方面，包括理性與感性之調和、知與行之合一，人文與科技之整合等（教育部，民89，頁3）。暫行課程綱要於說明各學習領域內涵時，亦要求：「學習領域之實施應以統整、協同教學為原則（教育部，民89，頁9）。」此外，為使九年一貫新課程能於二〇〇一學年順利實施，教育部於一九九九和二〇〇〇兩學年推動大規模的課程試辦工作，教育部頒布的「國民教育階段九年一貫課程試辦要點」提示下列試辦重點：「學校課程發展委員會組織運作、統整課程的設計與安排、教學群組織與協同教學模式、教學資料的蒐集與編選、教師專長

的提升與發展、彈性課程的規畫、多元評量的策略、教師任課時數的調整安排、家長參與及社區支持的策略與模式（教育部，民88）。」從教育部公布的這些官方課程文件觀之，此次台灣地區的九年一貫新課程非常強調課程統整的精神；台灣許多學者亦常將課程統整論視為台灣九年一貫課程改革的重要理念（方德隆，民89；陳伯璋，民88；游家政，民89；歐用生，民88）。

　　由於官方課程綱要的倡導與規範，加上學者們在各種學術研討會上不斷地熱烈討論、爭辯，一時之間，課程統整的議題成為過去兩三年來台灣地區教育學界的流行言說（discourse），也成為學校發展其學校本位課程（school-based curriculum）的支配性概念。許多學校人員似乎認為其發展的課程，若未冠以「課程統整」的字眼，就是落伍，就是未落實九年一貫課程的精神。於是，許多台灣地區的學校，乃投入大量人力、時間和資源，試圖發展並實施各該校的課程統整方案，各式各樣的課程統整方案乃紛紛出籠，令人眼花撩亂，目不暇給。然而，不可諱言的，有些學校所發展出的課程統整方案，常是空有統整之名而無統整之實；徒具統整的形式，卻乏統整的精髓。造成此種現象的可能原因，一是學校誤解教育部九年一貫課程暫行綱要理念的原意，卻盲目地相互模仿；二是學者們對課程統整概念詮釋的分歧；三是課程統整概念本身的複雜性和爭議性；四是學校一方面要迎合新的課程改革口號，但另一方面又受既有教育制度體系的束縛，在兩者相互矛盾下乃製造出諸多形式化的課程統整書面產品。為釐清課程統整的概念，本文嘗試分析不同層次的課程統整概念架構，供各校及學者們參考。

貳、課程統整的層次性概念架構

　　課程統整的意義，廣狹不一，概念內涵極其複雜，言人人殊，相當分歧。依筆者之見，課程統整的概念，意指下列不同層次的意涵：

一、指課程組織之橫向水平整合

　　R. Tyler指出有效的課程組織必須符合三個規準：繼續性、順序性和統整性。其中，統整性係指課程因素的橫向聯繫或水平組織，把課程當中各種不同的學習經驗與內容間建立相當的關聯，以統合分科分割所造成的知識支離破碎狀態，包括認知、技能、情意之統整與科目之統整（黃光雄、蔡清田，民88；黃政傑，民80）。許多重視建立課程組織橫向關聯的努力，如相關課程、融合課程、領域課程或多學科的主題課程等都是此種課程統整概念層次的產物。此種統整重視課程內容靜態結構本身的關聯與整合，傾向於將課程視為是外在於學習者的一組整合性知識與經驗結構，學習者則被視為是這些靜態結構的消費者，其不見得使學習意義化。此種層次是比較表相的課程統整。

二、指課程經驗各部分的整合和關聯

　　就字義而言，統整指在概念上或組織上將分立的個別相關事物合在一起或關聯起來，使其成為有意義的整體（黃炳煌，民88；游家政，民89）。在課程經驗中必須考慮整合或關聯的各部分和各要素，涉及許多層面，如前後經驗間，認知、技能與情意等目標間，課程內容與生活經驗間，課程內容與社會脈動間，以及各種不同的知識領域間等之整合或有意義的關聯，不只是水平面向的整合而已。力求課程經驗中的所有各要素和部分形成有意義的關聯與整合，是此一層次的課程統整，此一層次的統整已考慮學習經驗的意義化。但是，此種層次的課程統整，是課程設計者或教學者所組織而欲傳遞給學習者的統整經驗，它不見得是學習者內在動機發動而來的統整經驗。此一層次的統整，已思及整個課程組織的整合，但尚難以觸動學習者因存在經驗意義之省思而開展的學習體驗旅程。

三、指一種實踐課程理想的課程理論或教育哲學

　　按 J. A. Beane 的觀點，課程統整是一種合乎真正進步主義教育哲學的課程設計理論，透過教育家與年輕人共同合作而認定的重大問題或議題為核心來組織課程，以便促成個人和社會的統整，而不考慮學科的界限。其特徵包括：㈠課程以問題和議題加以組織，且這些問題和議題對個人和社會具有重要意義；㈡規畫與組

織中心（organizing center）有關的學習經驗，俾在組織中心的脈絡下統整相關的知識；㈢知識的發展和應用強調了現行學習內在本質的組織中心，而非為未來考試或升級作準備；㈣強調實際方案和行動以含括知識的實際應用，以增加年輕人統整課程經驗到意義系統的可能性，並親身經驗問題解決的民主過程；㈤學生參加課程規畫，參與規畫其個人經驗，這是課程統整連結到民主教育概念時的重要層面。此種課程統整觀，認為統整包含四個向度：㈠經驗統整：統整的學習經驗已成為學生生活經驗的一部分——學習者無法忘懷的學習經驗；㈡社會統整：民主社會的議題、價值和真諦整合於課程經驗當中；㈢知識統整：各種不同的知識，包括學科知識，統整在真實的問題和議題情境中，並與實在的生活運用相結合；㈣課程設計的統整：如前所述，它是符合進步主義教育哲學的課程設計理論（林佩璇等譯，民 89；歐用生，民 89）。要言之，Beane 主張的課程統整，是一種反應進步主義教育哲學的課程觀，強調民主社會理想與個人發展的互動整合，認為民主既是社會發展的理想，亦是個人開展生活經驗，體會生涯意義，實現自我潛能的歷程。依此，則課程已不再是外在於學習者的客體化經驗，而是存在於其體驗人生意義與民主理想的旅程中。這才是比恩心中的課程統整，此種課程統整將統整概念深化到個人生涯意義的體驗和社會理想的實踐層次，是一種更深層的統整觀。

　　若參照 Beane 將課程統整的概念與進步主義教育哲學相結合的思考模式，則批判教育論（Critical Pedagogy）陣營的學者，如 M. Apple、H. A. Giroux 和 P. Freire 等人所主張的課程理論與教育

思維，亦是一種課程統整觀，因為批判教育論的課程觀亦在追求民主正義社會的實現，追求個人與社會兩者的真正解放（黃嘉雄，民84）。準此而言，W. F. Pinar 的課程理論觀點，亦是一種課程統整觀。派納解釋課程的意義與本質時，使用動詞意義的 currere 一詞而非靜態名詞的 curriculum，認為 currere 是一種探求個人公共經驗性質的歷程，是學習者以主體性、主動性和創造性不斷地詮釋其生涯傳記，體驗生活經驗之意義的歷程（Graham, 1992; Pinar, 1981）。所以，這第三層次的課程統整概念，實質上已是一種追求理想課程願景的課程理論，而非只是一種課程組織的方法或技術。

綜上所述，課程統整的概念，往往不是全有或全無的問題，而是統整程度與層次的問題。而且，不只是課程組織的方法或技術問題，而是涉及更深層的課程理論或課程理想之問題。

🍃 參考文獻

方德隆（民89）。九年一貫課程學習領域之統整。**課程與教學季刊**，3（1），1-18頁。

比恩（J.A. Beane）（民89）。**課程統整**（林佩璇等譯）。台北：學富文化。

陳伯璋（民88）。九年一貫課程的理念與理論分析。**邁向課程新紀元——九年一貫課程研討會論文集（上冊）**，10-18頁。台北縣：中華民國教材研究發展學會。

教育部（民88）。國民教育階段九年一貫課程試辦要點。台北：作者。

教育部（民89）。國民中小學九年一貫課程暫行綱要。台北：作者。

黃光雄、蔡清田（民88）。**課程設計──理論與實際**。台北：五南。

黃政傑（民80）。**課程設計**。台北：東華。

黃炳煌（民88）。談課程統整──以九年一貫社會科課程為例。載於**邁向課程新紀元──九年一貫課程研討會論文集**（下冊），252-257頁。台北：中華民國教材研究發展學會。

黃嘉雄（民84）。**轉化社會結構的課程理論**。台北：師大書苑。

游家政（民89）。學校課程的統整及其教學。**課程與教學季刊**，3（1），19-38頁。

歐用生（民88）。九年一貫課程之「潛在課程」評析。載於**邁向課程新紀元──九年一貫課程研討會論文集**（上冊），19-33頁。台北：中華民國教材研究發展學會。

歐用生（民89）。**課程改革**。台北：師大書苑。

Graham, R.J. (1992). Currere and Reconceptualism: The progress of the pilgrimage 1975-1990. *Journal of Curriculum Studies, 24*(1), 27-42.

Pinar, W.F. (1981). *The reconceptualization of curriculum studies.* In H.A. Giroux, A.N. Penna & W.F. Pinar (eds.), *Curriculum & instruction: Alternatives in education.* Berkeley: McCutchan.

➡本文發表於香港中文大學教育學院等主辦之第四屆兩岸三地課程理論研討會（主題：課程統整），二〇〇二年一月二十五日至二十七日，於香港中文大學。

第六章

存殊異與求統合：
多元文化教育課程的難題

🍃 壹、前言

　　「教育的功能，在於培養兒童(1)所屬社會每一成員不可或缺的身心素養；(2)特定社會群體也認為該群體成員們所該具備的身心素養。」「教育乃成年者對尚未準備好社會生活者所施與之影響，其目的乃在培養並發展整體社會和特殊社群對孩童所要求的一些身心和道德素養（Durkheim, 1922, pp. 70-71）。」

　　Durkheim 這兩句話，道出了教育在有機連帶（organic solidarity）社會裡協助個人社會化過程中的應有社會功能：一則促成鉅觀社會的有機統合，另則同時維持鉅觀社會裡各特定社群的殊異性。這兩句話也指出教育在這兩項社會功能上的矛盾性：一方面，若欲促成鉅觀社會的有機統合，則教育須從組成鉅觀社會而各具殊異文化體系的各微型社群中尋求該鉅觀社會的共享文化體系，以作為教育課程的基本內涵；而所謂的共享文化體系往往難以建

立共識，獲得各群體的同意。何況Antonio Gramsci曾指出，社會中的優勢群體總是透過知性與德性的領導，以獲得社會中其他群體同意（consent）或默認優勢群體文化的支配性（hegemony）（Bock, 1986, p.11；黃嘉雄，民89，頁127）。亦即，各微型社群所「同意」的所謂共享文化體系，很可能是優勢社群的文化支配過程與結果。另一方面，若教育課程過於強調維持各微型社群文化的殊異性，將殊異文化當成應然的課程內容，則很可能犧牲了鉅觀社會的核心價值，擴大各群體間的距離，甚至造成其彼此間的衝突，這又恐妨礙鉅觀社會的有機統合。

從涂爾幹迄今，已歷約百年，而他所揭櫫的教育的理想社會功能：兼顧鉅觀社會的統合與鉅觀社會內各特定社群的殊異性，仍是教育學者所追求的標的；同樣地，教育在達成該功能過程中的矛盾與難題，仍然困擾著教育學者及教育決策者。當今多元文化教育的倡導者，也懷抱著與涂爾幹相似的理想，但也面臨相同的難題。Bull、Fruehling 與 Chattergy（1992）等三位學者即指出，作為多元文化社會色彩至為明顯的美國，自立國以來及諸多的歷史進程中，一直持續追求一個具殊異性的統合社會（unity in diversity），而學校自始即被認為是達成該理想並解決相關問題的重要部分。但該理想的意義，不斷在法院、州立法機構、國會和教育行政體系中被考驗。持續不斷的爭論，以及其他有關學校教科書與圖書、在家教育、私立教會學校和進化論教學等的議題，顯示出美國公民比以前更無法確定所謂具殊異性的統合社會之應然意義，以及學校應如何協助達成此一多元社會的理想（pp. 1-3）。

另一位美國學者Banks（1996a）亦提及：「大家所承認逐漸增加殊異性的美國社會，面臨著一個重大的挑戰與難題，即如何創造一個凝聚的且民主的社會，而同時允許人民維持其在種族、文化和本源上的認同體及歸屬感。我們的目的，應是創建一個實現多元文化統合體觀念的國家狀態，是一個而非多個（p. 335）。」

英國的多元文化教育學者 Lynch 也指出同樣的難題，他說：「……一套根據明確、理性的評價規準建構的程序，一個倫理程序，既合乎多樣性，也滿足統一性的要求，既接受社會的不同組成，也重視社會的凝聚，及根據明顯指標產生的審慎而系統的評價，另一方面，這些規準本身也是批判討論的對象。」「這些規準是什麼？誰來決定規準的孰是孰非？何時它們會變得太繁複？對於這些敏感、具爭議性而難以回答的問題，多元文化教育的倡導者仍未能解答（引自黃政傑等譯，民83，頁9）。」

多元文化教育及其課程安排，儘管面臨須同時兼顧社會的統合性與殊異性需求的難題，但這是多元文化教育倡導者的理想，也是其不可迴避的挑戰與任務。基於此，本文乃嘗試尋繹學者對此一難題所提供的解決策略，並分析各解決策略所面臨的困難。

貳、以普世性價值為課程內涵核心的策略人權教育的觀點

文化的多元是大多數社會的普遍現象，這是一種事實。但從

另一角度言之，整個人類社會裡有無跨越任何文化疆界而為全體人類所應共享的核心價值，且此價值又能包容各種文化的殊異性？人權教育（human right education）的倡導者，認為人權即是人類社會中具普效性的根本價值，且人權觀念裡又包含對殊異性的尊重和相互容忍的態度。因此，有些學者主張以人權教育統攝多元文化教育，作為多元文化社會中課程內涵的核心。

Lynch（1989）即曾指出，人權代表唯一普遍被認可的人類行為規範典則，其應跨越全球化多元文化課程的各層面、各層次。人權跨越文化的殊異性而及於共同人性、共同價值和共同權利的範疇。人權觀念增進人類在相似性和統合性上的感受，以及人與人互補和有機連帶上的態度，其減弱而非強化社會各類別的顯著性。另一方面，人權觀念蘊含並理解所有文化的殊異性，它是殊異性文化社會中解決道德兩難和利益衝突的普遍有效方式（pp. 72-73）。

Garcia（1992）亦主張以人權作為多元文化課程的核心。他將個人的權利，區分成三種：公民權（civil rights）、文化權（cultural rights）和人權（human rights），並認為前兩者具有狹隘性，公民權僅限於某個國家或政府的權威體系，文化權則受限於某個族群，唯有人權具普遍性，人權超越不同的國度和族群的局限性。他進一步指出，人權植基於人道主義（Humanism）哲學，其基本假設包括：

一、所有個人都屬同一種族，即人類種族的一員。人道主義承認個人由於世代繁衍所承繼的基因序列因素之影響而有身體和智慧上的差異，但此種人與人的差異，被認為

應置於所有人類皆共享基本人性的上位觀念之下。亦即，作為人，此一觀念應優先於人與人身體與智慧上的差異現象。

二、所有個人均是自我存在的主體。個人不是天生註定要服務於他（她）的主人——僱主、神或國家——除非其自由選擇一個效忠對象。

三、所有個人無論其種族，皆是平等的。人道主義承認人在智慧、經濟、政治和身體上存在著不均等，這些不均等乃某一公民社會裡生活發展的結果，但人類社會應要求對所有個人平等對待。

四、所有人民皆生活在由自然法則與公民法則所管理的社區中。此假設認為所有人民至少生活在兩個社會，一為人類社會，另一為公民社會。公民社會由賦與公民資格的個別州、省或國家所組成，而人類社會則由所有人類組成，人類與地球環境的交織互動，形成此人類社會的基礎。此人類社會是由人類互動的普遍性倫理所管理，其採取一種所有人皆相互依存的態度。

五、公民社會的法則從屬於人類社會的法則。此假設提出的信念是，有些普遍性倫理超越所有文化和國家而存在著。當某一公民法則牴觸這些普遍性倫理之一時，人們有責任和義務試圖改變該公民法則，若人們無法改變公民社會的不正義法則時，人們必須不予服從。

六、在人類社會中，每一種基本權利皆存在著其相對應的責任。若欲使所有人皆具平等權，則所有人必須尊重他人

的相同權利。相互尊重乃保持人權巨輪在人類社會中正
確運轉的制輪楔（pp. 112-114）。

　　從人道主義的這些假設觀之，人權的觀念確實兼顧到人類全
體生活的有機統合，以及對各群體和個人殊異性的尊重。因為人
權的觀念裡，既強調普遍性的倫理價值，也重視對各殊異群體與
個人的尊重；既重視自己的權利，也重視他人的相應權利，亦即
對社會互動的責任義務；既重視個人權利的保障，亦重視群己間
相對應權利義務關係的建立。

　　若以人權作為多元文化課程內涵的核心，學者們大都主張該
課程必須培養學生具備若干有關基本人權的知識、價值和行動技
能，並且使人權貫穿於整個教育制度和課程運作當中，使制度措
施和課程實施體現維護人權的精神。Starkey（1992）認為，人權
教育課程裡的關鍵性人權概念，至少包括：正義、和平、尊重、
平等、自由、安全、民主／參與、有機連帶、相互性、人權的整
合性和人權的普遍性。他主張，以這些關鍵性概念為主軸的人權
教育課程，不但須完整的包含認知、情意和行動三大層面；而且，
從時間的軸度而言，尚須兼及過去、現在和未來三個角度。亦即，
他認為較理想的人權教育課程，應如圖 6-1 所示。

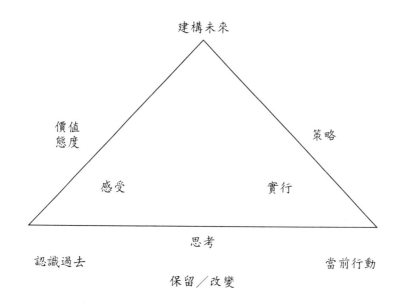

建構未來

價值
態度   策略

感受   實行

思考

認識過去   當前行動

保留／改變

圖 6-1　人權課程架構

資料來源：Starkey（1992），p. 128

　　以「平等」概念為例，人權教育課程應協助學生了解平等的意義（認知），感受其正向價值（情意），並表現出平等待人的實際行為（實行）。在時間向度方面，則可認識人類社會過往的不平等事例（認識過去），省思當前社會的平等或不平等狀態（思考現況），再策勵未來更理想化的平等願景及行動策略（展望未來）。

　　台灣地區即將於二〇〇一年八月起實施的國民中小學九年一貫課程，亦將人權教育列為七大學習領域課程必須融入的六大教育議題之一，其課程目標也包含認知、情意和行為三個層面，而

所列入的關鍵性人權概念則包括：人權天賦、人權普遍、人權不可剝奪、人權不可分割、尊重、自由、平等、民主、和平、博愛、正義、避免偏見和消除歧視等（教育部，民89，頁328）。

綜合上述人權教育的假設與主張可發現，以人權作為多元文化課程內涵的核心來解決多元社會中兼顧統合性與殊異性的難題，具有若干的合理性。首先，其從全球化的觀點來看待多元文化社會，將多元文化的觀念置放在全體人類社會的層次而非只局限於某個國度或某一公民社會，這在地球村現象已非常明顯的當前國際社會，頗具價值。其次，其以普世性倫理——人權，作為全人類社會的共享價值，可為人類社會中各個具殊異性的社群文化建立起有機整合的基礎。最後，人權中的各關鍵性概念，一方面既強調有機連帶、相互依存、民主參與的統合性思維，另方面也重視平等、尊重、自由、安全等尊重殊異性的觀念。

但是，人權教育的觀點在解決整合性與差異性的矛盾上，仍然面臨一個最關鍵的難題。那就是有關人權的內涵、定義與標準，在國際社會上往往無法建立共識。每一個國家或地區，皆有其對人權的定義和解釋人權問題的方式（Sebay, 1987, p. 209）。即使聯合國早於一九四八年通過了世界人權宣言，宣言中也列出三十條說明人權內涵的條款（中國人權協會，民71），但聯合國的會員國們卻也常為人權標準的問題在聯合國大會裡爭論不休。而且，人權的觀念，有著與時俱進，隨時代變遷而擴充涵意的現象，從早期十八世紀至二十世紀初以自由權為主而輔以參政權的所謂第一代基本人權；到了二十世紀強調對社會弱勢者的保障，人權內涵由自由權擴展至包括社會權而發展為第二代人權說；近一、二

十年來則興起了第三代人權觀，其內涵再包含了發展權、和平權、環境權、人類共同財產所有權及資訊傳播權（許志雄，民88）。人權內涵的與時俱進，固然可視為是人類文明進步的象徵，但也會形成人權通貨膨脹的疑慮，這也使國際社會，甚至於同一國度內的各社群，對人權內涵的共識產生更大的困難。

以人權教育作為解決多元社會中統合性與殊異性難題的主要假定，是認為人權具有普遍性倫理價值，但若國際社會或各社群對人權的意義、內涵與標準無法建立共識，則其立論基礎亦不太穩固。

🕐 參、以暫時性倫理（provisional ethics）為課程建構基礎的策略──批判教育論（critical pedagogy）的觀點

人權教育倡導者的主要假定，是認為人類社會中存在著能跨越國家、種族、文化體系和社區等疆界的普世性倫理──人權，其似乎認為人權是普遍的、永恆的和既有的。但批判教育論者基本上反對任何所謂永恆意義或普遍價值既定的觀點，其對多元文化社會中整合性與殊異性兼容的問題，採取另一種解決策略。

批判教育論的主要哲學立場，在本體論上採取動態辯證的本體觀，認為一切現象的本質及實在（reality），與其所處的社會時空脈絡間具有不可化約的整體性關係和動態性關係。亦即，「實在」受社會情境中各種影響因素之交錯影響，相對地「實在」也

對各種因素加以中介；另外，現象和實在也是處在不斷流動變遷的時間流當中，既受之前歷史因素的影響，也對未來發生作用（Giroux, 1981, p. 119）。

在知識論上，批判教育論也延續其本體論上的假定，主張知識和意義是在特定時空下各群體和個人們不斷競逐、中介和採用之過程與結果，認為知識和意義具有更深層的社會權力結構因素，而個人或群體們也不斷加以解讀，對其加以再調介，故知識和意義是在社會時空中不斷脈絡化、再情境化的。

就價值論而言，批判教育論也認為倫理、道德和規範，亦是在某一特定時空脈絡裡參與互動的人們所共同磋商下的產物，亦即倫理具有暫時性和協商性的特質。換言之，目前的善，是大家在當前時空環境下共謀協商後的結果，它乃非固定性的，它總是存在於未滿足的狀態，具有與時俱進的可能。批判教育論者大體強調，教育的目的在於激發學習者追尋和創建未來更具理想性的社會生活，但並不主張事先幫學習者界定所謂理想社會生活的具體條件與內容，而將更良善的、更理想的社會留待學習者日後去共同創建。基於上述哲學立場，批判教育論並不預設某種人類共享的普世性價值，而是採取暫時性倫理的觀點，去處理多元文化社會中統合性與殊異性兼容的難題。

Giroux（1988）即指出，自由、平等、正義和民主等的基本核心價值，雖是社會有機連帶之所必需，但應鼓勵學生們以暫時性觀念看待這些核心價值，因為這些價值必須隨時代與社會的變遷解釋其內涵，它們並無固定的意義（p. 155）。

面對一九八〇年代末保守勢力再興而要求學校加強教導所謂

的共同文化裡的核心知識與價值時，Apple（1990）在其名著 *Ideology and Curriculum* 一書第二版序言裡，也曾批判該種保守主義課程幾乎無法揭穿政治論題所牽涉的表象。他主張：「某種共同文化絕不能再普遍地擴充至弱勢群體裡每一成員的所思所信。進一步言之，根本上，不能要求表列出促使大家文化啟蒙的（共同文化）具體條目和觀念，而是創造一種必要條件，以使所有人能參與意義和價值的創造及再更新。而這需要一種民主過程，在該過程中所有人——不只是那些所謂西方傳統智慧的衛士——均能參與所謂重要內容之慎思審議。」「於是，論及某一共同文化，我們不應說是某種固定齊一而所有人皆須順從的東西。而是說我們應要求一種真正自由、可貢獻和可共同參與意義和價值創造之過程（p. xiii）。」換言之，他認為課程應提供學習者們從各種文化的觀點，一起自由地、民主地共同參與意義和價值之建構，讓學習者們練習多元社會中意義與價值的磋商、創造與再更新，而非教導所謂共同文化中的核心價值與知識。

另一批判教育論學者Stanley（1992）在構思一個社會重建取向的烏托邦課程時，認為課程應以培養學習者實踐行動（praxis）的能力為依歸。他的觀點受到亞里斯多德（Aristotle）的影響，亞里斯多德將人類理性活動分為三種：一是理論沉思（theori），是以理性功能中最高的直觀理性（nous）、知識和智慧，針對永恆存有加以沉思直觀的理論思維活動；二是技藝製作（poietike），是以純熟技術（poiesis）完成某種藝品或物品的製作活動；三是實踐行動（praxis），是以實行的判斷能力（phronesis）為基礎的行動，此種能力引導人類參與社會行動，透過求善的行為實踐，

以獲得良善的生活。Stanley 認為社會重建取向的理想課程，應以培養學習者第三種的實踐行動能力為目標，而實踐行動的能力就是以實行的判斷能力（phronesis）為基礎的。此種判斷能力，具有如下特色：首先，它追求人類幸福的實現，但對於幸福的特質與意義支持持續性地開放溝通與詮釋，而非事先為社會成員預設標準式的、固定式的框架；其次，它兼具過程性目的和完成性目的，以及完成該目的之行動能力；第三，它兼顧了語言學上相互詮釋理解的能力，以及政治上和倫理上的素養；最後，它追求人類的良善生活，但並不預先界定良善的固定標準，而是持一種暫時性價值觀，強調目前的善或價值只是在當前社會情境下大家協商出的暫時性善或價值，仍需不斷地再發展（pp. 214-215）。

此外，批判教育論的代表性人物 Giroux，亦曾針對當前的多元文化社會提出一些具澎湃活力且能對抗支配的多元文化課程原則。這些原則，包括：第一，多元文化課程必須由某種語言形成，該種語言將文化殊異視為是民主社會中的組成部分，而非視其為被容忍存在的，藉以擴充民主生活的言說（discourse）與實際。

第二，教學上，應提供學生技能，使其能用以分析各種視聽和印刷媒體如何形塑流行的社會認同體，以及這些表徵意義如何用以增強、挑戰或再更新具支配性的、形成刻板印象的道德與政治語彙──這些刻板性語彙與印象透過對某些群體歷史、文化和認同體的剝削而將某些人民降低等級。

第三，該種課程必須說明如何思考統合性與殊異性間的關係，而且須超越這兩者間簡單的二分主義。亦即，多元文化主義不能反對統合，或單純只為了殊異，重要的是教育須發展出一種統合

中存殊異（a unity-in-difference）的境界，在其中新的、混合性的民主表徵、參與及公民形式，提供一個創造統合而不拒斥特別、多元和個殊的論壇。在此種情景中，不同文化與認同體間的相互關係，變成是跨越、磋商、轉譯和對話的疆境、場域。邊境教育學（border pedagogy）所引導的「我／他」關係，是認為認同關係既非固化的他，亦非我，而是包括兩者；而且，該關係是在多元文化的啟蒙（literacies）中界定其意義，這些多元文化的啟蒙變成是對文化轉譯的一種參照、批判和實際，其體認到並無外在於歷史、權力和意識型態（ideology）的所謂固定的、最終的或單元的權威意義。此種邊境教育學觀念的基礎，既非同化主義邏輯，也非創造文化階層的指令，而是試圖擴充不同群體進入對話的機會與可能性，以進一步理解不同群體間的殊異及其所共享價值的豐富性。

第四，一個具活潑性的多元文化主義，必須挑戰只是單純在課程中再呈現文化差異的現象，它也必須教育學生將多樣性正義的觀念，連結至對構造日常生活中各種真實物質條件之意義的競逐。

最後，多元文化課程必須在公立學校和高等教育機構中發展出脈絡背景條件，用以再思考學校、教師、學生和廣大社區間之關係。例如，公立學校須樂於發展學校與社區內公眾文化間的對話，協助學生闡明權利的言說和義務，以作為民主生活再建構與公民性質再更新的一部分。最好是家長、社區行動者和其他關懷社會的社區人士，應被允許在課程決定中扮演正式角色，針對教學內容、聘僱人員、以及如何促使學校成為習得批判的公民素養

與公民勇氣之實驗室等層面，參與做決定（Giroux, 1997, pp. 248-251）。

著名的多元文化教育學者Banks（1996b）亦主張知識與價值的建構性質。他認為教師應協助學生理解所有各類型的知識（他將知識分成五種類型：個人的和文化的知識、流行的知識、主流的學術性知識、轉化的學術性知識和學校知識），使學生參與有關知識建構及其衝突性解釋的論辯；學生也應被教導如何創造其自己對過去與未來的詮釋，並如何定義它們自己的地位、旨趣、意識型態和假設；教師也應協助學生成為具備參與民主行動所需知識、態度、技能和承諾的批判思考者，以協助國家縮小理想與實際間的差距。他認為，一個轉化行動取向課程的最佳實施方式，是學生能在民主的教室中探究各種類型的知識，自由地探究他們的觀點和道德承諾（p. 5）。

綜合前述，批判教育論對於多元文化社會中統合性與殊異性的調和，在教育課程上是以暫時性倫理觀為基礎的。此種策略，具有下述合理性：首先，動態辯證的本體觀、社會脈絡化的知識觀和暫時性倫理觀間，具有哲學根基上的一致性，邏輯上的一貫性。其次，將社會中的各殊異性文化，視為是整體社會文化形成的組成部分，肯定、重視、並平等對待各殊異性文化的價值。這樣課程乃能反映社會中各種不同文化的觀點，藉以協助學生擴展思考時的參照架構，使學生對各種文化間支配或被支配、優勢或弱勢、共謀或競逐等之關係獲得深入的體會與理解，進而啟迪其跨越文化疆界以建構更合理社會及其內部文化關係的勇氣與行動。故此種觀點的策略，是先肯定殊異性的意義與價值，然後再謀求

跨越文化間的鴻溝界限，以建構未來更合理的統合性關係。最後，此種觀點的課程，對於未來具統合性且尊重殊異性的理想社會之樣貌，並未預設詳細的固定化藍圖，將其留待由學習者日後共同建構。課程的重點，不在於客觀知識與特定文化價值的傳遞，而在於學習者對話溝通的素養、批判思考的能力、民主參與的習性、包容多元的態度、實踐正義的勇氣和追求更良善生活的熱情等之培養，故而此種課程能一方面尊重殊異性的價值，另一方面也能為未來的更理想統合性社會創造其形成條件。

然而，批判教育論的觀點也會面臨難題。首先，其暫時性倫理觀和脈絡化知識觀，往往帶有懷疑主義或知識相對論的色彩，這對社會生活規範共識之形成造成困難。有時共識才剛形成，隨即有被質疑，甚至被推翻之虞。其次，其往往將各種文化間的殊異性顯明化、問題化、甚至於政治化，這可能會因過於渲染殊異而擴大群體間的鴻溝，引發族群的對立或衝突，造成社會統合的困難。批評者認為，多元文化教育若過度凸顯文化差異的事實，在達成族群認同之後，反而帶來國家認同的危機（黃政傑、張嘉育，民 87，頁 74）。

肆、以衝突解決為課程經驗重點的策略——政治規範的觀點

在多元文化社會中，各群體之間及稟受各種不同文化資產的個人之間，難免對各種事物、制度的意義與價值產生紛歧性看法，

而紛歧性看法往往帶來紛爭或衝突。因而在多元化社會中建立各群體及個人們所共同認可且能和平解決衝突或紛爭的規範，是一個兼具統合性與殊異性的社會能持續順利運作的重要關鍵。而且，必須將此種和平的，具共識性的衝突解決規範與方式，納為課程經驗的重要部分，使未來的社會公民習得和平解決彼此衝突的態度與方法，才能確保該社會內的各組成份子，一方面保有其殊異性，另方面維持共存共榮的關係，故將衝突解決納為課程經驗的重點，亦是多元文化教育尋求建立兼顧殊異性與統合性社會的一種策略。

人類社會中和平解決衝突的規範，涉及的不但是倫理的問題，也是政治規範的問題，許多政治學家早已對此提出各種不同的主張。Bull、Fruehling 與 Chattergy（1992）曾將之歸納為：自由主義（the Liberal Perspective）、民主主義（the Democratic Perspective）和社區主義（the Communitarian Perspective）等三種觀點，也曾分析其在解決多元文化教育爭議與衝突上的可能性和可接受程度。茲扼要說明此三種觀點的衝突解決規範如下：

自由主義尊重每個個人對其追求良善生活的主張，一個自由主義社會在作有關正義的決定時，是對每個人的觀點保持中性。當個人追求其良善生活，而其旨趣或主張與他人的旨趣衝突時，自由主義社會須衡量兩造旨趣對其追求良好生活的相對重要性，對個人生活愈具根本性者則其主張或旨趣獲得社會許可；反之，較不具根本重要性的衝突性主張應犧牲，以避免此種主張影響他人的生存。例如，基本自由權利的旨趣比機會均等更根本，而機會均等又比物質生活旨趣更重要。

民主主義的觀點，則重視社會中各成員公平普遍地充分參與作決定。換言之，衝突或爭論發生時，應是由受此衝突或爭論影響的所有社會成員，充分了解爭議後，每一成員以平等的權力參與決定，以多數決為做決定的依據。

　　最後，社區主義的觀點認為，社區乃成員們基於某些共享的社會、歷史、文化和地理背景因素而組成的，彼此具密切關聯的生命共同體。社區關懷保護每一成員的福祉，相對地社區也建構出一些願景、目標、規則和其他傳統，以規範成員的行為及相互關係。當社區成員間發生衝突，或個別成員的旨趣與社區整體旨趣發生衝突時，則以整體社區的傳統目的、精神和旨趣之存續為解決的依歸。

　　在多元文化課程中，納入衝突解決的機制與規範供學生練習，這對多元文化社會的和諧運作，是有助益的。但是，衡酌上述三種解決衝突的政治規範後，也發現並無任何一種解決的規範是完全令人滿意的。以自由主義觀點而言，如何衡量各種主張或旨趣對個人追求良善生活的相對根本性或重要性，是其最大困難。就民主主義觀點言之，在多元文化社會中若以多數決作為正義或解決衝突的憑據，則社會中少數或弱勢族群的旨趣往往被犧牲，這是其弱點。在社區主義觀點方面，其弱點主要在於當前社會中已很少有封閉性社區，社區通常只是整個國家或鉅觀社會的一部分，單一社區的傳統或規範可能與其他社區或國家的規範產生矛盾，若過於強調社區的傳統旨趣，則對鉅觀社會的統合有不利的影響；而且，社區的傳統或精神，可能也只反映了該社區裡的優勢者之觀點。

伍、結語——難題仍未解決

　　綜合本文之論述，從涂爾幹以迄當今的諸多多元文化教育倡導者，大都已體認在多元文化社會中，教育課程一方面須發揮統合性功能，以增進社會內各社群及各組成份子間的有機整合關係，俾建構一個彼此能共榮共存的大同世界；另一方面亦須重視社會中各社群和各組成份子的殊異性，尊重其殊異的文化體系和認同體，甚至進而以豐沛的、多采多姿的殊異性文化激盪出更具活力、更富理想性的共享文化體系。存殊異與求統合，兩者須兼顧，這是多元文化教育學者的理想，但也是多元文化教育課程安排時所面臨的重大難題，若太強調統合，則有同化主義之弊，若過於重視殊異性，則恐會擴大彼此的距離、矛盾或衝突。

　　多元文化教育學者面對此難題，已提出若干解決策略。這些策略皆有其一定的合理性基礎，但深究其合理性基礎後，亦發現其皆尚無法令人滿意地解決此難題。人權教育的觀點，希以具普世性價值且其價值內涵又兼顧了統合性與殊異性意義的關鍵人權概念，作為多元文化教育課程的核心來解決此難題。然而，人類社會對所謂的普世性人權之內涵，尚乏共識。批判教育論者主張以暫時性倫理觀作為多元文化教育課程的基礎，冀圖透過培養學習者對話溝通、批判思考、參與民主、包容多元等之態度與能力，使學習者將來能建構出未預設其藍圖但比當前社會更理想而能兼具統合性與殊異性的未來社會。但是，暫時性倫理觀過於強調殊

異性、變遷性和相對性，恐亦不利於社會的有效統合。在政治規範的觀點方面，其希望將人與人間和平解決彼此衝突的政治性規範納為多元文化教育課程經驗的重點，讓學習者習得和平解決衝突的規範，藉以維持一個講和平而尊重殊異性的和諧社會。不過，審度當前人類社會已發展出的三種解決衝突的主要政治規範：自由主義、民主主義和社區主義，亦發現其正義的立足點，皆尚有限制，仍未臻圓滿。是故，多元文化教育課程如何解決社會中統合性與殊異性須兼具的難題，達成其應然理想，仍然困擾著我們，殊值吾人持續深思，尋求解答。

參考文獻

中國人權協會主編（民71）。**人權法典**。台北：作者。

許志雄（民88）。人權的「光」與「影」。月旦法學雜誌，44，47-54頁。

教育部（民89）。**國民中小學九年一貫課程暫行綱要**。台北：作者。

黃政傑等譯（James Lynch 著）（民83）。**多元文化課程**。台北：師大書苑。

黃政傑、張嘉育（民87）。多元文化教育的問題與展望。教育研究資訊，6（4），69-81頁。

黃嘉雄（民89）。**轉化社會結構的課程理論：課程社會學的觀點**。台北：師大書苑。

Apple, M.W. (1990). *Ideology and curriculum (2nd ed).* New York & London:

Routldege.

Banks, J.A. (1996a). Transformative knowledge, curriculum reform and action. In J.A. Banks(ed), *Multicultural education, transformative knowledge and action: Historical and contemporary perspectives* (335-348). New York & London: Teachers College Press, Columbia University.

Banks, J.A. (1996b). *The canon debate, knowledge construction, and multicultural education.* In J.A. Banks(ed.), op.cit.(3-9).

Bocok, R. (1986). *Hegemony.* London & New York: Ellis Horwood.

Bull, B.L. Fruehling, R.T. & Chattergy, V. (1992). *The ethics of multicultural and bilingual education.* New York & London: Teachers College Press, Columbia University.

Durkheim, E. (1922). *Education and sociology.* Trans. by Sherwood D. Fox (1956). Glencoe, Illinois: The Free Press.

Garcia, R.L. (1992). Cultural diversity and minority right: A consummation devoutly to be demurred. In L. James, C. Modgil & S. Modgil(eds.), *Cultural diversity and the schools (vol. IV): Human rights, education and global responsibilities (103-120).* London: The Falmer Press.

Giroux, H.A. (1981). *Ideology, culture and the process of schooling.* Philadelphia: Temple University Press.

Giroux, H.A. (1988). *Schooling and the struggle for public life: Critical pedagogy in the modern age.* Minneapolis: University of Minnesota Press.

Giroux, H.A. (1997). *Pedagogy and the politics of hope: Theory, culture and schooling.* Boulder, Colorado: Westview Press.

Lynch, J. (1989). *Multicultural education in a global society.* London: The Falmer Press.

Sebay, K. (1987). *Education about human rights: Teacher preparation.* In N.
B. Tarrow(ed), *Human rights and education (207-216).* Oxford: Pergaman
Press.

Starkey, H. (1992). *Teaching for human rights and social responsibility.* In L.
James, C. Modgil & S. Modgil (eds.), op.cit.(123-137)

Stanley, W.B. (1992). *Curriculum for Utopia: Social reconstructionism and
critical pedagogy in the postmodern era.* Albany: State University of
New York Press.

➠本文原載於國立台北師範學院主編（民 90），九十年度地方教育
輔導叢書──我準備好了嗎？──邁向國教新世紀，25-47 頁。台
北：編者。

第七章

台灣地區國民中小學教科書制度
的現況與展望

　　教科書不但是教育過程中的重要材料，深深影響教與學的內容；它也是經濟活動裡令人矚目的產品，牽涉了龐大的市場利益；它更是政治價值傳輸的核心管道，銘刻了權力分配與社會控制的痕跡。近年來台灣地區政治經濟情勢變遷異常迅速，社會愈來愈開放，價值觀日趨複雜而多元，教育改革措施亦不斷推陳出新，國民中小學教科書制度的改革與再造，乃比以往更受矚目。本文先說明台灣地區當前國民中小學教科書制度的現況與特徵，接著再針對其未來發展提出若干省思與期許。

 **壹、現況**

　　教科書制度中最重要的是有關教科書研編、審查、選擇與供應的運作機制，茲就這些層面說明當前台灣地區國民中小學教科書制度現況。

一、研編

(一)研發

　　有些國家設置課程研究與發展的專責機構，內置專職研究人員，從事各科課程及包括教科書在內的教材研究發展工作，例如，韓國國立教育研究開發院的教育課程研究部和新加坡的課程發展署（馬信行、許志義和余民寧，民85，頁4和22）。台灣地區尚未設置類似機構，目前分別負責辦理國中、國小教科書審查業務的國立編譯館和教育部台灣省國民學校教師研習會，在教科書業務上偏重於辦理教科書審查的行政事務，而非配置大量專職人員從事教科書和教材的研究、開發工作。即使國立編譯館本身也編輯教科書，但編輯人員也大都來自館外的學者和教育工作者，他們以臨時編組的方式編輯教科書（國立編譯館中小學教科書組，民85，頁12）。民間的教科書出版業者亦鮮少聘任專任人員從事教科書的研究，其編輯人員，如同國立編譯館般，也有許多是由現任大學校院的教授和中小學教師利用課餘時間兼任。目前，台灣地區有關教科書的研究，大都零星地由大學校院的教育、課程與教學等相關學系、研究所的師生，依其興趣選定主題研究之；研究的主題較零散，缺乏系統性的整體規畫；研究的進行時間也較短暫，鮮少長期性研究；研究重點偏重於對諸如教科書內容分析、審查制度與規準之評論或建構等的應用性研究，而非更根本性的理論研究。

所幸，最近政府已在籌設國立教育研究院，依籌設構想將來院內會設課程研究發展中心，教科書與教材的研究應是其研究重點之一（歐用生等，民87）。另國立台北師範學院設有課程與教學研究所，其他大學校院也將陸續設立類似的研究所或學系，預期這些單位會將教材和教科書納為研究的重點。

(二)編輯

　　國民中小學教科書的編輯，有的國家採統編制，由政府設專責機構統一編輯，如民國五十七年至民國七十八學年以前的台灣地區；也有的採審定制，由出版業者、團體，甚至個人編輯，經政府審定合格後發行，如日本；也有的採自由制，由民間自由編輯，毋須經審查即可發行，如英國、法國（歐用生，民 77，頁 115）。

　　台灣地區於民國七十八學年度起開放國民中學藝能科、活動科，七十九學年再開放選修科等非聯考科目為審定制，民國八十學年度起亦開放國民小學音樂、唱遊、體育、美勞等四科為審定制。民國八十五學年度起，國民小學各科依八十二年修定公布之課程標準的實施進度，全部逐年開放為審定制（曾濟群，民 77，頁 1；陳明印，民 84，頁 4；歐用生，民 84，頁 1；楊國揚，民 84，頁 21；歐用生、吳明清等，民 85，頁 11；藍順德，民 87，頁 6）。至於國民中學聯考科目，目前仍維持由國立編譯館統籌編輯，預計將配合國民中小學九年一貫課程的實施，亦隨其實施進度，全面逐年開放為審定制。此外，依民國八十四年教育部發布之國民中學課程標準實施要點第六點規定：「有關認識台灣地

理篇學生習作及鄉土藝術活動之相關教材，由各主管教育行政機關或學校教師自行編輯使用（教育部，民 84，頁 2）。」亦即，地方政府或授課教師可自由編輯國民中學鄉土教學活動有關地理和藝術部分的教材或教科書。另民國八十九年十二月七日教育部公布的國民小學教科用書審查暫行作業程序規定：「鄉土教學活動科目教科圖書依國民小學課程標準實施要點規定，由各地方主管教育行政機關自行編審（教育部，民 89a）。」要言之，台灣地區國民中小學教科書的編輯，民國七十八學年以前採統編制，七十八學年起以統編為主審定為輔，目前則採統編與審定雙軌並行的制度。

至於未來，民國八十八年元月修正公布的國民教育法第八條之二規定：「國民小學及國民中學之教科圖書，由教育部審定，必要時得編定之（楊景堯等編，民 88，頁 84）。」又民國八十九年三月三十日教育部公布國民中小學九年一貫課程（第一學習階段）暫行綱要，其實施要點規定：「國民中小學教科用書應依據課程綱要編輯，並經由審查機關（單位）審定通過後，由學校選用。審查辦法及標準由教育部另定之。」「學校得因應地區特性、學生特質與需求，選擇或自行編輯合適的教科用書和教材，以及編選彈性學習時數所需的課程教材。唯自編教科書應送交（學校）課程發展委員會審查（教育部，民 89b，頁 15）。」所以，未來隨著民國九十學年以後國民中小學九年一貫課程的實施，台灣地區的國民中小學教科書編輯制度，將逐漸轉為以審定為主，統編為輔的制度；而且，學校和教師亦可自編教材和教科書，但須經各該學校的課程發展委員會審查後方可使用。

在編輯人員方面，目前無論是國立編譯館或各教科書出版業者，大都借重現職國民中小學教師和大學院校的教授，利用其公餘時間分工合作從事教科書的編輯，編輯機構或出版業者內部僅有少數專職人員參與編輯工作。

二、審查

(一)辦理審查行政業務的機構

國民教育法規定：「國民中小學教科圖書由教育部審定，必要時得編定之。教科圖書審定委員會由學科及課程專家、教師及教育行政機關代表等組成，教師代表不得少於三分之一，其組織由教育部定之。」換言之，依法進行教科書審查者，係教育部所遴聘組織的教科圖書審定委員會。但由於委員會是一種臨時性編組，而教科書審查的行政業務，包括教科書審查的申請、收件、審查流程的規範、經費的核銷、結果的通知、證件的製發等，手續頗為繁雜，不宜由臨編性質的委員會辦理，教育部乃責成其他機構辦理之。

依民國八十四年六月二十三日教育部修正發布之中等學校及國民小學教科書儀器教具審查規則第二條規定：「中等學校及國民小學所用教科圖書儀器及其有關之教具，應依本規定送請教育部審定，其未經審定或經審定而已逾有效期限者，不得發售採用。前項審查業務，教育部得授權國立編譯館或委託其他機關（構）協助辦理。」另民國八十八年十二月七日教育部修正發布之國民

小學教科用書審查暫行作業程序規定：「有關審查行政事務由本部委請台灣省國民學校教師研習會協助辦理。」據此，教育部將教科書審查的行政業務，國民中學者授權國立編譯館，國民小學者則委託教育部台灣省國民學校教師研習會分別辦理（歐用生、黃嘉雄等，民88，頁12；教育部，民89a）。

(二)各科教科圖（用）書審查委員會

目前實際負責國民小學各科教科書審查者，係教育部遴聘組成的國民小學各科教科圖書審查委員會；實際負責國中各科教科書審查者，乃國立編譯館遴聘組成的國民中學各科教科用書審查委員會。

1. 國民小學

教育部為辦理國民小學各科教科用書審查業務，分別設置各科教科圖書審查委員會，置主任委員一人，審查委員六至八人，由部長遴聘。審查委員會成員由學科及課程專家、教師及教育行政機關代表等組成，教師代表不得少於三分之一。審查委員會主任委員、審查委員採聘期制，期滿得續予聘任。審查委員會採共議作業方式，負責審查國民小學各科教科圖書。會議之決議，原則上不採表決方式；惟無一致之共識時，以出席委員過半數之決議決定之。審查委員會得分低、中、高年段聘請審查委員。為求審查之連貫性、上下年段間相同委員之比例，以不低於該年段委員之三分之一為原則。審查委員會成員不得兼任與各該委員會審查業務有關之出版社業者編輯、總訂正或相關職務（教育部，民89c）。

2.國民中學

民國八十四年四月十三日教育部發布之國民中學課程標準實施要點規定：「國民中學教科圖書包括教科書或學生手冊、教師手冊、學生習作、實驗活動紀錄本等，由國立編譯館分別組成編審委員會或審查委員會，依據各科課程標準之規定，分別編定或審定之（教育部，民84，頁1）。」據此，統編本教科書由國立編譯館組各該科編審委員會編輯之；開放審定本之科目，則由國立編譯館組各該科審查委員會審定之。各科審查委員會由該館聘主任委員一人，審查委員六至八人組成，成員包括教育（課程暨心理）學者、學科專家、現職教師及該館編審人員，其中學科專家及現職教師占全部委員之比例不得低於百分之六十。委員任期兩年，期滿得續聘。委員會亦採共議作業方式為作決定之原則，委員亦不得兼任民間教科書出版業者各該科教材之編輯相關業務（國立編譯館，民84）。

(三)審查程序

1.國民小學
(1)初審

各科教科用書每套由初審小組中之初審人員二至三人審查，並提出書面意見。

(2)複審

委員會參酌初審意見進行複審，審查過程中委員會得視情況需要，由辦理審查單位聯繫送審單位，以書面、錄音帶、錄影帶或由送審單位負責人（或其代理人）及編撰人員到場做編輯理念

的說明，並就複審委員會所提出之審查意見作補充說明。審查委員會決議時，送審單位之人員不得在場。

(3)審查結果

審查單位於接獲送審教科圖書原則上在四個月內，將初步審查結果通知送審單位，有特殊情形得延至五個月。審查結果分為通過、修正、重編三類。

2. 國民中學

(1)初審

國立編譯館聘各科專家學者兩人擔任初審，並提出書面審查意見。

(2)複審

由該館組成之國民中學各科教科書審查委員會參酌初審意見進行複審，並彙整為審議意見，發還送審者據以修正，建議通過或不通過者逕送終審會議。送審者依據審議意見修正（改編）或申復後，提修訂稿送館，由該館專人整理或送交審查委員會委員複閱，通過者送終審會議。

(3)終審

由該館「教科圖書標本儀具審查會議」參照審查委員會之建議審查之。有關審查作業之疑難問題，亦併本會議商討解決。

三、選用

屬統編本之教科書，由於只有一種版本，各校並無選擇餘地。屬審定本之教科書，因審查合格之版本較多，地方政府或學校乃

能做選擇。前幾年因審定本剛開放不久，制度尚在建立中，加上教科書之銷售涉及龐大的商業利益，致使有關選擇之主體該屬誰的問題，產生爭議，各地做法不一（歐用生，民86，頁5-6）。有些縣市由縣市政府邀各校代表組成選購委員會，全縣市統籌選擇採購；亦有些縣市將全縣市學校劃分成若干區，組分區選購委員會或小組，分區聯合選擇採購；另有些縣市開放由各校自組評選小組選購之。

民國八十八年修正公布之國民教育法第八條之二規定：「國民小學及國民中學之教科圖書，由學校校務會議訂定辦法公開選用之。」依此，目前的法定制度，是以各校為選用之主體；而且，選用辦法須經學校校務會議的通過，這有助於教科書選用的公開化、透明化、制度化和專業化。

根據筆者民國八十九年四月十二日的電話調查，全台二十五個縣市（含北、高兩直轄市和金門、連江兩外島縣）中，除金門縣仍實施聯合選購，基隆市於各校選用書單後由市政府辦採購手續外，其餘均已由各校自行選用和採購。

目前影響選用的一個重要因素是政府採購法。依該法之精神，一般政府機構的物品或勞務採購，除非採限制性招標，原則上以低價標為決標原則。若未採限制性招標，各參與投標的教科書出版商所決定的標價高低，將會影響其出版之教科書是否被採用。在此種情形下，決定學校使用何版本教科書者，將可能是出版商的投標價，而非完全是學校透過專業化程序而選擇的結果。這對教科書選用的專業化，將會產生不利的影響。幸好目前絕大部分的學校幾以限制性招標之方式，就事前決定之評選規準評選出教

科書版本，再與該版本之出版者議價後完成採購合約。但依法理，議價亦有可能產生雙方議價不成的現象；若發生此種現象，則選用對象就非原先評選的最佳版本。

四、供應

國民中小學教科書之供應制度，依是否收費，大體有三種：由政府購置或負擔，免費供學生使用，使用後不收回，謂之免費制；由政府購置或負擔，免費供學生使用，但用畢收回，稱借用制；由學生自費購買，乃購買制（曾濟群，民77，頁4；歐用生，民77，頁111）。

過去三十年來，台灣地區的國民中小學教科書供應，除少數弱勢學生家庭外，都採購買制。但因台灣地區國民中小學階段屬義務教育範圍，對於政府是否應依義務教育免學費之精神而免費供應教科書，曾發生激烈爭辯。大約六年前，台北市、台北縣基於選舉時的政見承諾，率先實施免費制。之後，其他縣市陸續跟進。實施免費制的縣市，原先都以縣市的歲入經費，編列預算支應教科書款，後來徵得教育部同意，紛改以教育部補助地方國民教育經費專款來支應。目前，教育部已不再同意各縣市以前項補助經費支應教科書款，許多縣市乃又紛紛改回購買制。根據筆者民國八十九年四月十二日的電話調查，現在仍採免費制的縣市剩桃園縣、新竹縣、新竹市、苗栗縣、台南縣、嘉義縣、金門縣、連江縣、澎湖縣等九個縣市，其餘十六個縣市（含北、高兩直轄市）均已改為購買制。

五、價格

至於教科書的價格制度，民國八十五學年以前的小學和八十六學年以前的國中各版本教科書，無論其為統編本或審定本，均由國立編譯館核定其價格，採核價制。目前，若依八十二年公布之國民小學課程標準和八十三年公布之國民中學課程標準所編之審定本教科書，則不再核價；若依之前的課程標準所編之審定本教科書，則繼續核價（國立編譯館，民85）。換言之，隨著新課程的逐年實施，以及審定本的加速開放，國民中小學的教科書價格制度，將逐漸轉為自由制，由教科書出版業者自訂，使用者則衡量價格和品質後選用議價之，自由市場的特徵漸漸浮現。

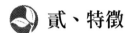 **貳、特徵**

綜合前述，當前的台灣地區國民中小學教科書制度，具有下列特徵：

一、編輯人員以現職教育人員為主

無論是官方的編輯機構，或民間的出版業者，大都借重現職教育人員利用其公餘之暇，從事教科書的編輯工作。其優點是可從現場教育人員的觀點編輯教科書，易於使用，並能節省編輯成

本；但缺點是編輯時間匆促，無法長期專注於教科書的研編、修正與改進，編輯的品質乃容易受影響。

二、統編與審定雙軌並行，並逐漸轉為以審定制為主

現在國民中學聯考科目採統編制，其餘科目開放為審定制；國民小學藝能科無論是屬新或舊課程標準者皆全部為審定制，其餘科目屬八十二年課程標準者亦為審定制，屬舊課程者則為統編制。未來國民中小學九年一貫課程開始實施後，國民中小學各科教科書，將依實施進程，全部改為審定制，地方政府、學校和教師亦可編輯教材和教科書。

審定制的實施，將使教科書呈現多元樣貌，民間的活力、智慧和創造性，預期將為師生帶來各式各樣的教科書及其附屬媒材。但各式各樣的教科書，亦會對轉學生和逐年級而上但使用不同版本教科書的學生，產生些許學習銜接上的困擾。另不同版本教科書的品質，亦可能產生參差不一之現象。

三、審查工作的專業化

真正負責教科書審查者，主要是各科教科書審查委員會的委員，委員以學有專長的該科學科專家、教育與課程學者和該科現職教師居多，故審查工作已顯現專業化的特徵。審查的行政工作，雖委由隸屬教育部的國立編譯館和台灣省國民學校教師研習會辦理，但其辦理之事項，以審查的行政業務為主，對教科書的專業

性審查，影響有限。

四、審查過程頗為嚴謹

審查過程包括初審、複審，乃至於終審；審查過程中，送審者亦有說明的機會；另審查機構訂有審查的程序與規準，力求審查的客觀化。雖然出版業者對審查過程與標準提出質疑者，時有耳聞，但整體而言，審查制度已相當嚴謹。

五、審定本的選用主角是各校教師

審定本各版本教科書之選擇採用，依法是各校的權責，各校的教科書選用辦法須經校務會議通過，一般學校所組成的教科書選用小組又大都以教師為主，故教科書選用的主角是各校教師而非地方政府或學校校長。亦即，教科書的選用制度，也具有專業主義色彩。

六、選用過程的公開化與民主化

依國民教育法施行細則之規定，國民中小學校務會議議決：校長交議事項、學校發展計畫、學校章則和其他依法必須提校務會議議決者等事項。換言之，列入校務會議議決者，均被視為是重要的校務政策事項。將教科書選用辦法，明訂為校務會議議決事項之一，這表示教育決策當局對教科書選用的重視，亦揭櫫選

用過程須符合公開化與民主化的精神。

七、免費供應或自行購買，因地而異

對於教科書的免費供應或由學生自費購買，教育部未做規範，各地方政府乃衡量財政和政治承諾等因素，而採不同的做法，因地而異。其中，選舉的政治承諾，是重要的決定因素，但政治承諾並非常制，易生變化。

八、價格自由化

教科書的價格，由出版者自訂，選用者可權衡品質與價格之輕重，而做消費或不消費的選擇。教科書的市場化、商品化現象，將會愈來愈明顯。

參、 檢討與展望

審酌上述現況與特徵，以及若干學者的意見後，筆者認為未來台灣地區國民中小學教科書制度，宜朝下列方向調整與思考：

一、加強教科書研究，並培育編輯人才

美國學者 Eloise O. Warming 一九八二年的著作，將教科書描

寫為是「支配性的教室資源」，最高可決定該學科 80% 的課程內容（Tanner, 1988, p. 122）。教科書對於台灣地區國民中小學教師、學生和家長的支配性，恐怕遠甚於美國，教科書在現實教育過程中的重要性，可想而知。

但目前台灣地區的教科書研究，僅零星地散存於少數的編輯單位和若干設有教育、課程與教學等相關學系或研究所的大學校院。無論是研究的質與量，研究的參與人員，或研究的地位，皆明顯不足。今後，應加強教科書與教材的研究，提升其在教育學研究中的地位。

至於具體的做法，可採下列措施：第一，由國家設專責研究機構，配置專門人員從事研究；尤其，未來即將設立的國立教育研究院課程研究發展中心，應將教科書與教材研究列為研究重點。第二，獎助各大學院校和學術機構從事教科書與教材研究，獎助可來自國家的年度預算，亦可來自民間出版業者的經費。第三，各出版業者出資成立財團法人教科書與教材研究基金，推動研究。

在研究重點方面，不能只重視教科書的制度性或技術性等應用層次的研究，應更重視基礎性和科際整合的研究。有關學習心理學、教育工學、人體工學、美學、生理學、知識社會學、課程與教學理論的研究，應列為教科書基礎研究的重點，並應加強其科際整合。

加強教科書研究之同時，實亦有助於培育編輯人才，為未來儲才。目前以現職教育人員為教科書編輯主力的現象，可能係審定制開放不久，出版業者無力聘用足夠專職編輯人員而生之現象，這在短期內恐難以改變。當出版業者日益茁壯後，宜聘用更多的

專職編輯人員，來與現職教育人員合作編輯教科書。

二、改善現行審查制度的若干技術性問題

目前的審查過程與制度，尚稱嚴謹，但仍有若干技術性問題待改善。首先，辦理審查行政業務的機構國立編譯館本身亦是編輯者，雖然其編輯之審定本教科書，仍必須如同其他出版業者般，接受審查，但由於該館參與審查人員的遴聘和審查標準及流程的訂定，這樣難免被批評會產生裁判兼球員的不客觀現象。歐用生、黃嘉雄等人（民88）之研究結論，曾建議未來可改由國立教育研究院辦理審查行政工作。

其次，是審查規準的問題。現行的審查規準，由國立編譯館和教育部台灣省國民學校教師研習會分別邀學者專家依國民中小學課程標準和若干研究成果制定，由於受到課程標準的規範，使得審查規準過於詳細，教科書編輯者的創意乃受到束縛。今後，宜配合國民中小學九年一貫課程暫行綱要的發布，掌握課程綱要的精神而非緊守課程標準的僵化內涵，調整審查規準，給與編者更大的專業自主空間。

復次，是審查者與編輯者間的雙向互動問題。目前的制度，雖然允許送審者在審查過程中有說明編輯構想的機會，對於被審查為須修正者，亦安排有其能根據審查意見修改內容再送審的制度設計，但基本上審查者對編者而言，是單向的、優越的、擁有決定權。若能在教科書的審查過程中，增加編者與審查者間的雙向專業論辯空間；並建立教科書審查的申訴制度，由具公信力的

專業團體對審查的爭議進行申訴仲裁，則既能保障教科書的品質，又能增進審查的公正性。

最後，是教科書分冊或分段審查的問題。目前由於受到新課程採逐年級實施的影響，使得教科書的審查採分冊的方式進行，這對教師的選用非常不利。因為教師選用時只能看到某一年級或某一冊的教科書，無法針對各版本一至六年級，甚至一至九年級的教科書做整體評估。而且，當年選用的版本，無法預知該版本下一冊的品質，甚至無法預料該版本往後各冊是否會被審查通過，如期發行。為改善此種現象，將來應可考慮要求出版業者送審各科教科書時，至少應以國民小學一至六年級或國民中學一至三年級為最小的送審單位，一次須送審國小六個年級或國中三個年級的單科或數科教科書。

三、再思考教科書審定制的合理性

統編制、審定制和自由制三種教科書編輯制度中，統編制與自由制是兩極端。台灣地區由原先的統編制漸蛻變為審定制而非直接劇變為自由制，似乎較合乎政策改革的邏輯性與可行性。不過，教科書的審定制，並非是理所當然，不證自明的最佳制度，它的合理性與合法性，仍值得進一步深入思考。

主張教科書須先經審查者，可能主要是基於：㈠凸顯國家對國民中小學教育必須善盡責任；㈡認為中小學學生心智尚未發展成熟，其閱讀的教科書乃須經審查以保護其發展權益；㈢透過審查制度維護與發揚社會的基本價值；㈣確保課程標準的理想，經

由審定後的教科書能轉化為教室實務；㈤審查是確保教科書品質的必要手段；㈥協助所有教師先行篩選出優良教科書，以保障學生的受教權等（藍順德，民 87，頁 7）。從這些觀點來看，似乎教科書的審查有其必要性與合理性。

但是，教科書審查的合理性仍然有其可議而待深思之處。首先，未來電子媒體將迅速而大量地進入教室，這會使審查工作逐漸喪失其意義。電子科技發展迅速，現在電腦網路資源已進入教室，預料愈來愈多的教師和學生將大量直接取用網路資源進行教與學，如此一來，教科書的審查將愈來愈沒有意義。其次，審查制度就如同篩子一般，將所謂合法的知識與價值篩留在教科書裡，而將不被認可或不重要的知識與價值予以排除或忽略，在此一篩選的過程中，通常一些具爭議性、矛盾性和未來性的言說、議題和看法，乃被審查者排除；或者，出版者可能會基於順利審查通過的優先考慮，而採保守性的自我檢查、自我設限策略，以順勢而為（watering down）的態度，將具有前瞻性、創新性和爭議性的題材和觀點壓抑下來，不敢編入教科書中（Tanner, 1988, p. 133; Apple, 1993, p. 48）。這樣一來，教科書的審查制度，反而會成為箝制自由與創造，束縛教育專業的工具。最後，教科書的品質把關工作，應更借重教師的專業能力而非依賴審查制度，審查也許可維持教科書達到一定的品質，但真正的選擇者和使用者是教師，當教師專業能力提升後，唯有高品質的教科書才會受教師青睞，屆時教科書的整體品質自然能提升。換言之，教師的專業能力才是保障教科書品質的最佳憑藉。是以，未來若台灣地區的教師專業能力達到一定水準後，可考慮將審定制改為自由制。

四、須重視教科書商品化所衍生的問題

教科書改採審定制後，教科書已成為一種商品，教科書的商品化，至少會產生下列問題：㈠教科書商採用不正當手段，如利誘；或取巧的方法，如藉由各種行銷花招來影響教師的專業判斷，造成不當的選擇；㈡對於市場較狹小，無利可圖的教科書，如特殊兒童使用或選修科的教科書，不予編輯；㈢採用套裝材料（pre-package），吸引教師基於方便而選用，使教師漸失其專業能力而致平庸化；㈣講究教科書的銷售利潤，以利潤作為編輯教科書的至高方針而不考慮更宏偉的教育理想（Apple, 1982, p. 144; Tanner, 1988, p. 125）。

為避免這些問題，最重要者仍須賴教師專業能力與專業精神的提升；另國立編譯館仍應負責編輯市場規模較小的教科書，或由教育部編列經費獎助民間編輯。

五、採行教科書代券制度

目前台灣地區國民中小學教科書的供應，有的縣市採免費制，有的採購買制；而且，常因政治選舉結果之影響而生變化。問題的癥結，在於對義務教育免學費範圍看法上的爭議。若教科書費用界定為學費之一，則無論地方政府財源是否充裕，依法均須採免費制；反之，地方政府可視其財政情形，決定是否免費提供。筆者以為教科書是學生參與學習所需必備之基本材料，缺少了教

科書，學習將很難順利開展，故應可界定教科書費用為學費之範圍。若依此界定，則義務教育階段應免費提供學生學習所需的教科書。

但教科書開放為審定本，且不再核價後，各種版本的教科書價格可能非常懸殊，若採免費供應，對部分縣市政府而言恐不勝負荷；或者，會發生有些縣市政府主要以價格因素來影響教科書版本選擇的非專業現象。為了貫徹義務教育免學費的精神，並同時維護教師選用教科書的專業自主權，採行教科書的代券制度，是一種可行的方式。實施時，可由教育部組成委員會每年議定合理的單位學生教科書免費額度，作為教科書免費的標準，當學校選用的教科書價格超過免費額時，超出部分由家長負擔，價格低於免費額時，則由縣市政府全額負擔。

參考文獻

馬信行、許志義、余民寧（民85）。成立一個全國性常設教育研究院之可行性研究。台北：行政院教育改革審議委員會。

國立編譯館（民84）。國立編譯館國民中學各科教科用書審查委員會作業要點。教育部臺（84）國字第○二七九八六號函備查。

國立編譯館中小學教科書組（民85）。談國中新課程各科教科書編審委員會組成。國立編譯館通訊，9（1），11-15頁。

國立編譯館（民85）。公告中小學審定本教科用書核價暨不核價政策。國立編譯館通訊，9（4），119頁。

陳明印（民 84）。國民小學教科書審定制的相關法令與重要內涵。**國立編譯館通訊**，8（4），4-8 頁。

教育部（民 82）。**國民小學課程標準**。台北：台捷。

教育部（民 84）。**國民中學課程標準**。台北：教育部。

教育部（民 89a）。**國民小學教科用書審查暫行作業程序**。教育部臺（88）國字第八八一四八〇九一函。

教育部（民 89b）。**國民中小學九年一貫課程（第一學習階段）暫行綱要**。台北：教育部。

教育部（民 89c）。**國民小學教科用書審查委員會暫行作業要點**。教育部臺（88）國字第八八一四八〇九一號函。

曾濟群（民 77）。「中小學教科用書編輯制度研究」的沿起及其建議。**國立編譯館通訊**，1（2），1-7 頁。

楊國揚（民 84）。國民小學教科書審查作業之探討與改進方向。**國立編譯館通訊**，8（4），21-22 頁。

楊景堯、黃三吉、邱祖賢編（民 88）。**教育法規**。高雄：麗文。

歐用生（民 77）。主要國家中小學教科用書編輯制度的現況與比較。國立編譯館主編，**中小學教科用書編輯制度研究**，77-122 頁。台北：國立編譯館。

歐用生（民 84）。落實教科書審定制度。**國立編譯館通訊**，8（4），11-14 頁。

歐用生、吳明清等（民 85）。**國民小學藝能科教科書評鑑研究**。台北：中華民國教材研究發展學會。

歐用生（民 86）。教科書事件平議。**國民教育**，37（3），3-10 頁。

歐用生、黃嘉雄等（民 87）。**教育研究院籌設規畫報告**。台北：教育部

教育研究委員會（未出版）。

歐用生、黃嘉雄等（民 88）。**國民教育九年一貫課程教科書審查之研究**。台北：中華民國教材研究發展學會。

藍順德（民 87）。從教師專業自主談高中教科書開放審定。**國立編譯館通訊**，11（4），2-9頁。

Apple, M. (1982). *Education and power.* Boston: Routledge & Kegan Paul.

Apple, M. (1993). *Official knowledge: democratic education in a conservative age.* New York: Routledge.

Tanner, D. (1998). The textbook controversies. in L. N. Tanner (ed.), *Critical issues in curriculum* (122-147). Chicago: NSSE.

➠本文修改自國立台北師範學院、中華民國教材研究發展學會主辦，教科書制度研討會論文，台北，民國八十九年五月三十日。

第八章

信託學校理念與制度探討

壹、緒言

　　運用公共經費大量設立公立中小學，普及教育以提升人民教育水準，是各現代化福利國家施政的重要方針。今日，公立中小學教育體系已在各國獲得合法性與正當性，早已取代私人教育而躍居教育體系的主流。

　　公立中小學的普及，對於人類的啟蒙和文明的開展，居功厥偉，毋庸置疑。弔詭的是：學校公立化的結果，卻也形成教育內容與方式制式化的現象。這是由於公立學校無論其學制與課程、人事與設備，乃至於經費使用與招生方式等，皆會受到其政府各種法規的束縛，受到各級科層行政體系的管理節制而生之現象。我們很容易察覺到，在同一法治體系下的公立學校，彼此間實具極高的同質性，即使家長有了對公立學校的選擇權，那也只不過是在同一籃橘子中挑橘子而已，並無真正充分的選擇權。

大量制式化的中小學，若品質高，贏得大家信賴，固然令人欣喜。但若效能低，屢遭批評，則除了選擇昂貴又稀少的私立學校之外，又能怎麼辦？難道在公立學校體系下就無法發展出各類各樣具不同特色的學校，反映各種不同的教育哲學來供家長選擇，以滿足不同的需求，並進而提升公共教育品質嗎？

　　信託學校（charter school，又譯契約特許學校、特許學校、委辦學校或公辦民營學校①）制度，為此等問題提供一個可能的解決方向。此種制度已在若干國家採行，並逐漸流行，值得重視。

　　根據Priscilla Wohlstetter（1994）之看法，英國一九八八教育改革法案賦與學校家長經過一定程序，得票決將學校申請改制成為直接由中央經費維持而具高度自主管理權的中央維持學校（grant-maintained school），即是一種準信託學校②。另紐西蘭於一九八九年末所通過的教育改革法案，則規定全國的所有公立中小學必須與改革後的教育部簽訂信託合同，以此合同作為規範學校、社區和教育部三者間權利義務關係的書面文件（Caldwell, 1993, p. 182；黃嘉雄，民87，頁80）。換言之，紐西蘭的所有公立中小學皆可謂具高度自主管理權的信託學校。而一九九〇年代以後的美國，則是信託學校發展最為迅速蓬勃的國家。

　　一九九一年美國的 Minnesota 制定「成果取向學校法案」（Outcome-Based Schools Act），成為全美第一個通過信託學校法案的州（Wohlstetter, 1994, p. 140；Nathan, 1996, p. 70）。隔年，即一九九二年九月，由該州兩位教師依前述法案申請創設的聖保羅城市學苑（City Academy, St. Paul），成為全美第一所信託學校（Cutter, 1996, p. 26）。自此以後，有關信託學校的立法，隨即迅

速在美國各州蔓延，信託學校的數目，亦如雨後春筍般大量而迅速地增加。一九九六年時全美有二十六州，一九九七年時有二十九州和哥倫比亞特區（District of Columbia）（Loveless & Jasin, 1998, p. 10），一九九九年十二月之前則已有三十六州（US Charter Schools, 1999）通過信託學校立法。全美信託學校的數目，則由一九九二年的一所，迅速發展為一九九五至一九九六學年的二百三十四所，一九九六至一九九七學年約五百所，一九九七至一九九八學年約七百所，一九九八至一九九九學年則估計已超過一千所，美國聯邦教育部則估計一九九九至二〇〇〇學年約有一七三五至一七九〇所正運作中（Loveless & Jasin, 1998, p. 10；張志明，民 88，頁 450；US Charter Schools, 1999）。美國總統柯林頓（President Clinton）於一九九七年時，曾宣示將在五年內（即二〇〇一年前）創設至少三〇〇〇所信託學校（Nathan, 1998, p. 499）。

要言之，信託學校制度已成為若干國家活化公立學校教育體系的重要制度，近幾年來在美國的發展尤為迅速；而且，由於美國中小學之行政管理制度，會因地區而異，故美國的信託學校制度樣式也最為多采多姿。

我國於民國八十八年所制定的教育基本法第七條第二項規定：「政府為鼓勵私人興學，得將公立學校委託私人辦理；其辦法由該主管教育行政機關定之。」第八條第二項又規定：「國民教育階段內，家長負有輔導子女之責任；並得為其子女之最佳福祉，依法律選擇受教育之方式、內容及參與學校教育事物之權利。」換言之，我國私人經營公立學校和家長對教育的選擇權，此兩項

權利已獲得教育基本法的保障，而此兩項權利正是信託學校制度賴以發展的根本。因此，信託學校制度正可作為我國落實教育基本法私人興辦公立學校和家長教育選擇權兩項權利，在制度建構上的極佳參考模式。最近，台北市政府正在研擬「台北市試辦國民中小學委託民營實施條例」草案，亦已將信託學校制度納入草案當中（李柏佳，民88）。是以，信託學校制度模式之探討，在當前的我國而言，實別具價值。基於此，本文擬以文獻探討法，就美國信託學校制度的發展、理念與制度要素，深入探討，並予評論之。

貳、定義

"charter school" 詞中 charter 字義為契約，其運用在教育上的構想，係美國一位名為 Ray Budde 的教師，在一九七五年的學術發表會上首先提出的。根據他的說法，此字的涵意，可追溯至西元一二一五年約翰王（King John）與英國貴族簽訂大憲章（Great Charter）來保障其權利；以及，早期歐洲對外探險時期，英國探險者 Henry Hudson 取得東印度公司（East India Company）的契約合同，藉以獲得公司資助來協助該公司尋找縮短歐洲至亞洲的航線等歷史先例（Nathan, 1996, p. 63）。換言之，就字源意義而言，信託學校乃經費贊助者與辦學者簽訂辦學合同，藉由合同內容來規範雙方權利義務關係的學校。一般而言，贊助之經費是來自公共部門，贊助者對辦學者賦與高度的自主權，但亦會依合同

課以辦學的績效責任。

另有許多學者對信託學校下過定義，茲列舉如下。Nathan（1996）：「乃在地方學區董事會，或其他組織如州教育董事會的書面合約規範下運作的非宗教性、無入學測驗公立學校。合約列明學校在改進學生成就上的績效責任；同時，將對其他公立學校運作的各種規則，大部分加以免除，以作為其追求高績效責任之交換（p. XIV）。」

US Charter Schools（1999）此一組織之界定：「指可免除傳統公立學校許多規章之規範的非宗教性公立學校，由契約規範其表現水準，包括學校的任務、課程、目標、招生、學習評量和評估成效的方法。契約時間依合約而定，通常是三至五年。」。

Hollins（1998）：「基本上，信託學校係由教師、家長和社區人士們所經營的自主性公立學校，用高績效責任來取得高自主性是其核心理念。信託學校的立法雖因地而異，但基本理念是這些學校取得某段時間的辦學合約，以承諾達成一定的學生學習成就來交換辦學的自主性。此類學校的申請書、課程綱要、管理政策和一般目標，載明為合約的一部分（p. 1）。」

Wohlstetter（1994）：「乃一群人與通常是學區或州等合約的授與單位簽訂辦學的書面合同，在合同下運作的學校。合同會賦與學校的自主性，讓學校免除地方或州的諸多規範，使學校嘗試更有效的教育方法（p. 139）。」

林天祐（民 87）：「是經由州政府立法通過，特別允許教師、家長、教育專業團體或其他非營利機構等私人經營公家負擔經費的學校，不受例行性教育行政規定約束之學校（頁 47）。」

綜合上述定義，可界定信託學校為：由教師、家長、社區人士、民間機構等單獨或聯合申請辦學，而公共教育經費之提供者包括中央教育行政機關、地方教育行政機關、公立大學校院等單獨或共同提供教育經費，雙方簽訂辦學合約，以合約規範合約期間、辦學目標、管理原則、課程教學方針、學習成就要求、經費補助公式等內容，但排除諸多傳統公立學校必須遵行的行政規章之適用而具高度自主性和高績效責任要求之非宗教性、不採入學考試、可自由選擇入學的公立學校。

 ## 參、發展

信託學校在美國的迅速發展，實乃美國社會對既有公立學校教育品質不滿，而嘗試加以改革的一種行動之一。是故，如Nathan（1996）所言，信託學校的故事，應始於一九六○年代末期和一九七○年代初期的早期公立學校革新行動（p. 56）。後來，一九八八年 Budde 出版 *Education by Charter: Restructuring School Districts* 一書，經 Albert Shanker 大力推銷並擴充書中理念，引起廣泛的注意與討論，乃至影響一九九一年 Minnesota 的首先立法通過信託學校法案。接著，各州競相效尤通過類似法案，信託學校運動乃迅速在全美各地蔓延。茲說明其發展沿革如下：

一、早期的公立學校革新行動

一九六〇年代末及一九七〇年代初期，美國若干地區如Chicago、New York、Philadelphia、Mineapolis 的一些公立學校，即在改革型教師和家長的努力下，推動一些教育革新行動以滿足各類學生的需求。當時的教育革新措施，包括運用社區資源實施學徒制和實習制、學校本位決定、家長參與校務等。這類革新型學校，希望提供家長更多的選擇機會，以避免產生用同一種學校來收容不同類學生的現象。基本上，他們認為公立學校的可選擇性，係提升公共教育品質的有效方法。

一九七〇年代中期，由於許多社區居民對於在種族融合政策下，子女被迫搭校車到遠地區上學，極為不滿，表示反對。美國國會乃撥款推動磁石學校（magnet school）計畫，以吸引不同族群學生就讀，並藉以提升公立學校教育品質。磁石學校亦是一種可選擇性的學校。

一九七〇年代末和一九八〇年代早期，另一種公立學校的革新型態又興起，許多學校開設所謂另類學校（alternative school），給適應不佳、中途輟學或學習成就低落學生就讀。此類學校，通常是為了適應困難學生而設。

就在此時，這些革新學校的開拓者包括教師和家長們，卻漸發覺到，隨著時光的蛻變，他們已逐漸喪失對學校預算和人事的控制權，乃至喪失教育革新構想的影響力。他們發現，有些學區任命來的學校行政人員，有時質疑，甚至不贊同革新學校的課程

哲學。教育改革者發現，他們對於學區董事會和政策決定者欲改變革新者原先的革新構想時，顯得束手無策。於是，乃有一九八〇年代中期，California若干教育改革人士發展出一個立法計畫。該立法計畫主張，當三十名以上的家長提出創設新學校的要求，而學區內教師願意選擇在該校任教，且其經營經費不高於同年齡相同課程方案學生的平均成本的話，學區應同意創設可選擇的新學校或新課程方案以回應此種要求。雖然此項立法計畫當時並未實現，但它象徵家長和教師們對原有公立學校教育體系的不滿，以及強烈的改革企圖（Nathan, 1996, p. 57）。

　　基本上，信託學校運動的緣起，實乃上述美國公立學校革新行動的延續，是公立學校革新行動之一環。

二、信託學校概念的誕生與傳播

　　教育的信託概念，係 Budde 於一九七五年首度公開使用，他希藉此概念來革新公共教育。他回憶指出，一九七〇年代初，他草擬了一本暫名為 *Education by Charter: Key to a New Model of School District* 的書稿，且將該草稿拿給若干同事及朋友指教。結果令他相當沮喪，因為回應極為冷淡，大部分無回應，僅有一些朋友表示該理念是有趣的。他認為，當時即使大家對公立學校相當不滿意，但無人認為已壞到了須改變整個體系的程度，大家較傾向於主張革新只是時間的問題，在現有制度體系下改進即可。於是，他就把 *Education by Charter* 的想法，暫時置諸腦後，束諸高閣。

到了一九八○年代，看了若干研究和報告後，Budde 又重新審思此一觀念，並決定將書稿付梓，於一九八八年出版，書名為 *Education by Charter: Restructuring School Districts*。他在書中的構想，係建議學校董事會，得與一群教師就他們所提出的某種革新性課程方案，簽訂三至五年的授權實施合約。合約期間，校長、學區教育局長（superintendent）、學區視導人員皆不應介入，授權該群教師實施新課程方案及其教學。故 Budde 之構想，係針對某一課程方案而簽訂授權合約，而非簽訂全校性的辦學合約（Budde, 1996, p. 72）。

　　Budde 是 "Education by Charter" 之創用者，而將 charter school 觀念推上美國教育界議題舞台者，則是美國教師聯盟（American Federation of Teachers, AFT）主席 Albert Shanker。他不但在一九八八年全國教師聯盟大會的演講上大力倡導 Budde 的觀念，同時也在紐約時報刊廣告推銷 charter school 的觀念。唯與 Budde 不同的是，Shanker 主張將信託的觀念，擴充為簽訂授權辦理整個學校而非只是學校中一部分課程的合約。Shanker 認為，當時雖有所謂校中校（schools within schools）的措施，但在此種措施下教師所提出的革新理念，須惶恐不安地奉學校行政人員核定，即使核定後，亦常感受到不安、妾身未明或招來直接的敵意。Shanker 非常支持信託學校的構想，希藉此讓教師和其他人士得以將他們的革新性教育理想，在法律的保障下以公立學校的型態實踐和落實。Shanker 也曾於一九八八年應邀到 Minnesota 向該州參議員 Ember Reichgott 及其他人士說明信託學校的理念，貢獻於 Minnesota 的信託學校立法工作（Nathan, 1996, p. 64）。

三、Minnesota 的立法將理念化為實際並帶動風潮

　　Budde 創教育信託的理念，Shanker 傳播之，而 Minnesota 則將之化為實踐行動，成為全美第一個立法實施信託學校制度的州。

　　早在一九八○年代時，當時的 Minnesota 州長 Rudy Perpich 即推動家長對公立學校的選擇計畫，希望在控制性的競爭情境下，促進公立學校的改進。在一九八五年至一九八八年間，他實施三個教育選擇計畫。第一，後期中等學校的選擇：允許公立高中的學生得以選擇其一部分或全部的課程在大學或學院中修讀，州所補助的學費、書籍費和設備費則隨著學生的選讀，直接補助其所選讀的學校。第二，學區外的選擇：一九八七年的法案允許高中學生選擇學區以外的公立學校和跟學區訂有契約之非宗教性私立學校就讀。第三，開放入學名額：一九八八年的法案允許幼稚園至十二年級的學生，在不加深種族隔離現象，且該學區仍有缺額的情形下，得申請學區以外的公立學校就讀（Nathan, 1996, pp. 58-59）。這些教育選擇計畫，剛實施時曾遭受相當多的質疑，但實施一段時間後，因為成效顯著，乃漸獲認同與支持，該州的教育改革者乃進而追求更充分的教育選擇權。於是，州參議員 Ember Reichgott 乃於一九八八年著手推動新的立法計畫。一九八八年在明尼波里基金會（Mineapolis Foundation）所贊助支持的公立學校改革研討會中，Reichgott 得以聆聽若干教育改革人士，包括 Shanker 等人的改革構想。當時參與研討會的若干州內人士，進一步協助 Reichgott 整理研討會的重要理念。其中，一個重要想法形成，

認為：一九八八年之前，家長雖已擁有對公立學校的選擇權，但由於公立學校同質性太高，家長的選擇範圍乃受限制，從供給面著手，增加公立學校辦學的多樣性，則是增加選擇機會的可行方向，這樣的選擇才有意義。

此時，州內一個稱為公民聯盟（Citizens League）的組織，亦成立一個委員會研究信託學校的理念，經過數月之研究，所有委員均支持此理念。後來，這些委員與 Reichgott 的教育改革支持者聯手，於一九九○年著手發展信託學校的立法計畫。推動立法的過程曾遭受困難，也歷經波折，但終於在一九九一年通過立法，一九九二年 Minnesota 的第一所，也是全美第一所信託學校終於誕生。當時支持信託學校立法的一位州眾議員 Becky Kelso 指出：「公立教育體系需要公平的、智慧的挑戰，但不是教育券制度，而是另一種公立學校的刺激，來為學生而競爭（Nathan, 1996, p. 66）。」

Minnesota 立法之後，一九九二年的 California、一九九三年的 Colorado 等州，隨即相繼立法通過信託學校法案，形成一股改革浪潮，風行全美。

🍃 肆、核心理念

美國各地倡導者和立法者之所以支持信託學校制度，主要基於若干理由與理念。

Nathan（1998）指出，信託學校的理念特徵包括：㈠允許創

設新的公立學校或將原有學校轉型；㈡該種學校受非宗教性及不能實施入學測驗之約束；㈢要求其須在三或五年內負責改善學生成就，否則須關門；㈣根據合約之授權，得以排除大部分州政府或學區教育行政機關法規之束縛，以清楚明白的成果責任換得自主權；㈤允許數種公共機構，諸如州政府、學區董事會、大學和市政府等，單獨或共同簽署成立信託學校；㈥允許教育人員和家長選擇而非被分派入此類學校；㈦要求將公共教育經費，包括補償教育和特殊教育經費在內，依平均單位學生補助標準，按學生就讀人數，補助此類學校（p. 500）。

換言之，Nathan 認為信託學校具下列優點：㈠能激勵公立學校的轉型與革新；㈡同時其仍保有免費、非宗教化和不選擇學生等公共教育之若干傳統；㈢具高度的績效責任要求；㈣能發揮給與學校自主管理權但相對要求其高績效責任的組織管理效益；㈤能擴大公共教育提供機構的範圍；㈥教師和家長對學校具選擇權，能發揮選擇的市場化功能；㈦所需的教育經費與一般的公立學校一樣，甚至更低，故此種革新效益不是用大量的經費換得。

Loveless 與 Jasin（1998）亦曾從三個層面說明信託學校支持者所主張的合理性基礎。就組織合理性言，他們認為由下而上、反集權的行政決定方式，比由上而下、集權化的行政管理方式，更能促進教育革新；良好的教育體系是由許多個別良好的學校匯聚而成，而非由某單一的制度製造出來的。就政治合理性言之，信託學校制度係介於強烈的公立學校制度擁護者與自由放任的消費主義教育選擇權支持者間之折衷方案，許多州的立法實例可發現，信託學校的立法係面對教育券制度訴求的一種擋箭牌。此種

制度，允許家長對學校有選擇權，此可迎合教育券制度支持者的消費選擇要求；另一方面，它仍具備由公共經費支持、不得歧視待遇、為所有學生而開放等公立學校的固有特質，故亦能取得公立學校制度支持者的容忍。最後，就教育的市場化合理性而言，信託學校必須接受消費者自由選擇的市場競爭考驗；市場化的情境中，學校與行政官僚體制間的關係產生鬆動，原先被視為阻礙革新的行政單位和教師工會團體勢力，將由於家長的選校壓力和教師依其意志選擇是否在信託學校任教而被排除或削弱（pp. 14-15）。

另外，Wells等人（1998）曾歸納信託學校支持者的主要合理性宣稱有六。第一、成就取向的績效責任制：原有對公立學校的責任要求，主要來自各種行政規章，違規即須負責，但不違規即無責，是一種消極性的責任控制方式。而信託學校則須在一定時間內達成合約所約定的學生成就標準，未達成就標準極可能被迫關閉，責任的要求來自教育效果，是一種積極性的責任控制方式，故能因而提升教育成效。第二、自主與授權：可免除許多行政體系對公立學校加以束縛的法令規章之規範而獲得自主權，信託學校教育人員乃能發揮專業能力進行革新，這樣較能回應學習者的需要。第三、效率：信託學校獲得的教育經費通常比一般公立學校少，故教育資源的使用將更有效率。第四、家長具有更大的選擇權：弱勢團體家長任公、私立學校間作選擇，或在不同公立學校間作選擇，往往居於弱勢，而在信託學校制度下，由於是免學費且辦學型態的多樣，故能使一般的家長也擁有更充分的選校權。第五、發揮競爭功能：由於家長的選擇，信託學校制度乃能藉由

競爭化的市場機制提升教育成效。第六、作為革新的典範：各種信託學校辦學方式的更新，將會成為其他公立學校的楷模，進而可帶動整個教育系統的改革活力。

US Charter School（1999）此一組織亦歸納指出，大部分信託學校立法的意圖包括：為所有學生增加學習的機會與獲得高品質教育的途徑，在公立學校中為家長和學生提供選擇，在公立教育中提供成果導向的績效責任制度，為教師們創造新的專業機會，激勵社區和家長參與公共教育，發揮槓桿作用來改進整個公共教育。另外，申請創設信託學校者最常提到的理由有三：實現某種教育願景，獲得自主，以及服務某特定族群。

從這些主張來看，支持者認為信託學校制度具有組織管理、專業主義、市場哲學、公共教育和政治策略等層面的合理性基礎。在組織管理上，此種制度係以高績效責任下的高度自主來提升組織的效能與效率。換言之，組織的存亡，繫於經營者是否能有效達成與資助者事先約定的成果而定。而同時，資助者則給與經營者充分的自主權以發揮才華來達成約定的成果。資助者綁的是成果、目標，鬆的是達成這些成果與目標的方法與過程，經營者在方法與過程上取得自主權，藉此得以展現其專業經理人的智識、判斷，但其須為成果向資助者負起責任。另資助者提供的資源是一定的，且是按一般公立學校的資源水準提供，故經營者對資源的使用將會非常重視效益，因此組織效率亦能兼顧。

就專業主義言之，信託學校制度提供教育專業人員實踐其專業抱負的機會。具備某種教育革新理念的教育人員，若在一般公立學校體系下無法實踐其理念，則可結合若干志同道合者，申請

創設信託學校來實踐其專業的教育觀。信託學校的高度自主性，亦能滿足專業自主的訴求。不過，專業的表現，則須面對事後結果和消費者選擇的考驗。

在市場哲學方面，信託學校是一種可選擇進或出的學校，家長的選校形成市場情境中的競爭壓力，市場競爭決定了學校的存亡，市場壓力取代行政監督來提升教育成效。

另信託學校屬於公立學校，必須遵守公共教育的一些基本規範，例如免學費、無入學測驗、不能選學生、非宗教性、保障基本人權等，故其亦具有若干公共教育的合理性基礎。

最後，在政治策略上，信託學校制度是介於極端自由放任主義者的主張，和傳統公立學校教育支持者的信念間之折衷性制度。此外，信託學校的自主管理程度，與一般公立學校相比自主性高，但與在家自行教育相比則自主性較低，因其仍受信託合約和成果責任之規範， Bauman（1996）乃稱其為半自主的學校（p. 122）。由於具備此種中介性、折衷性，信託學校制度乃較易取得各方的接納而通過立法，故具有政治策略上的優勢。

 伍、制度要素及其多樣性

信託學校固然有其特定的理念與制度特徵，但由於美國各州立法的差異，使得各州的信託學校制度呈現多采多姿的面貌。綜合學者們的分析（Wohlstetter, 1994, pp. 141-144; Manno, Finn, JR., Bierlein & Vanourek, 1998, pp. 490-296; Odden & Busch, 1998, pp.

(9-68），信託學校的制度要素，至少可包括下列項目，從這些要素中可發現此制度的多樣現象。

一、學校的緣起狀態

信託學校的誕生方式，通常可分為三類：新設校、原有的公立學校改設和私立學校改制。根據美國聯邦教育部委託的一項全國性調查發現，一九九五至一九九六學年時新設者佔 56.4％，公立學校改設者佔 32.5％，私立學校改制者為 11.1％（Manno, Finn, JR., Bierlein & Vanourek, 1998, p. 489）。

二、申辦者

得申請辦理信託學校者，可能為教育人員、家長和組織；或者，這些人員的聯合申辦。教育人員可能包括教師和其他教育專業人員，甚至連學區的教育行政人員亦可提出申請。教育人員通常係為實現其教育理念而申設。許多情況下，家長亦會因不滿意公立學校的辦學成效或辦學方針，又負擔不起私立學校的學費而選擇申辦信託學校。有些州亦允許營利性或非營利性組織如管理公司、社區團體、政府機構等亦得申辦之。

三、許可者

得簽署合約，核可信託學校的主體；各州亦有不同規定，通

常是學區或州教育董事會，有時是大學、州教育廳、甚至特設的信託學校委員會。有些州只要學區核定即可，有些則學區及州均須同意，有些州以學區為主核者，州則做為不服批駁之申訴仲裁者，有些亦可直接由州核可。Michigan 的立法則同意四種不同的主體得單獨核可信託學校，分別是州立大學、社區學院、中間學區（intermediate school district）和當地學區，其中，以大學核可者居多（Goenner, 1996, p. 34）。California 一九九二年的法案規定，由學區教育董事會核可，若被批駁可向郡（county）教育董事會申訴，郡評議後得逕行核可申請案，一九九八年的修法則同意申訴案可提至州教育董事會評議（Premack, 1996, pp. 62-64; Wells & Associates, 1998, pp. 306-307）。

四、立法傾向

有些州給與信託學校很大的自主權，排除了絕大部分法規對其之限制，此種立法傾向被稱為強式立法。有些州則給與相對較少的自主權，信託學校雖比一般公立學校擁有較多的自主權，但仍須接受若干規範，稱之為弱式立法。採強式立法的州，通常對信託學校自動排除州及學區的絕大部分行政規章之適用，但有關健康、安全、反種族隔離和不得歧視待遇之規定，一般而言並不在排除的範圍內。至於採弱式立法的州，信託學校申設時須針對所欲排除的州和學區規章條款，提出排除申請，奉核可後才能免除這些規定之規範。但是，有些弱式立法的州，有時亦會同意其他公立學校比照信託學校，申請排除某些州及學區法規的規範。

五、核可過程

(一)申請之發起

有些州未明確規定申請案之發起條件，而由核可單位逕行審核。例如，Minnesota同意一位或一位以上的合格教師就可向學區提出申請案。另有的州規定申請案須經一定人數的家長或教師連署或同意，才能向核可單位提出。例如，California一九九二年的法律規定，申請案須經學區內百分之十的教師或某校半數教師之同意才可成立。一九九八年的法律則更明確地規定，申請公立學校改制者，須經該校具教師資格者半數之同意；申請新設校者，則須經半數新生家長或欲在新校任教教師半數之同意才可提出申請（Wells & Associates, 1998, pp. 306-307）。

(二)核定機構

1. 州為核定者

較多的州是以州教育行政機關為申請案的最終核可權責機構。其中，大部分須先經學區的初核，少數則直接由州核可。另有些州是由學區實質審核，而州只是名義上的終核而已。

2. 學區為核定者

Colorado、Florida、Michigan、New Hampshire、Oregon 和 Wyoming 等州以學區為申請案的核定者，州僅會收到申請計畫的副本而已，並無核定權。但是，其中大部分州會對被學區批駁的

申請案，提供州層級的申訴仲裁。例如，Colorado 規定，申請者對於被學區批駁的申請案，得向州教育董事會提出申訴。若州教育董事會發現學區的批駁，並不符合學生、學區或社區的最佳利益，則可裁定將申請案退回學區教育董事會再予以考慮；若學區再次批駁，申請者得向州提起再申訴，州教育董事會對於再申訴案，如仍認為學區的決定不符合學生、學區或社區的最佳利益時，則可命令學區核准之（Windler, 1996, p. 67）。

3.州或學區分別可爲核定者

有些州的立法，分別賦與州或學區核定信託學校的權力。

4.大學

有的州亦同意大學、學院為信託學校申請案的核定者、資助者。

六、法律定位

有些州給與信託學校獨立的法人身分，其可成為訴訟的主體，亦得與學區之外的商品提供者簽訂合約。但有些州則未授與信託學校獨立的法律地位，其在法律定位上仍為當地學區的一部分，前述法律行為仍須在學區的同意下為之。

七、人事

一般而言，信託學校對校內教師之聘免具有自主權，有的州甚至曾同意其聘任未具教師資格者任教。例如，California 一九九

二年的立法，同意信託學校得聘未具教師合格證書者任教，一九九八年的修法，則修改為擔任核心科目者須具備教師合格證書或正取得證書中（Hart & Burr, 1996, p. 38；Wells & Associates, 1998, pp. 306-307）。

但對於教師薪給的決定方式，則差異頗大。有些州由學校自己決定教師的薪給，不允許信託學校就教師薪給與學區協商，或不允許將信託學校教師的薪給納入學區的教師薪給合約中。有些州則允許信託學校教師之薪給，納入學區的教師薪給合約內，但不要求其參加薪給的協商。亦有些州規定信託學校教師之薪給，一定要納入學區教師薪給合約中。此外，少數的州對於信託學校教師薪給和工作條件無規範。

八、領導與管理

有些州同意信託學校將部分或全部業務，委由學校以外的非營利性，甚或營利性組織管理。例如，Massachusetts 同意以專辦信託學校而生存的營利性公司，申請辦理和管理信託學校（Zollers & Ramanathan, 1998, p. 298）。

在學校內部行政管理上，有些州同意由教師群領導而無傳統的校長，有些州規定須採學校董事會（school board）的方式實施合議式管理，共同審議或決定學校事務。有些州規定學校董事會中須有半數以上是校內教師，如Minnesota；有些州無特別規定而依申請計畫和合約之規範實施，如California。

九、成就要求

各州對於信託學校幾乎都會訂有衡量其辦學績效的規定,這些規定通常都會成為信託合約的一部分。然而,衡量辦學成效的方式與標準,卻因州而異。有些州以全州性的學生定期成就評量來評定,有些州則容許申請者於信託學校申請書上自訂預期的學生成就標準和評量方法,經核可後,以此自訂標準和方法評定成效。

十、校數上限與合約期限

大部分州立法或修法時,會對全州的信託學校數目設定上限,但上限數量各州差異頗大。Minnesota一九九一年立法時上限為八所,一九九三年增為二十所,一九九五年四十所。California一九九二年立法時的上限為一百所,一九九八年修法時調整至一九九八至一九九九學年為二百五十所,且爾後得每學年再增一百所。

至於合約期限,大部分為三至五年,期滿得經核可後續約。

十一、經費補助

信託學校仍屬公立學校,主要經費來源為州和學區,亦得接受聯邦補助。各州對州內各學區,以及各學區對所屬學校的補助方式,因州、因學區而異;而且,信託學校又是有別於一般學區

公立學校的特殊型公立學校，故州或學區對於信託學校的經費補助方式就存在著極大的制度差異。一般而言，約略可分為下述四類，每類又可細分若干種方式。

(一)由州直接補助信託學校

Arizona、Connecticut 和 Texas 三州的信託學校，可由州或學區分別提供經費，只有州提供經費的信託學校才由州直接補助之。Arizona（州提供經費者）、Hawaii、Michigan 和 Minnesota 等州的信託學校，其經費完全由州負擔，並由州直接補助，這些州均比照一般公立學校的經費補助公式補助信託學校。若信託學校招收有特殊教育和補償教育方案的學生，則會根據招收的學生數，依公式再額外給與補助。但這些州的信託學校，卻不能像學區的公立學校一樣，獲得學區的額外補助。另 Delaware 和 Texas 的州支持信託學校，除可獲得州依公式所直接補助的經費外，亦可比照學區內一般公立學校，獲得學區所提供的額外補助。

(二)州法律規定補助規則由學區補助之

由表 8-1 可發現，較多的州是由州的法律規範補助信託學校的標準和計算方式，而由學區據以計算並補助之。但學區經費的來源，是包括州和學區兩者在內。

在此類的補助方式中，又由於各州法律所規定的補助經費計算方式不一，可再細分為數種方式，如表 8-2。

表 8-1　信託學校經營補助方式分類表

補　助　方　式	州　　　名
由州直接補助信託學校	Arizona(a)、Connecticut(a)、Delaware(b)、Hawaii、Michigan、Minnesota、Texas(a)
州法律規定補助的規則由學區補助之	Alaska、Arizona(a)、California、Colorado、Delaware(b)、Florida、Illinois、Louisiana、Massachusetts、New Hampshire、New Jersey、New Mexico、North Carolina、Oregon、Rhode Island、South Carolina、Texas
由學區與信託學校協商經費補助事宜	Connecticut(a)、Texas(a)、Wisconsin(c)
州法律對經費補助無規定	Arkansas、Georgia、Kansas、Wyoming

註：a：允許不同的補助方式。

　　b：信託學校可同時接受州和學區的補助。

　　c：州法律設定單位學生的補助上限水準。

資料來源：Odden & Busch, 1998, p. 63.

　　根據表 8-2，十七州當中有七州的法律規定，學區須將州和學區投入在該學區的教育資源，計算出學區公立學校的平均單位補助標準，依此標準根據信託學校的學生數補助信託學校。California、Florida 與 Oregon 三州規定，學區須按州所訂定的教育基本支出公式標準補助信託學校。South Carolina 的補助，則以前年

表 8-2　州法律規定學區補助信託學校的方式分類表

方　　式	州　　名
以該學區州和學區本身所投入的所有教育經費之平均單位學生補助標準補助之	Alaska(a)、Arizona、Louisiana、Massachusetts(b)、New Mexico(a)、North Carolina、Rhode Island
依州的基本支出標準補助	California、Oregon、Florida(a)
以前年度補助經費爲基礎考慮通貨膨脹因素和註冊學生數調整補助之	South Carolina
依學區平均單位學生補助標準之一定比例補助	Colorado（80%）、 Illinois（95% to 105%）、New Hampshire（80%）、New Jersey（90%）(b)
依學區自有教育經費的平均單位學生補助標準補助	Delaware、 Texas(b)

註：a：學區所保留的間接教育支出扣除不計。

　　b：由學生所居住的學區補助之。

資料來源：如表 8-1，p. 66．

度的學區平均單位學生支出爲基礎，再考慮通貨膨脹及實際註冊人數，調整爲當年度信託學校經費的補助標準。Colorado、Illinois、New Hampshire 和 New Jersey 等四州的規定，是以學區內平均單位學生支出的一定百分比作爲補助標準。Colorado 和 New Hampshire 是以信託學校所在學區平均單位學生支出的至少 80% 爲標準，New Jersey 則爲 90%，祇有 Illinois 得超過 100%，視情

況在 95%至 105%間補助之。Delaware 和 Texas 兩州規定由學區
所支持的信託學校，學區須依學區的平均單位學生支出標準，計
算學區所應提供的補助經費。

(三)由學區和信託學校協商經費補助事宜

Connecticut（學區所提供經費者）、Oregon 和 Wisconsin 三
州規定學區對信託學校的補助標準，由學區與信託學校雙方協商
訂定。

(四)州未規定者

Arkansas、Georgia 和 Wyoming 三州的法律對州內信託學校經
費的補助，無任何規定。所以，此三州的信託學校經費補助，由
各地學區自行協調研訂。

從上述觀之，儘管信託學校制度有其特定的理念基礎與制度
特徵，但美國各州所建立的信託學校制度模式，因地而異，變化
極大，呈現多采多姿的多樣面貌。

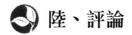

陸、評論

如前所述，美國的信託學校制度，固然有其若干核心理念與
合理性基礎；大部分的州也已立法實施信託學校制度，校數也不
斷增加中。但信託學校制度及其合理性基礎也存在若干迷思與矛
盾，值得深思。

一、專業主義與市場主義間的矛盾

支持者分別從專業主義和市場主義來說明信託學校制度的合理性。但本質上，此兩者實具有內在的矛盾。專業主義講究的是專業自主、專業倫理，認為發揮專業者的知識和判斷才能做合理的決定，也主張專業行為結果的判斷，應訴諸專業同僚之裁決或依專業團體所訂的規準為之。而市場主義講究的是消費者的選擇，組織決定的合理性，係依自由市場規則，由消費者的進出場消費結果來判斷，受消費者青睞則繼續生存、成長、茁壯，被消費者捨棄者則被淘汰。就此看來，專業主義與市場主義實存在著內在的矛盾，信託學校制度根本不可能兼有兩者的合理性基礎。由於信託學校之緣起，主要係為了於公共學校體系中提供更多樣化的學校產品，供家長和教師選擇，以活化公共教育。故正確地說，信託學校應以市場主義為其根本的合理性基礎，專業主義的合理性說法只是表象，專業主義是臣服於市場主義之下，因為即使改革型的教師可能基於其專業理想而申辦信託學校，但也須家長的願意消費，學校才能繼續生存。

二、教育選擇權的迷思

信託學校支持者，亦如同教育券主張者般，過於相信市場主義的力量，總是把家長的教育選擇權，視為提升教育品質，解決公共教育問題的萬靈丹，這是一大迷思。

教育的自由選擇和教育的市場化，可能會產生若干問題。

(一)學校教育的商品化

教育的目的、內容和方法偏離理想而迎合消費者的口味；學校追求短暫的市場流行，重視產品的行銷與包裝而非實質的品質（歐用生，民 88，頁 48；張志明，民 88，頁 465）；把學生當成是市場競爭遊戲中的工具而非教育的主體；學校塑造明星產品，市場塑造明星學校。雖然教育的選擇會促使學校重視消費者需求之因應，但其所可能產生的學校教育商品化現象，應予重視。

(二)不當的教育選擇難以彌補

消費者對一般消費物品的選擇，也有錯誤或不當選擇的時候。但此種錯誤只是經濟上的損失，而且物品的使用總是短暫的，短者如飲料只需一分鐘，長者如汽車也許使用五年即更新，消費者對這些一般商品消費後果的承受力較強，易於彌補。但學校教育的效果是長期的，消費者對教育選擇的滿意或不滿意通常也不會立即察覺，俟其覺察，教育效果已長留學生身上，欲彌補已很困難。若將此等不當選擇之後果，任由學生或其家長承擔，實有違人道主義。

(三)家長並非完全能做理性的選擇

家長的理性教育選擇必須具備若干要件，至少包括對產品（學校）的充分了解，家長的教育水準足以對子女的教育做合理的決定，選擇不受家長自己主觀偏好或短暫市場流行之影響，會考慮

子女的身心發展、性向與需要等。這些要件，並非所有家長均能具備。有些 Minnesota 的研究發現，許多家長選擇信託學校的理由只是基於方便；或者，基於學術水準（Nathan & Ysseldyke, 1994, p. 685）。另 New Jersey 的 Princeton 學區之所以於一九九七年開始核可信託學校，係學區中主張加強學校學術水準的菁英主義者與強調弱勢族群學生照顧的公平主義者間長期衝突對立後的產物。最後，菁英主義者獲得勝利，打敗公平主義者的批評與抵制，取得信託學校的核可；換言之，其選擇的理由是加強學術水準（Nappi, 1999）。

(四)學校選擇對教育機會均等造成不利影響

雖然教育選擇權的支持者認為提供多樣化的學校，供家長選擇就讀以滿足個別需要，或以競爭壓力來提升教育品質，即符合教育機會均等的精神。但許多的實證研究發現，學校的開放選擇確會對教育機會均等造成不利的影響，此種不利影響的發生，主要是學校的選擇會產生若干現象。首先，學校會對已入校的校內學生採存優汰劣政策（cream skimming），以提升學校形象和聲望。其次，表面上雖不會採入學測驗等方式挑選學生，但學校會採暗中選擇的措施選擇心目中的好學生，來改變校內學生組成以利競爭。當學校額滿後，招生額不能無限擴充，選擇的一方會變成是學校而非家長。此外，弱勢族群家長對於學校資訊之理解較困難，選擇的能力也較弱，對其子女而言是不利的。最後，選擇會使不同族群、階級的家長分別選不同的學校就讀，擴大了族群的隔離現象（張德銳，民 86，頁 114；West, Pennell & Edge, 1997;

Whitty, Power & Halpin, 1998, pp. 119-121）。

　　要言之，學校的開放選擇，絕非解決公共教育問題的萬靈丹。誠如 Tony Wagner（1996）之言：所謂自由市場，並非總是自由的，它無法保證良好的產品（p. 71）。

三、效率管理會產生副作用

　　一般而言，信託學校所能獲得的公共教育經費，通常比學區內其他公立學校還少，頂多是相同而已，尤其許多州並未要求學區對新設型的信託學校提供開辦費，其營運更明顯困難。在此種情形下，信託學校的辦理者當然會珍惜有限的經費，力求節約，或精算資源運用的效益。就此看來，信託學校制度確能提升資源使用的效率。但是，這也會產生一些負面作用。首先，會讓公共資源的分配者以為公共教育經費是可以再縮減的，因為既然信託學校可以做得到，其他公立學校也應該可以比照辦理，這會成為資源分配者縮減公共教育經費的藉口。其次，產生手段與目的置換的現象，將追求資源效率的提升視為目的，反而忽略教育的本質目的，教育的本質目的在效率追求的口號下反被犧牲。此外，資源的投入，會因功績效益的考慮而產生不公平現象。這是由於資源量的限制，辦學者可能會將資源分配在最可能產生效益者之身上，那些最需照顧但難以發揮效益的受教者，反而未能享受到足夠的資源。

四、高績效責任下自主權會受到壓抑

信託學校制度支持者標榜以高績效責任來換取高度自主權。但是在高績效責任的前提下，豈有充分的自主權？信託學校經營者須面對家長的選擇壓力，又須面臨合約期滿前的績效檢核，辦學方向勢必受此兩方面責任壓力的影響，故其自主權乃受到壓抑。市場力量與績效檢核將取代以往的科層化行政管理，成為另一種無形的管理機制，導引學校的辦學方針。何況，教育的績效，包括績效規準和評估方法，均難有定論。市場力量恐會變成是決定教育績效，左右辦學方針的最終權威。

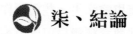 柒、結論

綜合本文之分析，近年來在美國頗流行的信託學校，係一種公立學校，其乃美國一九六〇年代末以來公共教育革新運動的延續。信託學校制度內涵，因各州立法而異，主要的制度內涵變項，包括學校源起狀態、申辦者、核可者、授權自主的立法傾向、核可過程、法律定位、人事、行政管理型態、經費補助公式、成就要求方式、校數上限與合約期限等要素。由於變項多，制度乃形成多采多姿的樣貌。

信託學校的合理性主張，主要有五：一、以高績效責任換取辦學的高自主權，藉以提升學校的效率和效能，促進公共教育的

多元發展。二、提供教育人員展現其專業知識與理想的一個途徑，以活化公共教育。三、藉由創造準市場化的教育情境，提供多元化的各類型公立學校，供家長選擇，以競爭來砥礪辦學者提升學校教育品質。四、將教育的選擇權置於公共教育的範疇內，讓公共教育所強調的免學費、無入學測驗、非宗教性和遵守基本人權等原則，成為教育選擇權運動中的基本規範。五、由於調和了自由主義的教育選擇權與公共教育的傳統，在政治上易獲得多數的支持，實務上較具改革的可行性。

雖然有這些合理性看法，但信託學校制度亦面臨若干待深思的課題。首先，市場化的消費主義與強調專業自主的專業主義兩者間，具有內在衝突，信託學校制度實質上無法同時兼具此兩者。信託學校制度仍是以消費主義為主，專業主義為副的一種制度。其次，過於強調教育選擇權，可能會產生學校教育商品化、工具化、明星化和不利教育機會均等的副作用。復次，在高績效責任下責任的檢核方式與標準，將實質影響辦學方針，信託學校的自主性乃會受到壓抑，故所謂的高績效責任下的高自主，乃受到質疑。最後，績效責任的評鑑，在教育領域中難有一致的看法，如何評斷信託學校的經營績效，仍相當困難。而且，教育的責任牽涉對受教者一生的影響，其倫理責任是無限的，事後的責任監督或將信託學校關閉，總是無法完全彌補。國內若欲實施類似信託學校制度或所謂公辦民營、家長選校制度，仍須針對這些課題，深入探討。

註

① charter school 之中文譯詞，相當紛歧。吳清山和林天祐（民87）譯為特許學校，主要是基於此類學校可免除許多原公立學校之法規束縛，而獲得辦學措施之權宜特許而名之。張明輝（民88），亦採同樣的譯詞。張志明（民88）將之譯為委辦學校，主要著眼點應在於此類學校皆是由公共部門所資助而委託辦理之學校。另公辦民營學校的譯詞，亦在反映此種意義。筆者將之譯為信託學校，旨在強調 charter 一詞之原意係契約，因一般的信託關係，尤其是資助者對經營者的信託，都會訂立信託合同來規範兩者之權利義務。且被信託者在信託期間都對信託業務有充分的自主權，此譯詞亦可反映此義。

② 唯根據英國一九九八年的教育標準與架構法案，英國的中央維持學校制度，將自一九九九年秋天後廢除（黃嘉雄，民88）。

🌀 參考文獻

李柏佳（民88）。試擬「台北市試辦國民中小學委託民營實施條例」。**學校行政**，4，89-106頁。

吳清山、林天祐（民87）。特許學校。**教育資料與研究**，22，73頁。

林天祐（民87）。特許學校——公立學校組織再造的新機制。**國教月刊**，45（1），46-54頁。

張志明（民88）。公立學校制度改革的新途徑。中正大學教育學院主

編，新世紀的教育展望，447-480頁。高雄：麗文。

張明輝（民88）。學校教育與行政改革新研究。台北：師大書苑。

張德銳（民86）。誰選擇？誰損失──學校選擇權對教育機會均等的影響。中華民國比較教育學會、中國教育學會主編，社會變遷中的教育機會均等，109-141頁。台北：揚智文化。

黃嘉雄（民87）。析評紐西蘭的學校自主管理政策。國立台北師範學院主編，學校行政新理念，65-92頁。台北：國立台北師院。

黃嘉雄（民88）。英格蘭及威爾斯學校自主管理政策之研究。國科會專題研究報告（88-2413-H-152-005），未出版。

歐用生（民88）。新世紀的學校。台北：台灣書店。

Bauman, P.C. (1996). *Governing education: public sector reform or privatization.* Boston: Allyn & Bacon.

Budde, R. (1996). The evolution of the charter concept. *PHI DELTA KAPPAN, 78*(1), 72-73.

Caldwell, B.J. (1993). The changing role of the school principal: a review of developments in Australia and New Zealand. in C. Dimmock (ed.), *School-based management and school effectiveness* (165-184). London: Routledge.

Goenner, J. (1996). Charter school: the revitalization of public education. *PHI DELTA KAPPAN, 78*(1), 32-36.

Hart, G.K. & Burr, S. (1996). The story of California's charter school legislation. *PHI DELTA KAPPAN, 78*(1), 37-40.

Hollins, J. (1998). *What are public charter schools?* http://csr.syr.edu/definition.html

Loveless, T. & Jasin, C. (1998). Starting from scratch: political and organizational challenges facing charter schools. *Education Administration Quarterly, 34*(1), 9-30.

Manno, B.V. Finn, Jr., CE. Bierlein, L.A. & Vanourek, G. (1998). How charter schools are different? lessons and implications from a national study. *PHI DELTA KAPPAN, 80*(1), 489-498.

Nappi, C.R. (1999). *Why charter schools? the Princeton story.* http://www. edexcellence.net/library/wcs/wcs.html (1999/11/24)

Nathan, B.J. & Ysseldyke, J. (1994). What Minnesota has learned about school choice. *PHI DELTA KAPPAN,* May 1994, 682-688.

Nathan, J. (1996). *Charter schools: creating hope and opportunity for American education.* San Francisco: Jossey-Bass Publishers.

Nathan, J. (1998). Heat and light in the charter school movement. *PHI DELTA KAPPAN, 80*(1), 499-505.

Odden, A. & Busch, C. (1998). *Financing schools for high performance: strategies for improving the use of educational resource.* San Francisco: Jossey-Bass.

Premack, E. (1996). Charter schools: California's education reform "power tool". *PHI DELTA KAPPAN, 78*(1), 60-64.

US Charter Schools (1999). *Overview of charter schools.* http://www.uscharterschools.org/gen_info/gi_main.html （1999/12/3）

Wagner, T. (1996). School choice: to what end? *PHI DELTA KAPPAN, 78(1),* 70-71.

Wells, A.S. & Associates (1998). Charter school reform in California: does it meet expectations? *PHI DELTA KAPPAN, 80*(4), 305-312.

West, A. Pennell, H. & Edge, A. (1997). Exploring the impact of reform on school enrollment polices in England. *Educational Quarterly, 33*(2), 170-182.

Whitty, G. Power, S. & Halpin, D. (1998). *Revolution and choice in education: the school, the state and the market.* Buckingham: Open University Press.

Windler, W. (1996). Colorado's charter schools: a spark for change and a catalyst for reform. *PHI DELTA KAPPAN, 78*(1), 166-169.

Wohlstetter, P. (1994). Education by charter. in S.A. Mohrman (eds.), *School-based management: organizing for high performance*(139-164). San Francisco: Jossey-Bass Publishers.

Zollers, N.J. & Rsmanathan, A.K. For-profit charter schools and students with disabilities: the sordid side of the business of schooling. *PHI DELTA KAPPAN, 80*(4)，297-304.

➠本文原載於國立台北師範學院學報，第十三期，八十九年六月，177-202 頁。

school changes. In Fenton, K. (Ed.), *Restructuring the ...*. San ...: Jossey-Bass, 232.

Sarason, S. B., & Helpin, D. (1996). *Revisiting the ... in educational ...*. New York: Teachers College, Columbia University Press.

Sindler, A. (1990). *Colleges, charter schools, and ... tradeoffs and ...*. 1st Germany Port (ED243) *EA29137*, 161-168, 164.

... (1979). Education by charter ... *Restructuring the ... San Francisco: Jossey-Bass* for high performance, 135-164. San Francisco: Jossey-Bass.

Yellen, D. E. (Tanguma, J. L.). Profile charter schools and students with disabilities. *The teaching side of the balance. Teaching ... 2001*, 33(2), 30-37.

第九章

學力指標之建構與評量

🌱 壹、前言

　　過去幾十年來,「學力指標」一詞並非國內教育學術研究和教育行政政策的主流概念。國內教育學者,甚至鮮少使用學力一詞,遑論對此概念做詳盡嚴謹的分析。教育行政措施上,也大都僅止於辦理補習教育法所規定的學力鑑定考試和同等學力認定工作。然而,近年來情勢大變,學力指標一詞,儼然已成為國內教育改革與教育政策的核心概念。

　　民國八十三年六月召開的第七次全國教育會議,建議政府加強各階段各學科基本學力指標研究。民國八十四年,教育部即委託進行了「中小學基本學力指標之綜合規畫研究」(國立教育資料館,民87,頁48)。前行政院教育改革審議委員會於民國八十五年十二月公布的教育改革總諮議報告書提到:「應積極研究學生的基本學力,提供相關資料,供學校對新生進行學力鑑定,以

便及早實施補救教學或轉介特殊班或學校（行政院教育改革審議委員會，民85，頁摘10）。」民國八十七年五月，教育部奉行政院核定的教育改革行動方案第十案：「暢通升學管道」中，列有實施高中多元入學方案，成立國中基本學力測驗研發單位之執行項目（教育部，民87a，頁31）。就在此時，教育部亦宣布將於民國九十學年度起辦理國中學生基本學力測驗，取代高中聯考，作為高中多元入學的重要管道。同年六月一日，教育部隨即成立「建立國民中學學生基本學力指標」工作小組，並於十月公布了「國民中學學生基本學力指標」。本指標，將成為國中基本學力測驗研發單位編製測驗題目的主要參考依據（教育部，民87b，頁6）。

更令人矚目的是，民國八十七年九月三十日教育部公布的國民教育階段九年一貫課程總綱綱要規定：「國民教育階段的課程，應培養現代國民所需的十項基本能力。」「課程綱要內涵應包括課程目標、基本能力、學習領域、實施原則和各年級學力指標之規範。」「各學習領域課程綱要的研訂，應列出該課程的定義和範圍、教學目標、基本能力（或表現標準），作為編輯教材、教學與評量的參照（教育部，民87c，頁13）。」

從上述教育改革主張和教育行政政策觀之，學力指標已成為近年來國內國民教育政策的核心概念。然而，國內教育學術界對本主題之研究，卻相當貧瘠。本文乃嘗試就學力指標之建構與評量加以探討。首先，闡釋學力指標之意義與功能；其次，舉若干學力指標實例，並歸納學力指標建構的要領與方法；接著，論述評量學力指標的方法；最後，對於學力指標之使用限制予以檢討。

貳、學力指標之意義與功能

一、意義

　　學力指標係由學力與指標兩概念組成的複合性概念。「指標」若採嚴格的定義，如黃政傑等人（民85，頁38）之觀點，是指有代表性且足以描述真實狀況的統計量數。例如，以智商七十五以下作為輕度智能障礙者之指標。但人類行為和其內在特質非常複雜，實在很難完全客觀地測量，並予以量化進而訂定出嚴格的量化指標。所以，另可用較寬鬆的定義，界定指標之意義為用來象徵或描寫某種現象或事物的象徵物或清晰化陳述。例如，以「孔子」作為象徵偉大教育愛之指標。或者，以「能用英語書寫簡單的訊息」此一陳述，來作為具備小學階段英語書寫能力之指標。要言之，指標可界定為係用以代表、象徵或描寫某種現象或事物的統計量數、象徵物或清晰化陳述。

　　學力之意義，也相當複雜。鍾啟泉（民80，頁208）認為廣義的學力，就是藉助學校教育所形成的能力。狹義者，則指藉助學科教學而形成起來的能力。前者，是經由學校教育的課程及活動所獲得的能力；是相對於人類自然成長而來的能力。後者，則僅指因學校中的學科教學而形成的能力，不包括學科以外的生活指導而得之能力。

教育部（民87b，頁2）則界定學力為：學習者經由一段時間的系統化教育所獲得的能力，而非學習者天生或自然成長而來的能力。此定義，是比鍾啟泉之廣義定義還廣的更廣義定義，因系統化教育並不專指學校教育而已，尚可包括經由系統化的個人自修和學校以外的其他類型教育而得的能力。

理論上，前述三種定義中，更廣義定義較合理完整，但實際運用上，三種定義均有價值。狹義者，可用於預期或評定單一學科或所有學科的學習結果；廣義者，可用於預期或評定某階段學校教育的結果；更廣義者，可用以預期或評定包括學校及學校以外的其他系統化教育之結果。

綜言之，學力指標可界定為係用以代表、象徵或描寫學習者經由系統化教育而獲得的能力之統計量數、象徵物或清晰陳述。就實然面而言，學力指標可代表學習者學習後實際能力之高低程度；就應然面言，則可用來明確地指出預期學習者在接受教育後所應獲得的能力程度。應然的學力指標，可用來作為某階段教育或某學科、某學習領域的各層級具體化課程目標；實然的學力指標，則是學習者經測量而得的學習結果、教育成就。

二、功能

黃政傑等（民85，頁60）的研究，認為學力指標的基本功能可包括：報導全國學生的學力現況；提供資訊以利各州、各地區學生學習結果的比較；監測不同時期學生學力的變動，以評估教育改革的成效；配合政策需求，為潛存的問題提供警訊。

教育部國民中學學生基本學力指標建構小組（教育部，民87b，頁5-7）列出學力指標之功能為：1.引導正常教學：協助教師據以決定或修正教學目標，診斷或補救學生的起點行為，選擇適當的教材教法和正確地評量學生的學習結果。2.診斷與補救學生的學習成就：系統化的學力指標，可比對出學生的學習困難所在，並作為補救教學實施的依據。3.方便實施基本學力測驗，作為學生升學或學校選擇學生的重要參考資料。4.作為課程發展與改革的藍圖：學力指標可作為課程的目標，進而可據以選擇與組織課程經驗、實施教學、決定評量的方法。

C. J. Marsh（1997, p. 42）提到，學生學習結果的具體化陳述（意即學力指標），具下列優點：1.其反映了公立學校系統認為所有學生所需具備的基本知識、技能與過程。2.能使教師辨明每位學生的學習成就，進而規畫並提供進一步的學習活動。3.可作為課程指引，係教師規畫系列有組織的學習活動所必需者。4.提供一適當架構，讓政府和社區對公立學校辦學基本方向的信任與了解。5.可作為學校發展計畫的重點，提供作為教師和學校監督其成效，和評估績效責任的基礎。

綜合上述觀點，學力指標至少具有下列功能：

(一)行政上

1.向社會大眾和社區明示教育的基本方向。

2.作為各校和師生努力的標的。

3.作為檢測教育問題，提供警訊的參考指標。

4.作為評估教育績效的參照規準。

(二)課程教學上

1. 作為課程設計與發展的基本藍圖。
2. 作為各學習領域或學科的課程目標。
3. 用以選擇教材、教法、組織學習活動，並決定適當的評量方法。
4. 用以診斷學生起點行為，以為實施補救教學之參考指標。
5. 作為評定學習結果的指標。

參、學力指標之建構

學力指標之建構，是一個複雜、精細、耗時且須思考周密的歷程，本文將舉若干國家、地區和學者所建構出的學力指標實例，再從中歸納一些建構的要領與方法。

一、學力指標的實例

(一)美國全國社會課程審議委員會（National Council for the Social Studies, NCSS）的社會課程標準

一九九四年美國全國社會課程審議委員會（NCSS）發表了適用於幼稚園至十二年級（K-12）學生的社會課程標準（Curriculum standards for Social Studies）（本標準對學校只是建議性質，並無

強制性）。該課程標準設定的課程目標包括：1.知識：學習者能習得社會課程裡核心領域的知識，將這些知識中的新資訊、經驗、感受和關係，融入或啟迪他們在智識、審美和感情上的構念。2.技能：增進學習者獲得資訊，處理資料，發展與發表政策、主張和經歷，建構新知識，以及參與團體生活等技能。3.價值：發展學習者能踐履社會的核心價值，包括人權、自由、責任、社會形成條件、政府責任、以及尊重不同價值觀等價值。4.公民行動：學習者將習得的知識、技能和價值，轉化為公民行動，參與改進社會公共生活（NCSS, 1994, pp. 7-10）。

根據該課程標準，K-12年級的社會課程內涵，由十大學習主題組成，分別是：1.文化；2.時間、持續與變遷；3.人民、空間與環境；4.個人發展與認同；5.個人、群體與制度；6.權力、權威與管理；7.生產、分配與消費；8.科學、科技與社會；9.全球連結；10.公民理想與實踐。這十大主題，貫串K-12年級，各年級的社會課程均包括此十大主題，唯學習內容由淺入深，由簡入繁，逐級而上。

為了使十大主題的學習能循序漸進，維持課程的連貫性，該課程標準分別列出了十大主題在小學（early grades）、初中（middle grades）和高中（high school）的成就期望，即學力指標，以及教材教法和評量的建議與示例。

茲將「文化」主題，在小學、初中和高中的學力指標，臚列如下（NCSS, 1994, pp. 33）：

1. 小學

(1)探究並描述不同的群體、社會和文化，在表達相似的人類需求和關懷的方式之異同。

(2)舉例說明人們由於源自不同的文化觀點和參照架構，對經驗的解釋結果，乃可能不相同。

(3)描述語言、故事、民俗、音樂和藝術創造等不同的文化表現方式，以及特定文化對人們生活行為之影響。

(4)比較不同文化背景者的思考方式及其對自然環境和社會條件的處理方式。

(5)舉例並描述群體內和不同群體間文化的統整與差異之重要性。

2. 初中

(1)比較不同群體、社會和文化的人們在處理其需要與關心事項的方式之異同。

(2)解釋具不同文化觀點與參照架構的人們，如何詮釋其資訊與經驗。

(3)解釋並舉例說明文化的發展與傳遞如何影響語言、文學、藝術、建築、其他器物、傳統、信仰、價值和行為。

(4)解釋個人和群體為何對其所處的物理和社會環境會有不同的反應方式；以及，因而改變了他們共享的假定、價值與信仰。

(5)說明群體內和群體間文化的差異性與整合性之意義。

3. 高中

(1)分析並解釋不同的群體、社會和文化在表達人類需要與關

心事務上之各種方式。

(2)預估不同文化觀點與參照架構的人們如何詮釋資料與經驗。

(3)運用將文化理解為一種統合性整體的認識，來解釋語言、文學、藝術、傳統、信仰、價值和行為類型等之功能與互動。

(4)比較並分析因調適環境或社會變遷以保存和傳遞文化的社會形式。

(5)說明群體內與群體間具有文化差異性和整合性之價值。

(6)詮釋那些反映價值與態度而有利於或有礙於跨文化理解的行為類型。

(7)對特定文化在持久性人類議題上之回應，能予以合理的判斷。

(8)解釋並運用人類學和社會學的理念、理論和探究模式，以探討持久性的議題與社會問題。

(二) T. J. Foriska 的學力指標建構方式

T. J. Foriska 認為建構與實施教育標準的過程，首先應設定願景目標，接著是發展課程，其次則為選擇有意義的評量方式，然後是人員的專業成長，最後是使前述過程形成相互的回饋循環，並能繼續的改進。

前述過程的第二階段係發展課程，又依序包括下列四個彼此回饋的步驟：界定目標、發展成就指標（即學力指標）、設計系列單元課程、綜合的評量安排。茲將他的觀點圖示如圖一。

T. J. Foriska 亦曾舉例列出 K-12 年級社會課程中有關生產、

消費與分配學習主題的學力指標如下：

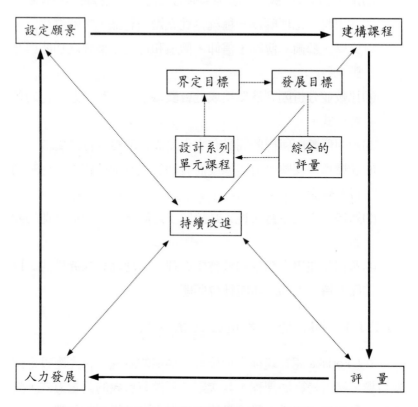

圖 9-1　T. J. Foriska 建構與實施教育標準的過程示意圖

資料來源：T. J. Foriska, 1998, p. 30.

K-3（年級）目標：辨別基本的供給與需求觀念。

學力指標：△舉一個有關供給與需求的例子。

4-6（年級）目標：追溯美國基本的經濟發展。

學力指標：△描述作為農業社會的美國。

△描述作為工業社會的美國。

△描述作為科技社會的美國。

7-8（年級）目標：探討各種經濟制度。

學力指標：△描述美國經濟制度的發展與基本功能，以及世界上其他區的情形。

△比較美國與其他國家的經濟發展。

△探究國際經濟對美國經濟成長發展之效應。

9-12（年級）目標：分析美國及其經濟體系之運作。

學力指標：△分析牽制與均衡相互支撐的美國三權鼎立政府體系。

△比較政府的立法、行政和司法部門。

(三)肯塔基（Kentucky）課程架構

一九九〇年美國肯塔基州議會通過一項全盤性教育改革法案，謂之肯塔基教育改革法案（Kentucky Education Reform Act, KERA）。此法案揭櫫了全州各中小學須共同努力的教育目標為發展學生六種基本能力：1.能使用基本的溝通和數學技能於未來所面臨的生涯情境。2.能運用數學、科學、藝術、人文、社會研究和生活實踐研究等領域的核心概念於未來的生涯情境。3.成為具有自我效能的個體。4.成為家庭、職場和社區中盡責任的成員，且能展現社區服務效能。5.能在學校和將來所面臨的生涯情境中思考並解決問題。6.能結合並統整習自所有各科目領域的經驗和

新知於舊經驗中，並能以舊的學習經驗為基礎，透過各種媒介資源獲得新資訊（黃嘉雄，民 88，頁 208-209）。KERA 同時要求州教育廳必須發展出課程架構，闡明該六項教育目標，訂出學術期望指標和評量策略，以便各學區和各校遵循，並進一步發展其各自的課程方案，以達成教育改革所欲培養的學生六大基本能力。於是，州教育廳乃發展出名為「轉化：肯塔基課程架構」（Transformations: Kentucky's Curriculum Framework）的課程架構。

該課程架構對於課程目標之界定，基本上是以前述六大基本能力為指針。首先，將六大能力進一步轉化為更具體的目標。例如，第二項能力包括科學領域的六項、數學領域的七項、藝術與人文領域的七項和生活實踐領域的七項，計三十四項具體目標。接著，這三十四項具體目標，均再列出學生在小學、初中和高中階段的成就指標。

以藝術與人文領域為例，本領域的七項具體目標為：*1.*能創造藝術工作並藉以表達某種觀點。*2.*能運用可接受的規準分析自己和他人的藝術作品。*3.*具備藝術、音樂與文學的主要知識，並能欣賞藝術與人文的創作與貢獻。*4.*學生在其作品和展演之過程中，展現出他們能理解到時間、空間和社會對語言、文學和歷史等藝術與人文活動之影響。*5.*透過藝術與人文，學生能認知到儘管人們是不同的，但卻能分享共同的經驗與態度。*6.*能認知並體會到各種語言間的異同。*7.*能以第二種語言來理解和溝通。

藝術與人文領域的這七項具體目標，在小學、初中和高中階段均列有學力指標。其中第七項具體目標的學力指標為（Cody, 1995, pp. 7-10）：

小　學	初　中	高　中
能以某種第二語言溝通其基本想法。	能以第二語言針對特定論題溝通意見。	能以第二語言在其真實生活情境中溝通複雜的觀念。
當聆聽第二語言的某種話題時，會回應談話。	能以第二語言聆聽並理解某談話的主要觀念。	能以類似第二語言母語者之談話技巧，在擴充性的言談情境中分析並回應主張。
能理解以第二語言寫成的教科書之基本觀念。	能運用第二語言以書面溝通簡單的觀念。	能運用第二語言以書寫方式溝通複雜的觀念。
會用第二語言書寫簡單的訊息。	能閱讀並理解第二語言的簡短書面訊息。	能以第二語言分析書面文章，並做適當的推論。
能聆聽並模仿不同的語言。	能辨別某些重要日期、事件、民族，並討論其意義。	能處理日常的社會情境。
能辨別某些重要的民族、假日和地理區域。		能討論某種文化在地理、歷史和政治上之貢獻。

(四)紐西蘭中小學社會課程

一九九三年紐西蘭公布中小學的全國性課程架構（The New Zealand Curriculum Framework），由語文、數學、科學、科技、

社會、藝術、和健康與幸福等七大學習領域組成。每個學習領域皆清楚地陳述該領域課程，由低而高的八個層級學習成就目標與成就指標。此課程架構中的成就指標，即是該課程架構預期學生應該習得的學力指標。茲以社會課程為例說明之。

　　紐西蘭課程架構中的社會課程，旨在培養學生成為有知識、有自信和盡責任的公民，以參與不斷變遷中的社會生活。為達此目的，認為社會課程應發展學生對社會的下述知識、理解與技能：1.人類群體組織和人在群體中互動的權利、角色與責任。2.文化與傳統對於文化互動結果與性質之貢獻。3.人類與地方環境之互動，以及人們對待、詮釋地方和環境之方式。4.時間交織下人與事件間之關係，以及對這些關係的詮釋。5.人對資源的分配與管理，和人類的經濟生活。6.發展能了解社會並盡責地參與社會生活的技能（Bloomfield, 1998, p. 12）。

　　配合這些課程目標，紐西蘭一至十年級的社會課程，乃均由社會組織、文化與人類遺產、地方與環境、時間、連續與變遷、資源與經濟活動等五大學習主題貫串組成。而且，這五大主題，由第一至第八層級的更具體化成就目標和成就指標，亦清楚地列述出來。例如，社會組織此主題層級三的成就目標與成就指標，列述為：

成就目標 1：能認識並理解團體中領導的獲得與運作

學力指標：

　　　　△在不同團體和情境中區辨出領導者。

　　　　△描述成為領導者的方式，例如，繼承、選舉、
　　　　　任命、使用武力、志願服務。

△解釋不同的領導型態如何影響團體中的成員。

　　　△描述領導者尋求解決團體間和團體內差異的方
　　　　式。

成就目標2：能認識並理解人們如何與爲何訂定並實施法規

　學力指標：

　　　△解釋團體之所以訂定法規的理由。

　　　△描述團體訂定法規的過程，如討論、同意、會
　　　　議、當地地方政府和國會的立法過程。

　　　△舉例說明當法規被破壞之後果。

(五)澳大利亞中小學社會與環境課程

　　一九八九年春天，澳大利亞各邦、領地及聯邦教育部長們簽
署認可澳大利亞學校教育的全國性十大共同目標。接著數年，在
由各邦、領地及聯邦教育部長組成的澳大利亞教育委員會（Aus-
tralian Education Council, AEC）指導下，澳大利亞國立課程公司
（National Curriculum Corporation）著手發展為實踐學校教育共同
目標的英文、數學、科學、科技、外語、健康與體育、社會與環
境、藝術等八大學習領域一至十年級課程指引（curriculum state-
ments）及課程大綱（curriculum profiles）。每個學習領域之課程
指引及課程大綱，再由數個核心主題組成。課程指引除列述各領
域內各主題的主要學習內涵外，亦將學習階段區分為小學前段、
小學後段、初中和義務教育後的中等教育四個階段。課程大綱則
進一步列出各學習領域各學習主題一至十年級由低而高的八層級
課程目標、教學示例和學力指標。一九九三年七月，AEC認可了

國立課程公司所發展出每領域各一冊的課程指引和課程大綱（The Curriculum and Assessment of the Australian Education Council, 1994, p. iii）。茲以其中的社會與環境課程，進一步說明之。

　　澳大利亞社會與環境課程，一至十年級均由時間、連續與變遷、地方與空間、文化、資源、自然與社會體系，以及探究、溝通和參與等六大學習主題貫串而成。六大主題均列出一至八層級的課程目標、學力指標。其中，時間、連續與變遷主題的課程目標，如表9-1。

表9-1　澳大利亞社會與環境課程的「時間、連續與變遷」主題課程目標

層級	了解過去		時間與變遷		詮釋與觀點	
1	1.1	辨別人類生活的事件與階段。	1.2	將生活事件與階段排序。	1.3	探究人類的起源與未來。
2	2.1	辨別不同世代生活方式的異同。	2.2	運用行事曆與標的物來描述年紀與先後順序。	2.3	辨別持續著或已改變的家庭生活方式與環境面向。
3	3.1a 描述當地的不同時期。 3.1b 詮釋其他時代人類的故事與器物。		3.2	建構一組事件的先後順序。	3.3	解釋當地社會與環境已產生改變和即將改變的原因。
4	4.1a 描述澳洲歷史上某些時期的重要事件與生活方式。 4.1b 描述選定的某些民族和團體的成就。		4.2	建構某些重要時期和事件的順序。	4.3	從某觀點描繪某事件。

（下頁續）

（續上頁）

5	5.1a 描述對澳洲認同有貢獻的重要觀念、人士或事件。 5.1b 描述對某國家之認同有重要影響的理念、人士或事件。	5.2	分析如何劃分時期，以便將理念與事件定位。	5.3	從不同的觀點解釋人的動機與行動。
6	6.1a 描述並解釋澳洲社會與環境之延續與變遷面向。 6.2b 描述並解釋某社會的延續與變遷面向。	6.2	將不同型態的歷史變革予以分類。	6.3	批判地比較人、事件和議題之代表性問題。
7	7.1a 批判地分析澳洲社會長久以來持續或已改變的核心價值及其方式。 7.1b 分析某些影響世界事物的主要意識型態之效應。	7.2	解釋原因、動機與結果如何形成關聯。	7.3	運用有關歷史的知識來解釋當代事件。
8	8.1 以當時的背景脈絡，分析那時的人們、議題與事件。	8.2	解釋為何原因與結果會產生重要改變。	8.3	解釋為何不同的個人、團體和社會常以不同的方式不斷地詮釋歷史。

資料來源：The Curriculum and Assessment of the Australian Education Council. (1994), p. 4.

除了時間、連續與變遷外，其他的五個學習主題也都列出具體化的課程目標。各個具體化課程目標，亦均再進一步列舉出數項學力指標。以表 9-1 之 1.1「辨別人類生活的事件與階段」目標而言，本目標列舉了下列學力指標（The Curriculum and Assessment of the Australian Education Council, 1994, p. 16）：

- 畫出不同生命階段中的自己。
- 描述個人與家庭的重要事件。
- 描述自己在家庭中的角色。
- 角色扮演不同階段或年齡的人們。
- 從對物品和圖片的配對遊戲中，辨識人在不同階段所能做的事物。
- 能稱呼人的各生命階段，如嬰兒、幼童、女童、男童、青少年、男人、女人。
- 能提供某一物品或圖片來展示或談論某一生命階段。

二、學力指標建構的方法與要領

從上述學力指標的實例，可歸納建構學力指標的方法與要領為：

(一)它是目標決定與目標具體化的過程

從課程發展與設計的角度觀之，學力指標之建構，通常是根據一般性、原則性、指針性和綱領性的教育目的與目標而建構。首先，將各一般性教育目的與目標，逐項轉化為更具體的各學習

領域或各學科的層級性課程目標。接著，各學習領域或學科之各層級課程目標再進一步細化、具體化為學力指標。所以，它是將綱領性教育目的與目標，轉化為具體的、細目的，甚至是可觀察的、可測量的學力指標之一連串目標具體化過程。而且，從綱領性目的至每一層次目標的具體化過程，均是一連串目標選擇與決定的過程。

至於，學力指標應具體化到何種程度，則屬見仁見智之問題。以前舉諸例而言，美國 NCSS 所發展出的社會課程標準之學力指標，是較概括化的學力指標，而澳大利亞者，則是非常具體化、細目化的學力指標。不過，倒很少採極端的行為目標主義，以嚴格的行為目標敘寫規準來作為學力指標敘寫之規準。換言之，學力指標雖是目標的具體化，強調目標的可觀察性，但卻盡量避免目標析離化、孤立化和片段化。

(二)它是能力取向的目標模式課程發展過程

主要的系統化課程發展模式，包括目標模式、歷程模式、情境模式和解放模式等。學力指標之建構，實即具體化課程目標之建構與決定。且學力指標建構後，可用以安排課程經驗，選擇教材教法，決定評量的方式，並用來評估學習成效。所以，學力指標之建構，在基本精神上，屬於目標模式的課程發展模式。

但是，有些目標模式的課程，可能會偏於以學科知識做為主要的目標內涵，而學力指標所建構者，則比較強調實踐性而能真正用之於參與社會生活的能力。故學力指標之建構，乃是課程發展模式中偏於能力取向的目標模式，它可能會減弱學科間的界限

而增進學科間的統整，降低學科知識的價值而強調生活實踐能力的重要性。

㈢須重視學力內涵的完整性

學力指標之建構，非常重視學力內涵的完整性。亦即，要思考何謂理想、完整的學力問題。

鍾啟泉曾綜合勝田守一和廣岡亮藏的看法，認為理想的學力結構，應由認識的能力、表達能力和社會能力三個面向組成，如表 9-2。

表 9-2　學力的構成

廣義的學力 ｜ 人的能力	認識的能力 ｜ 狹義的學力	△作為掌握知識的終結表現。 △作為掌握並解決新的知識與課程潛力的學力 △在掌握知識的過程中形成的作為之基礎的心理特性：思維力、注意力、想像力、觀察力等。
	表達能力	△感應、表達能力 △運動能力 △勞動能力
	社會能力 ｜ 人格特徵	△世界觀、價值觀 △集體意識、紀律 △意志、信念、意欲、感情 △行動力

資料來源：修改自鍾啟泉，民80，頁213。

Benjamin S. Bloom 等人認為理想內涵的教育目標，應包括認知、情意、技能三大領域。並且，將這些領域內的目標，由基礎而高級，分類為認知領域包括知識、理解、應用、分析、綜合、評鑑，情意領域包括接受（注意）、反應、價值的評定、價值的組織、形成價值體系，技能領域包括反射動作、基本動作、知覺能力、體能、技巧動作、有意的溝通等目標。且各領域內各層次的目標，又進一步做層級式更細目化的目標分類（黃光雄等譯，民 72）。這也是在建構理想而完整的學力內涵。易言之，Bloom 等人對教育目標分類後所列出的細項目標敘述，即是他們心目中完整而理想的學力指標內涵。前舉各國家、地區和學者的學力指標實例，也可發現都同樣致力於學力指標內涵的完整性。

　　從這些例子可看出，欲期建構理想而完整的學力指標，可從對目標或學力內涵的分類著手。學力內涵的分類，至少可從三個軸度從事分類。第一個軸度，是以學習領域或學科內涵為分類的主軸，針對各學習領域或學科內的主要學習主題、核心概念、知識、價值與方法，從事分類。例如，前述澳大利亞一至十年級學校教育的學力指標，區分為英文、數學、科學、科技、外語、健康與體育、社會與環境和藝術八大領域。這八大領域，每領域再區分為數個學習主題，例如，社會與環境領域再區分為時間、文化、資源、自然和社會體系、與探究、溝通和參與等六大學習主題。而每個學習主題之內，再進一步細分為若干次主題。例如，時間、連續與變遷主題，又再細分為「了解過去」、「時間與變遷」和「詮釋與觀點」三個次主題，並分別列出每個次主題的具體目標和學力指標。

第二個軸度，是以學力的屬性做為分類的基礎。例如，前述Bloom 等人將教育目標依行為的屬性區分為認知、情意、技能三大領域，每一領域又進一步依行為的屬性再進行細分類。

　　第三軸度，是考慮到學力的層級，依學力層級的高低程度分類之。例如，前舉肯塔基課程架構中藝術與人文領域的第七項具體目標為「能以第二種語言來理解和溝通」，本項具體目標中有關能運用第二語言溝通的學力指標，再依學力的層級區分為：「小學：能以第二種語言溝通基本想法」、「初中：能以第二語言針對特定論題溝通意見」、「高中：能以第二語言在其真實生活情境中溝通複雜的觀念」等三個學力層次。又 Bloom 將認知領域之目標，依能力層次之高低，由低而高區分為知識、理解、應用、分析、綜合、評鑑等層次，亦是以能力層次進行分類的例子。

　　由於同個學習主題內，可能包含了數個不同屬性的不同層次學力，故從事學力內涵的分類時，往往須同時兼顧這三個分類軸度。

㈣學力指標應具有層級性，並應配合學習者的身心發展程度逐級而上

　　學力指標之建構，通常以學校教育的重要階段或關鍵階段，劃分建構的期程單位。有時以一至二年為期，或以三至四年為期建構出各期或各階段之指標。而且，同屬性或同類別的學力指標，應逐漸地加深加廣，由簡單而複雜，由具體而抽象地在各階段出現，形成一種學力的階層。此外，各階段學力指標之訂定，亦須考慮學習者身心發展的程度，讓該階段大多數的學習者皆能順利

習得該階段學力。

(五)學力指標的敘述，盡可能以可觀察的行為來敘述

前已述及，學力指標之建構，基本上是一種能力取向的目標模式課程發展過程。為了凸顯學力的實踐性，並易於評量，學力指標的敘述，應盡可能以學習者的可觀察具體行為來敘述。是以，學力指標的敘述，乃通常以諸如「描述」、「解釋」、「比較」、「舉例說明」、「辨認」或「使用」等外顯式行為動詞用語來敘寫。

🌑 肆、學力指標與評量

學力指標觀念之倡行，主要在引導課程與教學過程能培養學習者具備參與社會生活之各種真實能力，而非記誦式學科知識的學習。這樣的思考角度，也同時影響著教學評量的發展方向。

一、強調真實性評量的觀念

傳統的紙筆測驗、選擇題測驗和標準化成就測驗，受到評量工具本身性質的限制，往往只測量到學習者的記誦性知識，或部分心智能力，而無法測得學習者的真正能力。學力指標之建構，一方面希藉以引導課程與教學能培育學習者完整而能真正用於社會生活的能力；另一方面，亦因之希望評量的方法與工具能評量

出學習者的真實能力，以便於將評量的結果與學力指標相印證。因此，學力指標之建構，通常亦會倡導有別於傳統評量的觀念與工具，尤其是真實性評量（authentic assessment）的觀念與工具之發展。

真實性評量的主要思考方向，認為評量的工具、方法與過程，要能盡量完全測量出學習者的真正能力。這種理念，不但已對傳統的紙筆測驗、標準化成就測驗和選擇題測驗產生衝擊，而且也已引導出若干新的評量理念與方法。其中，經常被提及的真實性評量方法為實做評量（performance assessment）與檔卷評量（portfolios assessment）。前者，是採用模擬的真實操作情境，來測量、記錄學習者的能力，常使用的評量方式包括問題解決、實驗操作、展示、表演、寫作和小組完成任務。後者，則由教師、學生和家長，分別地或一起合作，系統化地蒐集學習者某段時期的某類或全部作品及其作品過程之資料，建立成檔卷，藉以讓教師、學生和家長了解學習者的真正能力及其成長歷程（莊明貞，民87，頁20；Gredler, 1996, p. 147）。

二、重視多元的評量方法，並加長評量的時間

欲找出單一的評量工具和方法來評量學習者的真實能力，並非易事。因而產生另一個思考角度，亦即採用多元化的評量方法來測出學習者的真正能力。例如，T. J. Foriska（1998, p. 74）即建議教師在評量學力指標方面，可採用諸如教師觀察、學生日記、同學相互觀察、學生反省札記、表演活動、學生設計、觀察檢核

表、同學互評、訪問、角色扮演、學生自我評量、小組完成任務、書面報告、解決問題任務、家長報告、書寫式情境測驗等各種評量方法，以綜合而完整的評量學生學習成就。

　　此外，傳統的評量，傾向於以極短的時間，採用所謂客觀化或標準化的測驗，去評量一群受試者，以便於最短的時間，蒐集到眾多受試者的學習表現資料。這樣亦難以評量出學習者的真實能力。換言之，欲測量學習者的真正能力，應將評量的時間加長，且評量的方式與角度應多元化。

三、標準參照（criterion-referenced）評量比常模參照（norm-referenced）評量更受重視

　　常模參照的評量，旨在衡量受評者在團體中的相對地位，受評者的評量結果乃受到參照團體中其他成員表現之左右。標準參照評量則旨在評量受評者之表現是否達到某種效標或成就標準，或者達到效標之程度，受評者之評量結果，端視自己的表現而定，與其他受評者之表現無關。

　　學力指標在實際運用上，通常用來做為課程與教學實施時對學習者學習的基本要求，課程與教學實施後，則用以做為評量學習者學後表現的效標或是否達成預期成效的成就標準。因此，學力指標的觀念，將使評量轉趨重視標準參照評量而非常模參照評量。

四、強調教學與評量的有效結合

學力指標常用來做為對學習者學習的基本要求，主要的假定係認為一般的學習者絕大部分均有潛能有效地習得這些預定的基本學力指標。唯其前提是教學前須先正確診斷出學習者的起點行為，並據以設定學習者的預期學力指標，才進行教學。教學後，亦須評量教學成效與預期的學力指標之差距，以進一步決定往後的預期學力指標或作為施予補救教學之回饋資料。如此不斷回饋，則學習者將不致產生學習困難。換言之，學力指標、教學與評量三者之間，若形成不斷回饋的互動機制，則課程與教學應能達成預期成效。是以，學力指標之建構，亦重視教學與評量的有效結合。

伍、學力指標運用之限制

黃政傑等人的研究指出，學力指標固然可提供許多功能，但在使用時，尤其在不當使用的情況下，會有若干限制（黃政傑等，民85，頁60）：

(一)學力指標只是教育系統的輸出指標，若無其他輸入與過程指標的參照佐證，很難作為診斷與解決教育問題的依據。

(二)以學生參加考試的原始分數來代表學生學力，進行校際間成效之比較，會抹煞了學生間與學校間的原有差異。

㈢以學力考試的內容作為學校教學的重點，窄化了學校的教育功能，使教學流於機械記憶與重複練習。

㈣以學力評估的結果作為辦學績效的依據，容易導致學力指標被扭曲造假的偏差現象。

㈤社會各界對教育標準或理想的學力指標很難取得共識。

㈥傳統的學力指標偏重基本知能，易忽略高層次的思考與情意面向的學習結果。

㈦量化的指標並不能涵蓋教育品質的全部；過度強調可以量化的指標，可能造成教育品質的劣化。

此外，若以預先建構的學力指標來作為課程設計與發展的基本藍圖，是一種目標模式的課程設計。所以，目標模式的課程設計所可能產生之限制，亦為學力指標在課程設計與發展上的主要限制。例如，以學力指標作為課程目標，易忘了思考學力指標本身的合理性，也會將完整的學習經驗析解成分崩離析的行為細目，忽視許多難以具體觀察的學習結果。又此種課程設計模式，傾向於將課程設計與實施的過程簡化為理性的直線式工學過程，忽略了課程設計與實施過程的複雜性。在評量上，雖然學力指標之概念強調真實評量的理念，但到目前為止，尚無大家所共同認可而能於短時間內測出大量受試者真實能力之評量方法。而實務上的行政作為，又傾向於採取短時間能評量大量受試者的立即反應式評量方法。一般社會大眾對於非紙筆式評量方法仍無法完全信賴其客觀性。

🌱 陸、結語

　　綜合本文之論述，學力指標已成為近年來國內教育改革的重要核心概念。它可發揮多項功能，在行政上其能明示教育的基本方向，作為學校師生努力的標的，用來檢測教育問題，並可評估教育績效；在課程與教學上，它可作為課程設計的藍圖及課程目標，用來選擇教材、組織課程經驗、決定評量方法、診斷與補救教學，以及評定學習結果。然而，若不當使用，學力指標之運用，亦會形成若干負面現象。它可能使教育工具化，使教育淪為只是達成國家、成人目的之手段；亦可能只重視教育的結果，而忽略教育過程的意義與價值；亦會將複雜的教育與課程現象，減化為直線式過程或曲解為片段化面貌；課程、教學與評量的過程，亦可能只偏重於外顯性的行為，而忽略更重要的、難以觀察或測量的高級心智能力與情意類目標內涵。所以，建構與使用學力指標時，必須掌握其精神，並避免其可能產生之負面現象。尤其，在建構時須建構出理想、完整和具層級性的學力指標；在評量時，則須落實真實評量的觀念，運用多元的評量方法、較長的評量過程，來評量學習者的真實能力，檢測、省思課程與教學的成效，並使教學與評量不斷地回饋互動。此外，並應以更圓熟的教育智慧，來檢測學力指標在運用上的合理性。

 **參考文獻**

行政院教育改革審議委員會（民 85）。**教育改革總諮議報告書**。台北：
　　行政院教育改革審議委員會

教育部（民 87a）。**教育改革行動方案**。台北：教育部。

教育部（民 87b）。**國民中學學生基本學力指標**。台北：教育部。

教育部（民 87c）。**國民教育階段九年一貫課程總綱綱要**。台北：教育
　　部。

國立教育資料館（民 87）。**中華民國教育年報**。台北：國立教育資料館。

莊明貞（民 87）。真實性評量在教育改革中的相關論題──一個多元文
　　化教育觀點的思考。**教育資料與研究**，20，19-23 頁。

黃光雄等譯（民 72）。**教育目標的分類方法**。高雄：復文。

黃政傑等（民 85）。**中小學基本學力指標之綜合規畫研究**。台北：教育
　　部委託台灣師大教育研究中心專題研究報告（未出版）。

黃嘉雄（民 88）。芝加哥與肯塔基學校本位管理模式之比較研究。**國立
　　台北師範學院學報**，第十二期，197-224 頁。

鍾啟泉（民 80）。**現代課程論**。台北：五南。

Bloomfield, R. (1998). Social studies: the New Zealand experience. Paper pre-
　　sented at Asia Pacific Social Studies Conference, National Taipei Teach-
　　ers College, 22-23 May 1998.

Cody, W.S. (1995). *Transformations: Kentucky's curriculum framework*, Vol. I.
　　ERIC. ED399011.

Foriska, T.J. (1998). *Restructuring around standards: A practitioner's guide to design and implementation.* Thousand Oaks: Corwin press.

Gredler, M.E. (1996). *Program evaluation.* England Cliffs: Prentice-Hall

Marsh, C.J. (1997). *Perspectives: Key concepts for understanding curriculum 1.* London: The Falmer Press.

National Council for the Social Studies (NCSS). *Expectations of excellence: Curriculum standards for social studies.* Washington DC.: NCSS.

The Curriculum and Assessment of the Australian Education Council (1994). *Studies of society and environment: A curriculum profiles for Australian schools.* Carlton Vic., Australia: Curriculum Corporation.

➠本文原載於中正大學教育學院主編（民89），新世紀的教育展望，339-362頁，高雄：麗文文化公司。

第二篇

課程領導

第十章

課程領導研究領域內涵芻議

🌏 壹、前言

Glatthorn（1995, p. 21）檢視美國有關校長課程領導的研究情形時指出：「校長在理解課程領導方面，似乎未獲得專家們足夠的協助，對校長作為課程領導者角色之研究文獻少得令人驚訝。儘管似乎有數以百計的文章和書籍討論教學領導，但最近在ERIC資料庫上蒐尋校長課程領導角色的文獻，卻僅發現極少量的文獻資源。」Glatthorn在美國所發現的現象，台灣地區的情形亦極為類似。過去十餘年來，台灣地區有關教學領導的研究文獻，已相當可觀，但有關課程領導的文獻卻寥寥可數。筆者無意強調課程領導與教學領導兩者在研究範疇上的嚴格區分，因為本質上兩者具有密不可分的關係，但指出一個事實：以往台灣地區在課程領導上的學術研究十分貧瘠。

然而，最近台灣地區的情況已產生革命性變化。這一、兩年，

許多台灣地區的學者非常踴躍地投入課程領導的學術研究，筆者於二○○○學年度即參加了三篇以校長課程領導為研究主題的碩士學位論文口試，另自己目前也指導一位研究生正在進行校長課程領導的碩士學位論文研究。此外，台灣師範大學單文經教授不但領導國內學者分別於二○○○和二○○一年各翻譯出版完成一本課程領導的專書，而且亦正積極籌畫邀集台灣地區十五位學者進行一項大規模的課程領導整合型研究計畫案（單文經，民89）。

促成台灣地區這兩年來學者踴躍投入課程領導研究領域的主要原因，是台灣地區於一九九八年公布將於二○○一學年開始實施國民中小學九年一貫課程（簡稱九年一貫課程）。九年一貫課程改革，重視學校本位課程發展的觀念，在課程綱要規範下賦與學校相當程度的課程自主決定彈性（林清江，民88；陳伯璋，民88；黃嘉雄，民88）。因而，基於實施九年一貫課程實務上的需要，台灣地區的學校校長及教師們乃關注於課程領導的議題與方法，教育學術研究人員也受實務需求的影響而大幅提高了課程領導方面的學術研究興趣。

儘管台灣地區學者這兩年來對課程領導領域的學術興趣非常濃厚，但無論是美國或台灣，有關本領域的學術成果仍然非常貧瘠，課程領導研究領域仍處於萌芽階段，其學術造型仍在發展中。為利於課程領導研究領域學術造型的建構，並提供國內研究者較完整的課程領導研究方向，本文乃試著先採用內容分析法，逐一分析較具代表性的課程領導學術論著內涵要點，接著再思考整合，以構思出一個較完整的課程領導研究領域內涵架構。

貳、Glatthorn 論著內容分析

Glatthorn 的課程領導論著，最重要的有二：一是 *Curriculum leadership*，一九八七年出版；另一是 *The principal as curriculum leader: Shaping what is taught and tested*，一九九七年二版，國內學者單文經等人將本書書名譯為《校長的課程領導》（2001）。此兩書的內容要點，分別如表 10-1、表 10-2。

表 10-1　*Curriculum leadership* 一書內容要點

篇　　章	內　容　要　點
第一篇　課程基礎 第一章　課程性質	說明課程的意義、各種課程概念類型和課程內容範疇。
第二章　課程史	分析美國課程理論與實務的歷史發展，將美國課程發展史區分為六個階段：學術取向科學主義時期（Academic scient-ism, 1890-1916）、進步主義取向功能論時期（Progressive functionalism, 1917-1940）、發展取向順應主義時期（Developmental conformism, 1941-1956）、學科取向結構主義時期（Scholarly structuralism, 1957-1967）、浪漫取向激進主義時期（Romantic radicalism, 1968-1974）和私化取向保守主義時期（Privatistic conservatism, 1975 以後）

（下頁續）

（續上頁）

第三章　課程理論	除了界定課程理論的性質與功能外，將課程理論區分為下列四類，並逐一說明其內容：結構取向理論、價值取向理論、內容取向理論和過程取向理論。
第四章　課程政治學	說明影響課程政策與發展的各種因素，尤其是分析美國聯邦政府、州、各種專業組織、法院、地方教育行政者和班級教師對於課程政策與決定之影響與角色。
第二篇　課程歷程 第五章　課程計畫	以目標模式課程設計為基礎，指出發展課程計畫的過程與步驟，說明各步驟的工作要點。
第六章　改進整體學方案	界定整體性學習方案（program of studies）的意義後，說明學校改進其整體學習方案的步驟與方法。
第七章　改進單一學習領域課程	界定單一學習領域課程之意義後，提出學校改進其單一學習領域課程的步驟與方法。
第八章　發展新學科與單元的過程	分別介紹工學模式與自然主義模式的課程設計過程，並說明運用此兩模式於發展新學科與新單元的課程設計過程、步驟和方法。

（下頁續）

（續上頁）

第三篇 課程管理 第九章 視導監督課程	提出視導與監督教導的課程（the taught curriculum）及支持的課程（the supported curriculum）的各種方法與要領。
第十章 課程實施	將課程變革的實施分爲四階段：策略規畫階段、倡導階段、實施階段和制度化階段，並提出落實各階段的有效行動。
第十一章 連結課程	說明將書面的課程、教導的課程和測驗的課程等彼此緊密連結的有效方法。
第十二章 課程評鑑	界定課程評鑑的意義，說明各種課程評鑑模式，提出評鑑單一學習領域課程的指標細目。
第四篇 課程發展趨勢 第十三章 科目領域發展趨勢	分別說明英文、社會、數學、科學、外語、藝術等學科或學習領域課程的發展趨勢。
第十四章 跨領域課程的發展趨勢	說明寫作學習、思考技能和電腦運用等跨學科領域技能在各類課程中的融入與整合方法。
第十五章 個別化課程	分析說明各種個別化課程的策略與方法。

表 10-2 *The principal as curriculum leader* 一書內容要點

篇　　　章	內　容　要　點
第一篇　基礎篇 第一章　課程領導者的涵義	說明最近課程的一些發展趨勢，提出高品質課程的指標。
第二章　四個課程決定層級：州、學區、學校和教室	分析州、學區、學校和教室等四個課程決定層級所應發揮的課程領導功能，以及彼此間的關係。
第三章　校長的重要性	界定課程領導的意義，提出校長課程領導常面臨的問題，說明校長應履行課程領導功能的理由，闡明校長與教師間相互結合的重要性，指出校長發揮課程領導功能的應有作為。
第二篇　影響州與學區課程政策 第四章　州政策	提出校長主動影響州課程政策的一些策略與方法。
第五章　學區課程	說明學區在課程決策上所應扮演的功能，以及校長可採取哪些方法影響學區的課程決定。
第三篇　提供領導 第六章　發展願景與目標	說明引導高品質課程的願景與目的之發展方法。

（下頁續）

（續上頁）

第七章　再思考學習方案	分別說明再更新既有學習方案或重新建構學習方案的方法與注意事項。
第八章　致力於以學習為中心的課程時間表	首先說明以學習為中心的課程時間表之特質，再提出編擬與發展的方法。
第九章　統整課程	介紹課程統整的類型，分別說明支持與質疑課程統整的不同論點，對校長和教師提出解決課程統整爭論的務實性建議。
第十章　課程連結	介紹課程的概念類型，向校長提出課程連結的建議，包括下述課程類型間之連結：建議課程與書面課程，書面課程、支持課程與測驗課程，書面課程與教導課程，教導課程與習得課程。
第十一章　監督課程實施	分別說明支持或反對監督課程實施的理由、主張，然後提出務實的解決建議。
第四篇　與教師一起工作 第十二章　編擬年度計畫	說明年度計畫的性質及其使用的理由，提出協助教師編擬與組織年度計畫的方法。
第十三章　發展學習單元	指出校長協助教師發展學習單元的重要性，並說明校長協助教師編擬系統化學習單元的方法。

（下頁續）

（續上頁）

第十四章　擴展性課程與補救學習	主張在基本的精熟課程之上，應提供擴展性課程；對於部分學生而言，則須提供補救教學課程。本章說明此兩種課程之性質及其設計方法。
第十五章　評鑑課程	分別說明對測驗的課程、支持的課程、書面的課程、教導的課程和習得的課程等加以評鑑的方法與指標。
第五篇　前瞻篇 第十六章　課程領導：整合所有工作	根據本書前述各章內容，提出一些課程領導的整合性原則。

【討論】

審視表 10-1 和表 10-2 之內容，可歸結下述要點：

一、就 Glatthorn 而言，課程領導研究的重點有三：

㈠課程概念與理論基礎之研究：包括課程的意義、概念類型、發展史、理論派典和當前發展趨勢等之探討。這方面的內容，包含表 10-1 第一、二、三、十三、十四和十五章，以及表 10-2 第一章。

㈡課程政治學之研究：包括中央、地方、學校和教師等各課程決定層級間角色功能和課程決定權責之探討，教育行政人員、校長和教師間課程決定互動關係之分析。此方面的內容，包含表 10-1 第四章、表 10-2 第二、三、四和五章。

㈢課程工學之研究：即課程變革的理性發展過程及各過程中的步驟、方法與要領等之探討，或依彪強普（G.A.Beauchamp）之說法，即課程的規畫、實施與評鑑等課程工程之研究（黃明皖譯，1989）；包括課程的規畫、設計、改進、監督、實施和評鑑等歷程及其方法要領等之探討。這方面的內容，包含表10-1第五、六、七、八、九、十、十一和十二章和表 10-2 第六、七、八、九、十、十一、十二、十三、十四和十五章。

二、上述三項課程領導研究重點中，課程工學的比重最大，份量最多。換言之，Glatthorn 的課程領導研究，較重視課程變革的理性發展過程與方法之分析。亦即，他將課程領導研究之重點放在對課程變革與發展歷程及其方法之探究，而非著重一般行政領導行為之研究。

三、Glatthorn 的課程領導研究內涵，雖然包括各課程理論派典之探討，但其目的是對課程領導者提供從事課程領導時的更紮實豐富的理論素養，而非強調不同的課程理論派典或課程哲學對課程領導者領導課程革新方向和領導方法之影響。

四、Glatthorn 的課程領導研究，極重視課程連結的觀念，包括各課程決定層級間課程計畫之連結，各類課程如書面課程、教導課程和測驗課程間之連結，願景、目標、課程計畫和實施等之連結。

五、Glatthorn 表 10-2 第三章對課程領導所下的定義，是難得的較詳細清晰定義，國內研究者常參考其定義，以界定課程領導

的意義，如王月美（民90）、王霄燕（民90）和潘慧貞（民90）等之研究皆曾參採之。

參、Dale L. Brubaker 論著內容分析

Brubaker 於一九九四年出版《創發的課程領導》（*Creative curriculum leadership*）一書，其內容要點如表 10-3。

表 10-3　*Creative curriculum leadership* 一書內容要點

篇　　章	內　容　要　點
第一篇　課程的意義 第一章　導論：發展自 　　　　己的課程	以一位 South Carolina 州的教育人員寫給作者的來信，作為論述內發課程（inner curriculum）意義及印證全書主要命題的引例。信中這位教育人員抒發其如何根據自己的需求、嗜好、渴望而規畫和發展自己生涯發展所需的課程，而非盲目地接受大學所提供的學科課程。
第二章　內發課程與外 　　　　來課程	首先，引用 Jurgen Habermas 將人類的知識旨趣區分為控制、理解和解放三種旨趣的觀點，論述課程規畫與設計的三種理論取向亦對應了此三種旨趣：泰勒的工學課程取向，近似於控制的旨趣；詮釋學取向的課程觀，

（下頁續）

（續上頁）

視設計者和學習者為課程經驗的創造者，近似於理解的旨趣；批判理論取向的課程觀，強調人類反省實踐行動的啟迪，視此為將人類自由從不當的束縛和支配中解放而出的動能，故近似於解放旨趣的觀點。作者認為課程領導者的課程觀（或課程哲學）影響其課程規畫和領導行為。

其次，界定內發課程和外來課程（outer curriculum）的意義。前者指學習情境中每個人（包括師生）所共同創造的經驗，後者指存在於教科書、課程綱要和學科但外在於學習者（包括師生）的課程權威體系。內發課程的經驗，重視教與學過程中的本體存在經驗，重視人的存有而非人的外顯行為，也強調自己與他人的關係與互動；其課程經驗是轉化的（transformative）而非模仿的（mimetic），參與者是自發的而非強迫的；目的設定、活動選擇和評量等活動是同時發生的而非直線式、固定步驟的。課程權威來自於學習者（包括師生）對理解與解放的追尋，故課程決定是合作完成的而非科層命令的，課程領導重視增權賦能（empowerment）和服務的改進。

外來的課程則視自我和個人為世界的小分子，課程經驗來自於外在權威的囤積，是模

（下頁續）

（續上頁）

		仿的、被動回應的，教師是課程的實施者而非創造者；目的設定、活動選擇和評量等活動是一種直線式、固定的步驟，課程決定是由科層權威決定的，課程領導重視對人的微觀管理，拒斥人們的參與決定。
第二篇	教育即內發志業：內發感受對課程發展之影響	本篇從內發課程的觀點，提出較具體的課程領導策略和方法。
第三章	從專業自傳中學習	強調人是具意向性的作抉擇者，人都具有內在的意見和聲音能引導教育專業生涯的方向。而教育工作者對專業自傳與故事的回憶、思考、體驗和分享，能啓迪課程變革，使課程決定更有意義，本章舉例介紹專業自傳方法。
第四章	期待有成：抱負的力量	以若干事例說明當對自己或他人有所期待，相信自己或他人能有所作爲，則人即能散發力量，實現目標。
第五章	持續實踐志業抱負的熱情	內發的課程領導者須擊敗消極、無力感和厭煩等心理障礙，持續維持實踐生涯志業抱負的熱情與動力，本章提出諸多持續實踐志業抱負的熱情之策略和方法。

（下頁續）

（續上頁）

第三篇	課程發展確能 造成改變	
第六章	創發性課程領 導實務	本章主要由兩部分組成，第一部分作者提出 兩種分析組織中人際關係類型的分類架構。 第一種分類架構是將人與人的關係盟約區分 爲低張度而短期間、高張度而短期間、無張 度而長期間和高張度而長期間等四類；作者 雖肯定四種情形均有其功能，認爲領導者可 採用權變理論依情境之不同而建構最合宜的 關係型態，但認爲批判取向的課程核心工作 小組應採第四種類型。另一種分類法是借用 所謂亞馬遜河游泳遊戲方格（Amazon River Swim Game）分類法，將人處理遊戲中的人 際關係區分爲雙贏、我贏他輸、我輸他贏、 雙輸、自認爲贏和雙贏或無關輸贏等六類關 係，可藉以了解和建構組織中的人際關係。 本章第二部分作者提出若干課程領導的實務 策略，包括強調願景的意義、重視組織情境 的歷史、考慮組織情境的文化、分析並整合 各種權威來源（作者認爲領導者不能只訴諸 法定地位權威）和創造組織情境的美學。其 中，創造組織情境美學是作者最重視的核心 領導策略，他將領導者視爲是藝術家而非工 匠。在創造組織情境美學上，他提出下述策 略與方法：重視過程而非產出；重視自己的

（下頁續）

（續上頁）

		成長、學習與自我理解；寓工作於樂，將工作樂趣化；具想像、好奇和誠敬心。
第七章	領導過程中的謙敬公民性：根本的變革	創造組織情境為一具備謙敬誠信公民性的社區，是課程領導的終極目標，故領導者與他人間的關係應是誠實、尊重和真誠的。以此為基礎，作者提出更具體的領導溝通態度與技能。

【討論】

分析 Brubaker 論著的內容要點後，可得下列啟示：

一、他的課程領導研究重點有三：

㈠課程理論基礎之探討：包括表 10-3 的第一和二章，他分析課程的理論取向有三：分別是工學取向、詮釋學取向和批判理論取向三種，主張不同的理論取向引導了不同的領導方向和領導方法。而且，他將此三種理論取向歸併為兩類課程取向：工學取向課程是外來課程，而詮釋學和批判理論取向課程則是內發課程。

㈡課程領導的策略與方法之研究：包括表 10-3 的第三、四、五和六章，以內發課程的觀點為基礎，提出課程領導的策略與方法。

㈢領導情境中人際關係與互動方法的分析：包括表 10-3 的第六和七章，重視領導者與組織情境中人際關係的互動與處理。

二、他將內發課程視為較理想的課程變革方式，而且界定內發課程是學習情境中師生們共同合作創發的，此種觀點與立論影響了全書的論述方向。這對課程領導研究而言，提供重要的思考方向：第一，課程觀或課程哲學影響課程領導的方法與作為，此與Glatthorn僅將課程理論基礎之探討視為只是充實領導者課程基礎素養的觀點，顯然不同。第二，視課程是情境中人與人共同創造的經驗，則領導者將不只是那些據有領導職位者而已，而是包括了情境中參與互動的每個人。第三，領導作用的發生，存在於人與人互動後而生的行為改變，缺少人與人的互動，則領導將不會發生作用。

三、他對課程領導方法的論述，重視領導者自己和其他人內在力量與智慧的激發，強調社群中團體力量的激盪，重視的是領導中人際互動的策略與方法而非理性化的課程發展過程（即課程工程）之詳細描述。

肆、Steven J. Gross 論著內容分析

Gross於一九九八年出版《守住核心：動盪時代的課程領導》（*Staying centered: Curriculum leadership in a turbulent era*）一書。本書主要是描述作者探討十所美國公立中小學的各種課程領導作為與過程，以及其所獲得的一些啟示和結論，全書內容摘要如表10-4。

表 10-4　*Staying centered: Curriculum leadership in a turbulent era*
一書內容要點

篇　　　章	內　容　要　點
第一章　啓動	主要回答的問題是：在起步時，這些個案機構和學校如何啓動課程領導的過程？此一主問題又由下述系列問題組成：啓動前學校或學區具備哪些先決條件（作者的研究發現有四個條件）？學校領導者的特質（作者指出十種特質）？啓動前對於課程、教學與評量間之關係有何必備的理解（三者間是動態、相互連結的關係）？課程領導者啓動領導時，有哪些不同途徑？
第二章　成功的課程計畫	主要回答的問題是：這些學校和學區使用的成功的課程計畫爲何？此問題又由下述系列問題組成：學校和學區進行課程發展工作的主要方式有哪些？〔作者指出有三種，分別是調整採用（adopt）其他機構的課程計畫，演化（evolve）自州的課程綱要和自行開發。〕這些計畫所強調者爲何？又其如何與學區和州的要求相結合？這些學校和學區如何於跨學科課程和學科中心課程間求取平衡（作者逐一說明各校課程計畫的內容，以回答前述問題）？哪些課程哲學引導這些不同的課程計畫？又這些哲學間如何加以整合？（作者提出四種主要的課程哲學及其整合構想）

（下頁續）

（續上頁）

第三章 持續發展：領導者如何於實施時又倡發革新	主要回答的問題是：這些學校如何長期持續發展？此問題再由下述問題組成：他們如何同時實施課程又啓動革新？行政人員採取哪些關鍵行動以持續維持正向氣氛，建立重要的支持性組織結構，及如何協助新轉入學生（作者共提出十五項行動）？促使這些學校獲致效能的教師特質有哪些？他們維持哪些專業標準？教師們如何形成工作團隊？教師如何參與分享的管理結構（作者共列舉十七項教師的特質和參與態度）？社區如何組織起來，以支持這些學校的課程領導（作者分析有三種支持型態，並説明其支持方法）？
第四章　動盪：無法避免的挑戰	主要回答的問題是這些學校和學區如何於動盪中求生存，甚至因而更茁壯？此問題由下述更具體的問題組成：有哪些不同層級的動盪？教育人員如何知悉哪一層級動盪的發生？對各種動盪的最佳回應爲何（作者分析了輕度、中度和嚴重等三種動盪層級的特徵、原因及各種因應策略）？
第五章　總結	本章就前述諸章的研究發現與論述，提出課程領導的總結性意見，分別從組織課程領導、反省課程選擇、持續性課程發展和解決動盪問題四個面向提出要點，基本上是前四章內容的總結。

【討論】

一、Gross針對十所學校從事課程領導研究時所列出的待答問題，即是他所認為的課程領導研究重點，依表10-4內容可知，這些問題所反映出的課程領導研究重點，可整合為下述方向：

㈠有利於發動課程革新的課程領導條件分析，包括情境條件、領導者特質條件及對課程基本原理的認識，如第一章諸問題。

㈡啟動課程領導途徑之探討，如第一章最後一個問題。

㈢發展課程計畫的策略、方法及良好課程計畫的特徵之研究，如第二章諸問題。

㈣課程實施與持續課程發展工作之探討，如第三章諸問題。

㈤因課程變革而生各種動盪與問題及其解決策略之探討，如第四章諸問題。

二、Gross雖指出不同的課程哲學會影響課程計畫的內涵與方向，但並未強調不同的課程哲學影響了課程領導的作為。

三、Gross的研究重點，較偏重於領導課程規畫、設計和實施等的過程與方法，以及該過程中所發生問題的解決策略，故其課程領導研究較重視課程工學之研究。

伍、James G.、Henderson 和 Richard D. Hawthorne 論著內容分析

Henderson 與 Hawthorne 兩人合撰《轉化的課程領導》

（*Transformative curriculum leadership*）一書，國內單文經等學者根據其第二版於二〇〇〇年翻譯出版《革新的課程領導》一書。本書是體系相當完備，見解極為精闢的課程領導論著，其內容，摘要如表 10-5。

表 10-5　*Transformative curriculum leadership* 一書內容要點

篇　　章	內　容　要　點
第一章　轉化的課程領導之願景與挑戰	一、分別從學科學習、自我學習和社會學習三個角度，比較傳統的教育與轉化的教育在教育哲學和課程哲學之不同，說明轉化的課程哲學之立論要旨，並且以轉化的課程哲學作為全書論述課程領導的指引方針。 二、說明全書的架構及轉化的課程領導之哲理基礎。
第二章　轉化的教學作法	一、比較傳統教學與轉化教學之核心概念，前者以技術檢核（technical review）為核心概念，後者則以反省思考（reflective inquiry）為核心概念。 二、提出以反省思考為核心的所謂五 C 架構轉化教學構想： 　　此五 C 架構的反省思考教學，包括創新的（creative）反省思考、關懷的（caring）反省思考、批判的（critical）反省思考、縝密的（contemplative）反省思考和合作的（collegial）反省思考。

（下頁續）

（續上頁）

第三章	轉化的課程設計與計畫	一、比較傳統的與轉化的課程設計在步驟上的不同：前者依序爲確認目標、選擇活動與材料、依時間組織學習材料、評鑑課程效果；後者爲愼思學校本位課程的基調、勾勒整體課程的願景、評量學生的學習結果和計畫教室的課程，並且強調四步驟間的回饋互動。 二、詳細說明轉化的課程設計和計畫之歷程與方法。
第四章	轉化的課程評鑑	一、從由誰做評量的決定，要回答什麼問題，如何搜集並分析資料，運用何種規準詮釋與判斷資料，以及由誰分析資料、作成判斷與利用判斷的結果等五個角度，比較傳統的與轉化的課程評鑑之不同。 二、說明轉化的課程評鑑之特色、歷程和方法。
第五章	轉化的學校文化	一、從課程哲學、評量取向、領導形態和績效責任等角度，比較傳統的和轉化的學校文化特徵。 二、說明改變學校文化的歷程與方法。 三、分析學校文化革新的政治面向，包括校內和校外政治與權力關係之分析。

（下頁續）

（續上頁）

第六章	轉化的課程領導者之育成	一、界定轉化的課程領導者之涵義：主張轉化的課程領導是學生、教師、家長、學校行政人員和社區領袖所組成的課程革新團隊，共同參與課程革新的合作過程。 二、提出轉化的課程領導者之理想圖像為：教育理想家、系統改革者、協同合作者、公開支持者和建構認知者。 三、從參與支持性對話、學習走向群眾和實際推動革新方案三個層面，描述轉化課程領導者的具體素養。

【討論】

一、就表 10-5 內容觀之，Henderson 和 Hawthorne 的課程領導研究內涵重點有五：

㈠應然的課程與教學願景之探究：論述探討作者心目中理想化的課程與教學樣貌、圖像或願景，以作為課程領導作為、課程領導者素養之引導方針和規範哲學，如表 10-5 第一、二章。

㈡課程設計與計畫步驟和方法之分析：根據所勾勒的應然理想化課程與教學願景，分析達成該種課程與教學理想之課程設計方法和步驟，如表 10-5 第三章。

㈢課程評鑑方法之研究：以理想的課程與教學願景為指針的課程評鑑觀念、方法和特色之研究，如表 10-5 第四章。

㈣理想學校文化之探討：根據應然的課程與教學觀，探討理

想的學校文化特徵及其形塑方法，如表 10-5 第五章。

㈤課程政治學之研究：校內外微觀政治學和權力關係之研究，如表 10-5 第五章部分內容。

㈥理想的課程領導者角色、素養及育成方法之分析，如表 10-5 第六章。

二、兩位學者的課程領導研究，著重於應然理想的課程與教學願景之勾勒與闡明，認為課程與教學的理想願景引導、影響，甚至左右了課程領導的歷程與方法。從另一角度言之，兩位學者主張：不同的課程與教學理論派典決定了課程設計、實施與評鑑的歷程與方法，也決定了課程領導者的角色、素養和領導行為。

陸、Linda Lambert 等人論著內容分析

Lambert 等學者於一九九五年合撰《建構主義領導者》（*The constructivist leader*）一書，國內學者葉淑儀將本書譯為《教育領導——建構論的觀點》於一九九九年出版。本書以學習理論中的建構主義為立論基礎，闡述建構主義領導的意義、理論、方法和歷程，論述關懷的重點集中於學校情境中的教育領導，故可列為課程領導的重要論著。本書雖是集體性論著，但全書十章中 Lambert 自己撰寫（含合撰）其中五章，且全書的架構與體例有一定的邏輯體系，故可視為一整體性的論著加以分析。茲將全書內容摘要如表 10-6。

表 10-6　*The constructivist leader* 一書內容要點

篇　章　及　作　者	內　　容　　要　　點
第一章　學習與領導理 　　　　論：一世紀來的 　　　　形造 （Deborah Walker & Linda Lambert）	一、論述本世紀以來學習理論影響著學 　　校領導的發展，主張學習理論與領 　　導理論間存在著並行發展的現象。 二、學習理論與領導理論間的並行發展 　　現象，大體如下：傳統的學習與傳 　　統的領導、行為學派的學習與交易 　　式領導、分組／分軌的學習與權變 　　／情境的領導、學習／學校效能觀 　　與教學領導／領導者特質論、學習 　　者社群與領導者社群、建構主義學 　　習與建構主義領導等的並行發展。 三、說明建構主義學習理論的思想源 　　流、理論要旨及其運用於成人身上 　　（包括學習與領導，亦即領導功能 　　的發揮與組織中學習現象的產生密 　　不可分，因為學習與領導均涉及行 　　為的改變）之合理性。
第二章　導出建構主義領 　　　　導理論 （Linda Lambert）	一、以建構主義學習理論為基礎，發展 　　出建構主義領導的意義：「在某一 　　教育社群（community）中促使參與 　　者能建構意義，以導向有關學校教 　　育共同目的之交互影響歷程。」 二、導出建構主義領導理論要旨：

（下頁續）

（續上頁）

	• 是使人產生能力的交互影響歷程。 • 教育社群中的參與者一起建構意義。 • 引導邁向學校教育的共同目的。 • 領導者的行動，需具下列特質：具目的與倫理觀念，採用促發技能，理解建構主義學習，對變革與轉換有深入理解，理解背景脈絡，以及具備允許勇氣與冒險、低自我中心需求和對各種可能性加以感受的人格特質。 • 每個社群中的成員均能參與領導。
第三章　建構學校的改變 （Linda Lambert）	一、比較傳統的計畫取向變革策略與建構主義的歷程取向變革策略（作者稱為海水似的變革歷程）間之不同。 二、說明建構主義領導者領導變革的策略、方法與實例。
第四章　領導交談 （Linda Lambert）	建構主義領導者的主要角色之一，是領導交談（conversation），本章說明交談的意義、種類（包括對話式交談、探究式交談、維持性交談和夥伴式交談）及領導各種交談的方法與要領。

（下頁續）

（續上頁）

第五章　領導語言學 （Diane P. Zimmerman）	論述能促進領導，尤其是促進領導各類交談的一些語言學的結構、動作和選擇之方法。包括分析基本的語言結構，以及如何促發、建構和結束，說明發問、改述和反省性暫停等三種語言動作之功能與方法，討論語言學架構的概念。
第六章　故事與對話在建構主義領導中之角色 （Joamme E. Cooper）	舉許多例子說明故事、事例和對話可提供思考、想像和做道德抉擇時的結構，亦可引出並闡明習焉不察的知識，更可創造團體的連結、社群觀和願景。
第七章　學區即是相互依賴的學習型社區 （Margan Dal Lambert & Mary E. Gardner）	一、說明學區（school district）和區內學校、社區人士之間形成一種交互影響的複雜生態系統與合夥關係。 二、提出故事、事例及若干具體的策略與建議，以引導學區創造為一具相互依賴和學習型社區特質的建構主義式學區。
第八章　對社群（com-munity）的省思：理解陌生人心中的熟似性 （P. J. Ford Slack）	界定建構主義社群（community）的意義和觀念，舉若干故事說明差異性社群（社群內具有異質性）如何建構意義、跨越疆界和發展相互依賴的關係。

（下頁續）

（續上頁）

第九章　建構主義領導者的培育（Deborah Walker）	以建構主義原理和書中所提領導理論為基礎，提出領導者培育的設計；介紹了美國三所大學採用建構主義領導觀培訓學校領導人員的例子，並對建構主義領導的發展建議了一些展望方向。
第十章　建構學校教育的未來（Linda Lambert）	一、以動態的生命觀、世界觀和認識論取代傳統的靜態觀，作為解釋未來學校教育的基本觀點。 二、建議學校教育必須提供環境，使我們能夠改造那些形塑我們世界觀的根源隱喻： ㈠理解學校教育已逐漸變得陳舊。 ㈡真實經驗、建構論和世界觀間之關係，提供了再詮釋根源隱喻的根基。 ㈢使教育社群中的參與者能夠在相互影響歷程中建構意義，以邁向共同的學校教育目的之領導，且能提供我們改變吾人世界觀的方法。 三、對建構主義領導的基本概念，提出總結性說明。

【討論】

　　一、若將表 10-6 Lambert 等人論著的內容運用於課程領導，則課程領導研究的重點，至少包括下述：

　　㈠理想學校領導理論之闡釋：就 Lambert 等人之觀點而言，

就是建構主義領導理論，即表 10-6 第一、二章，包含建構主義領導的意義、理論要旨、領導者的行動特質、領導的現象等之闡釋。

㈡領導策略與方法之探討：包含領導變革的策略，領導交談的方法，領導語言的運用，故事與對話的使用，社群關係之建構等之探討，如表 10-6 第三至八章。

㈢理想領導者培育方法的研究：分析理想的領導者形象及其育成的課程與方法，如表 10-6 的第九章。

㈣未來學校教育樣貌的勾勒：不是描繪出未來學校教育的詳細面貌，而是勾勒未來理想學校教育的基本特質，如表 10-6 第十章。

二、Lambert 等人論著的重點，在於學校領導的意義、本質、理論、方法與技能之論述，而非對學校課程規畫、設計、實施與評鑑等方法與歷程提供詳盡的說明，故其論述重點在於領導的本質與方法而非課程工學的歷程與方法。

三、從 Lambert 等人對建構主義領導理論的闡釋及對該理論與其他領導理論之比較分析可知，不同的領導理論派典對領導的意義、本質、方法、領導者與被領導者之關係，乃至於領導的目的有著不同的看法或主張。

柒、John Smyth 主編批判理論的教育領導觀一書內容分析

　　Smyth於一九八九年主編《批判理論的教育領導觀》（*Critical perspectives on educational leadership*）一書，內含八位作者的八篇教育領導文獻，皆以批判理論為立論基礎，檢討、論述與評析教育領導研究的問題、性質與觀點，對於教育與課程領導研究之性質，提供了相當具啟示性的精闢見解。唯全書雖以批判理論為主要立論基礎，但各章內容獨立，彼此間未見整體性的內容分工架構，故不適合比照對前文諸論著表列各章內容的分析方式，加以處理。對於本書內容之分析，筆者乃改採綜覽全書要點的方式，先分析其對教育領導研究性質、方法和教育領導目的與策略的看法，再說明其對課程領導研究的啟示。

一、全書重要觀點

(一)對實徵主義（Positivism）教育領導研究取向之批判

　　書中多位作者對於傳統、主流的實徵主義取向教育領導理論與研究，如素質論、科層理論、情境理論（The Situational Approach）和權變理論（The Contingency Model of Leadership）等提出強烈批判，這些作者包括 Peter Watkins、William Foster、Lawrence Angus、Jill Blackmore 和 Richard Bates。

批判的重點，在於批評實徵主義領導理論與研究對於人類複雜社會現象之理解與解釋，採用了科技理性的不適當、人為的變項或構念分離法，如將事實與價值、手段與目的、行政與教學等加以分離；批評其視領導理論是價值中立的，領導是達成組織既定目標的手段，領導是行政科層的直線管理而非教育性的、政治性的和倫理性的；並且，批評其因而以科技理性的行政解決手段，來處理有關正義、公平、機會平等和社會資源分配等的複雜社會問題。按 Habermas 的觀點，科技理性是資本主義解決其經濟危機的語言和手段，如今用之以解釋和解決複雜的社會現象和社會公平問題，已導致所謂合理性危機、合法性危機，乃至於導致人類的動機危機。

(二)強調學校脈絡的政治性、價值性和社會性

實徵主義取向教育領導理論與研究，大都忽視了學校與整體社會的階級利益、政治權力和社會控制現象間之關係，宛如將學校教育與學校領導置放於社會的真空中而去建構領導的理論或原理原則。本書的作者們基本上反對此種假設，進而認為學校領導的研究應以揭露學校裡的意識型態、知識形式、權力關係和社會控制作用等與整體社會的政治、經濟和社會結構間之關係，以作為研究與批判的立足點。

(三)應然的學校領導性質之詮釋

除了批判實徵主義領導理論與研究之不當外，亦有若干作者

從批判理論的觀點，對應然的、理想的學校領導性質提出詮釋。例如，William Foster 認為教育領導的基本性質，至少有四：首先，是批判的，視人為具主動建構意義的行為主體，領導者應強調對於自己及其所處社會的先在條件予以深入批判，以發現各種可能的支配與束縛現象，並引導解放的實踐性行動，以促成社會的變革。其次，是轉化的，領導由意識的轉化而邁入社會條件的轉化，來獲致社會的變革。第三，是教育的，組織中的成員可能受限於組織的歷史、文化和傳統而無法產生批判意識與行動，故領導必須是教育的；領導者須啟迪成員自我反省的能力，並引導成員們一起為更理想的社會生活條件而建構教育願景。最後，是倫理的，就領導者個人的倫理實踐而言，視夥伴為共榮的存有主體而非行政的工具；就社區的倫理實踐而言，則協助提升組織成員的道德意識，一起關注社會的生活條件，導向社區的民主價值與良善生活。

㈣批判理論概念和語言之運用

就方法論而言，本書的作者們經常採用批判理論的概念和語言，以分析、推論教育領導的研究取向與性質。經常被採用的概念和語言，首先，是揭露與思辨：揭露與思辨整個社會的政治、經濟和社會階級結構勢力對學校和課程之影響，以破除學校教育價值中立的迷思，批判實徵主義領導理論與研究的科技理性之不當。其次，是辯證：以強調動態、交互作用、整體影響的辯證觀，來處理和解釋知識與權力、學校與社會政經結構、人類行為動能與社會深層結構、主體與客體、目的與手段，及歷史、現在與未

來等之間的動態辯證關係。第三，是反省、對話（dialogue）與實踐（praxi）：重視人作為意識主體的反省思考潛能，力主溝通情境中的平等對話，倡導深思熟慮後追求良善社會生活條件的實踐行動。最後，是解放：無論是教育、課程或領導，最終目的是追求人類個人與整體社會的自由與解放。

(五)教育領導行動策略的思擬

本書的作者較少著墨於具體而微的領導方法與技術，但有部分作者思擬一些基本的教育領導行動策略。例如，本書主編Smyth提出教學與教育取向的領導觀，視學校領導為學校的所有參與者們相互融入合作的建構過程，在此一過程中彼此慎思熟慮地交換意見，以揭露那些束縛與支配學校生活的矛盾與難題，進而克服各種壓抑性的條件，導向真正的社會變革。根據此種領導觀，他思擬教育領導的行動策略為：努力回復學校的教育性與批判性，使學校的教學與政治相連結，激勵反省性行動，發展更適於個別學校脈絡的教學，且使此種教學強調對話關係在教育過程中的重要性。

另一作者 Foster 則對領導者提出下述期許：領導是承諾於社會的變革與發展而非社會控制與經濟生產，領導是溝通的與分享的，領導包含領導者的自我批評與自我釐清。

二、對課程領導研究的啟示

本書立論要點對於課程領導研究，有下述重要啟示：

(一)不同的課程理論和領導理論派典影響課程領導實際：

　　本書作者們採批判理論的觀點，檢討與批判實徵主義取向領導理論與研究，進而闡釋批判理論取向的應然學校領導性質與策略。這與前文所論 Brubaker、Henderson、Hawthorne、Lambert 等人的觀點類似，基本上認為不同的課程理論和領導理論派典影響著課程領導實際的方法、過程和作為。

(二)批判理論是課程領導研究的重要理論取向：

　　批判理論的本體論、價值論、知識論和方法論，以及批判理論的語言和概念工具，不但對於學校和課程性質與目的之詮釋、分析與批判有極為重要的貢獻；而且，對於領導的意義、性質、目的、策略和方法之理解與運用，亦極有助益，故批判理論可列為課程領導研究的重要理論派典。

(三)批判理論取向的課程領導研究重點，至少可包括：

　　各種課程理論與領導理論派典的分析與批判，課程與領導的深層政治、經濟和社會意義之分析與理解，應然的課程領導目的、性質、策略與方法之詮釋與建構。

捌、課程領導研究領域內涵芻議

　　本文已分析了七本課程領導或教育領導專著的內容要點，從

前述的內容分析當中，可發現下述現象：首先，不同論著的課程領導研究切入點和重點不一。有些以課程工學為主軸而課程理論為輔軸，如 Glatthorn 和 Gross 的論著，兩位學者的論著比較注重領導課程革新的理性過程之論述，包括如何倡導課程革新、規畫革新，如何領導從事課程設計、實施、監督與評鑑等的方法與過程之說明。即使兩位學者亦論及若干課程的理論基礎，但這些課程理論的論述，往往只被視為是支撐課程工學的基礎。有些論著則著重於心目中理想化應然課程哲學之論述，認為課程領導研究最重要的是勾勒出理想的課程理論願景，再據以引導課程工學的討論，或視課程工學為輔助性的研究內涵，如 Brubaker、Henderson 與 Hawthorne 之論著。也有些著重於心目中理想應然領導觀之論述，以應然的領導理論及其相應的領導方法為論述核心，然後據以探討教育或課程領導的意義、本質和應用，如 Lambert 和 Smyth 等的論著。

其次，有多位作者主張不同的課程理論或領導理論派典影響，甚至左右了課程領導的觀點、方法與過程。Brubaker、Henderson 與 Hawthorne 的論著，主張不同的課程理論派典影響著課程領導的觀點、過程與方法，而 Lambert 和 Smyth 等的論著，則認為不同的領導理論導引著教育與課程領導的觀點、過程與方法。

復次，所有論著皆兼顧理論層次的討論與方法層面的說明。儘管各論著的切入點與著眼點各有不同，但皆兼及課程領導理論與方法的論述，Glatthorn 和 Gross 雖以課程工學論述為主軸，但其以課程和教學理論作為課程工學的基礎；Brubaker、Henderson 與 Hawthorne 則先建構了應然層面的課程理論，再據以討論相應

的課程工學和領導方法；Lambert和Smyth等人的論著，先討論、思辨了應然的領導理論與性質，再據以說明教育情境中的領導策略、過程與方法。

最後，從這些論著中可歸納整合課程領導領域研究內涵的重點，主要有五：第一，課程領導理論的研究：包括課程理論、領導理論和此兩者所衍生的課程領導理論派典之研究，以及此等理論對課程領導觀念、歷程與方法之探討；第二，課程工學之研究：主要探究如何領導課程革新的歷程與方法，包括課程革新的倡導與發動，領導從事課程方案的規畫、設計、試用、安裝、準備、實施和評鑑等的歷程與方法；第三，課程政治學之研究：包含鉅觀與微觀兩個層面，前者針對學校、課程與其所處社會的政經結構間關係與互動之研究，後者則指學校內部的價值分配、權力關係、人員互動和角色模式之探討；第四，領導方法與行為之研究：包括諸如行為主義、權變理論、建構主義和批判理論等不同的領導理論派典所主張的各種領導方法與行為之探討。最後，是領導者育成之研究：探討理想的課程領導者角色、素養及其育成方法。而且，此五大研究重點間存在著相互影響，彼此涉入的關係。亦即課程理論或領導理論派典影響著課程工學、課程政治學、領導方法與行為和領導者育成的觀點。

根據前述發現，筆者以為課程領導研究領域的內涵及各內涵間之關係，可構擬如圖10-1所示，茲進一步說明其內涵如下：

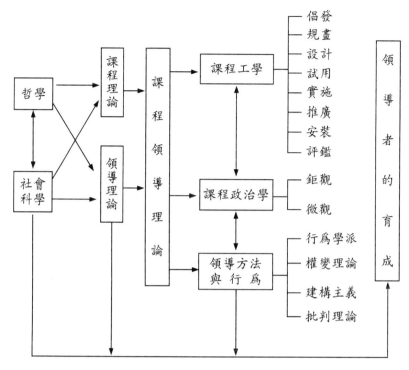

圖 10-1　課程領導研究領域內涵示意圖

一、課程領導理論之研究

　　理論乃一套相互關聯的概念、定義和建議（命題），透過詳盡的說明各種變項間的關係，對現象提出系統性的觀點，目的是對這些現象做描述、解釋和預測（黃嘉雄，民 89；周淑卿，民 90）。任何一門發展成熟的學術領域，皆有其豐富而紮實的理論

研究，透過概念的建構、定義的解釋、命題的提出和原理原則的建立，用以對該領域的研究對象和現象，提供系統性描述、解釋和預測。而尚待發展中的學術領域，則須從事該領域的理論建設工作，以增進該領域的成熟發展。作為一門尚待發展中的研究領域，課程領導的研究，當然須將課程領導理論的研究，列為最重要的研究內涵，以為本領域紮下深厚的根基，並促進本領域的成熟化。

課程領導理論研究的智慧來源，可來自兩方面：一方面是來自教育、課程和行政學門的更基礎性母學門，即哲學和社會科學的理論、智慧與研究成果；另一方面是來自較直接的課程理論和領導理論的智慧與研究成果。

另外，由於多位學者主張不同的課程理論或領導理論派典影響著課程領導實際，是以課程領導理論的研究，須特別注意各種課程理論、領導理論，以及此兩者所衍生的各種課程領導理論派典對課程工學、課程政治學、領導方法與行為，以及領導者育成過程之影響的研究。

二、課程工學之研究

課程領導乃發揮領導功能，以倡導、規畫、設計並落實課程革新，進而實踐教育理想的歷程。在此歷程中，領導功能的發揮具體地展現在啟動課程革新，以及領導從事課程規畫、設計、試用、安裝、推廣、實施與評鑑的方法與過程中，故這些課程工學的研究，也是課程領導研究的重要內涵。

三、課程政治學之研究

課程領導必須從事課程決定，而課程決定一方面受到機構或學校外廣大社會的政治結構與社會階層結構體系之影響，另一方面亦須考慮機構或學校內部的權力結構和角色互動關係，故課程領導的研究，應包括鉅觀和微觀的課程政治學。

就鉅觀的課程政治學而言，研究的方向應包括影響機構或學校課程決定的外顯性政治運作制度，如中央、地方和學校之間的課程決定角色分工與彼此的權責關係；亦須包括更潛藏，但確定會影響課程決定的社會階層結構、深層價值體系或意識型態之研究。

· 至於微觀課程政治學方面，則應包含校內決定權威體系、成員角色互動關係、權力運作模式和價值規範內涵等之探討。

四、領導方法與行為之研究

課程領導的歷程，如同其他情境裡的領導過程一般，必須激發群體成員的智慧、抱負與力量，使團體的總合力量大於團體中個別成員相加總的力量，故領導方法與行為之研究，必須列為課程領導研究的重點。有關此方面的研究，可著重於不同領導理論派典，如行為主義、權變理論、建構主義和批判理論取向的領導方法與領導行為之研究。但須強調的是，這裡的領導方法與行為之研究，應是課程情境中的領導方法與行為之研究，而非移植自

其他情境的研究成果。

五、課程領導者育成之研究

　　課程領導研究，在性質上屬於應用性研究，研究成果可用以提升課程品質，實踐教育理想。而研究結果的運用，端賴於課程領導者的實踐與落實，故課程領導者的育成方法與過程，亦應列為本領域研究的重點。有關本重點的研究，可包含理想課程領導者角色與素養之探討，以及其培育課程、方法與過程之研究。

🍃 參考文獻

王月美（民90）。**國小校長課程領導之個案研究──以九年一貫課程試辦國小為例**。國立台北師範學院課程與教學研究所碩士論文（未出版）。

王霄燕（民90）。**國小校長課程領導實際之研究──以一位九年一貫課程試辦學校校長為例**。國立中正大學教育學研究所碩士論文（未出版）。

林清江（民88）。國民教育九年一貫課程規畫專案報告。收錄於教育部編印，**教育改革的理想與實踐**，159-171頁。台北：教育部。

周淑卿（民90）。誰在乎課程理論？課程改革中的理論與實際問題。國立台北師範學院課程與教學研究所、中華民國課程與教學學會主辦，**第三屆課程與教學論壇「課程改革的反省與前瞻學術研討會」論文**

集（下冊），37-47頁。台北：如主辦單位。

陳伯璋（民88）。九年一貫課程的理念與理論分析。收錄於中華民國教材研究發展學會編印，邁向課程新紀元——九年一貫課程研討會論文集（上冊），10-18頁。台北：中華民國教材研究發展學會。

單文經等譯（民89）。革新的課程領導。台北：學富文化。

單文經等譯（民90）。校長的課程領導。台北：學富文化。

黃明皖譯（民78）。課程理論（*George A. Beauchamp*著）。北京：人民教育出版社。

黃嘉雄（民88）。落實學校本位課程發展的行政領導策略。收錄於教育部編印，九年一貫課程系列專書——理念與實務，65-75頁。台北：教育部。

黃嘉雄（民89）。轉化社會結構的課程理論：課程社會學的觀點（修訂一版）。台北：師大書苑。

葉淑儀譯（民88）。教育領導——建構論的觀點。台北：桂冠。

潘慧貞（民90）。國民小學校長課程領導角色與任務之研究——以盛世國小為例。國立台北師範學院課程與教學研究所碩士論文（未出版）。

Brubaker, D.L. (1994). *Creative curriculum leadership.* Thousand Oaks, California: Corwin Press.

Foster, W. (1989). Toward a critical practice of leadership.in J. Smyth(ed), *Critical perspectives on educational leadership* (39-62). London: The Falmer Press.

Glatthorn, A.A. (1987). *Curriculum leadership.* Glenview, Illinois: Scott, Foresman & Company.

Glatthorn, A.A. (1997). *The principal as curriculum leader: Shaping what is taught and tested.* Thousand Oaks, California: Corwin Press.

Gross, S.J. (1998). *Staying centered: Curriculum leadership in a turbulent era.* Alexandria, Virginia: Association for Supervision and Curriculum Development.

Lambert, L. et al. (1995). *The Constructivist leader.* New York: Teachers College, Columbia University.

Smyth, J. (1989) (ed). *Critical perspectives on educational leadership.* London: The Falmer Press.

➠本文原載於國立嘉義大學教育學院主編（民90），二〇〇一年海峽兩岸小學教育學術研討會論文集，1-28頁。高雄：復文。

第十一章
落實學校本位課程發展的行政領導策略

　　學校本位課程發展（school-based curriculum development, SBCD），乃西方國家近年來極受重視的課程改革觀念。國內預定於民國九十學年度起實施的國民教育九年一貫課程，其重要特徵之一亦在強調SBCD之理念（教育部，民87；徐超聖，民88；陳伯璋，民88；歐用生，民88）。此種變革，對國內各校，尤其是各校的行政領導者而言，實屬一大難題與挑戰。因為在長期的中央化課程決定政策下，國內學校行政領導者的課程領導能力，已消失殆盡，如何有效推動強調SBCD理念的九年一貫課程？是以，提升學校行政人員的課程領導能力，落實學校本位課程發展的理念，乃國民教育九年一貫課程實施準備事項的當務之急。基於此一體認，本文乃不揣淺陋，提供下述落實SBCD的行政領導策略，供各界參考。

壹、建構學校的共享願景

　　願景（vision）乃是一個國家、地方、組織、學校或個人，衡酌本身內外在條件和屬性，為其未來發展所勾勒的可達成前景、願望或較長遠目標。它是引導組織行動的方針，形塑組織形象的指標，凝聚組織成員力量的催化劑，更是組織追求進步並賴以永續發展的憑藉。現代化的組織和學校均須建構其特有的願景。

　　學校課程的發展，亦須先建構學校的願景，以做為凝聚教師力量的催化劑，並做為學校課程規畫、設計、實施和評鑑的指針。J. Murphy 與 L. G. Beck（1995）即指出，學校本位管理至少應包括目的（即願景）、預算、人事、課程和組織結構等五項內涵的授權管理，而其中最重要的、最優先的就是目的之授權管理。換言之，缺少學校願景的建構，學校本位管理即無意義可言。

　　另外，T. J. Foriska（1998）亦認為願景目標的設定，乃學校課程發展的首要步驟。他認為有效達成能力指標的課程領導過程，應先設定願景目標，接著據以發展課程，其次為選擇有意義的綜合評量方式，然後是人員的專業成長；而且，要使這些過程形成相互回饋的互動循環，不斷持續改進。他以圖11-1說明這些過程。

　　不過，願景欲成為有效的凝聚力催化劑，一定要讓組織的成員參與建構的過程。這樣，才能使願景成為組織成員所共享的願景，成員們才會獻身效力，踐履願景的實現。所以，學校領導者應體會九年一貫課程的精神，帶領校內教師一起建構學校的共享

願景，做為發展學校課程的指針。

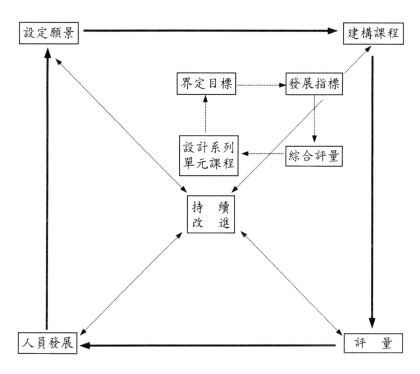

圖 11-1　T. J. Foriska 的課程發展過程圖

資料來源：T. J. Foriska, 1998, p. 30.

貳、重新定位學校領導者的角色

C. Marsh（1997）曾分析三種不同領導型態的校長角色。第

一種是回應者（responder），強調與教師維持良好關係，傾向於傾聽、回應教師的需求，並將責任推給教師；很少提要求，也很少倡導理念和學校的長遠性目標，他的領導似乎祇有當教師提出需求而加以回應時才存在。第二種是管理者（manager），重視任務的要求而非良好的同事情誼，總是將具體的任務和明確的標準化、例行化工作程序規定得清清楚楚；經常很辛苦地加班，研定並處理行政管理的事務，也會經常直接涉入學校教師的各項工作當中。第三種是倡導者（initiator），強調學校長期性目標和願景的倡導與建構，會將對教師的期望清楚地表達出來，但不會鉅細靡遺地幫教師做決定；重視學生學習成就的提升，遠甚於一味地討好教師。這三種校長領導角色中，以倡導者的角色最能實踐SBCD 的理念。

扮演倡導者角色的校長，應倡導新課程改革的理念，帶領教師一起建構學校的願景，給與教師參與決定的機會，發揮並增強教師的專業能力。不是被動的回應，一味地討好教師，當個好好先生；也不是惶惶終日，辛苦卻無效地管理日常瑣事，做個惡公婆。

參、將行政重心轉移為課程與教學領導

學校的主要任務是為學生提供妥適的課程，安排有效的教學。換言之，課程與教學應是學校行政的重心。但是，實況並非如此。J. Murphy（1990）的一篇文章，引用若干學者的實證研究指出，

學校行政領導者並非把大部分的時間花在課程與教學上，而是花在學生紀律、家長關係、學校設施運作和學校財務管理之上。諸如，V. C. Morris 於一九八四年的觀察研究發現，小學校長們僅約花了 9% 的時間在訪視班級；K. D. Peterson 在一九七八年的研究發現，小學校長們花在課程問題上的時間少於 7%，花在教室的時間少於 5%（引自 Murphy，1990）。這是國外的情形，相信國內的情況更嚴重，國內校長投注於課程與教學上的心力，可能更少。

　　形成此種現象的一個重要原因，是過去教育與學校行政的學術研究，並未將課程與教學的行政領導，列為研究的重點。B. Rowan（1995）即指出，教育行政領域常被批評未能探討有關學校中的教與學問題，一直到一九八〇年代，有關提升學習成就的教學領導研究，才漸受教育行政學者的重視。他主張，一九九〇年代應開始將教與學的研究議題，列為教育行政領域研究的核心。

　　國內的學校行政研究，亦有類似現象。翻閱國內常被採用的大學學校行政教科用書可發現，大部分的重心有二：一是從組織與行政管理的理論，探討有關計畫、溝通、協調、領導、評鑑等行政方法與歷程的章節，這屬於行政方法層次的論述。另一是分析教務、訓導、輔導、總務、人事和公共關係等現有學校行政實務內涵的章節，這雖將教與學的行政列為探討的範圍，卻偏重於現行行政業務的介紹與說明而非系統化地探討有效的課程管理與教學領導理論和策略。

　　欲落實學校本位課程管理的理念，此種現象必須有所更張。學校行政領導者應視課程與教學領導為其行政領導的核心任務，

教育行政與學校行政的學術研究，也須將課程管理、教學領導列為研究的重心。

肆、塑造專業、參與、分享 與開放的學校文化

　　課程、教學與輔導工作是最能展現教師專業性的活動。換言之，也唯有具備專業素養、專業志趣，能展現專業行為的教師，才能有效規畫、發展和設計學校課程，實施有效的教學與輔導活動。學校領導者乃須塑造學校的專業性文化，鼓勵教師參與專業的成長與研究活動，以專業智識發展、規畫、實施並評鑑學校的課程方案。

　　另學校的課程發展，須歷經一連串的課程決定過程，從願景的建構，課程目標與理念的評估，到教材內容的選編，教學活動和評量方法的設計，乃至教學時數的安排、課表的排定、上課日數的規畫及家長觀念的溝通等，皆須做決定。這麼多的決定事項，不能也不應由行政領導人員或特定人士單獨做決定，而應塑造積極參與的學校文化，鼓勵教師，甚至家長、社區人士和學者專家們來參與決定，這樣的課程決定才會更具合理性，也才會贏得支持。本質上，參與式決定也是學校本位管理的重要原則之一。

　　分享的學校文化，亦有利於 SBCD。學校行政領導者宜鼓勵教師們盡量分享彼此的課程改革與教學創新成敗經驗，從成功經驗中鼓舞士氣，激發信心，促進成長，分享喜悅；從失敗經驗中，

探究原因，記取教訓，砥礪革新，減少風險。

　　行政領導者也應塑造開放的學校文化，拆解無形的校園圍牆。首先，校長自己要接納、參考他校、社區、家長和學者專家的智慧與意見。其次，應鼓勵教師們開放自己的心靈，與其他教師合作，實施協同教學、合作教學；開放自己的教室，與他人相互觀摩，實施同儕視導；開放自己的想法，與他人相互討論，分享成敗經驗。

　　在講專業、能參與、會分享和夠開放的學校文化氣氛中，SBCD 的理念才能落實。

伍、營造學校課程發展的有利條件

　　P. J. Robertson、P. Wohlstetter 與 S. A. Mohrman（1995）等學者的實證研究發現，在學校本位管理的情境下，下述條件能有效引導學校課程與教學的革新：一、分享權力：亦即，行政人員、教師、家長、社區人士，甚至學生的參與決定。二、發展教師專業知識：提供專業成長活動，協助教師專業知識與技能的發展。三、流通資訊：提供並分享學校成員各種相關資訊。四、給與獎賞：適時給與教師獎賞。五、採取教學引導措施：具備闡述學校課程理念、教材選編原則、教學方法說明等之手冊，並利用機會闡明之。六、領導形態：校長支持參與式決定，扮演促進者（facilitator）角色，並發展分享的學校文化。七、尋求或提供資源：尋求或提供經費、時間、人力和資訊等資源。

C. Marsh、C. Day、L. Hannay 與 G. McCutcheon（1990）等學者亦指出，理想的 SBCD 情境條件，應包括下述：一、學校目標：學校成員能一起參與建構學校的願景與目標。二、參與人員的準備度：學校教師由個別而小組而全體，由被動而主動參與，參與層面由少而多，由單面向而多面向。參與的準備度愈高，SBCD 的條件就愈成熟。三、領導者的素養：行政領導者，包括校長和主任能具備課程發展的實務知能，熟悉部分學科課程內容，良好的行政與組織技能，且能對 SBCD 具有靈敏度、感受力等素養。四、團體互動與學校氣氛：學校教師們具有團體學習、自我反省、相互回饋、行動研究等積極正向的團體互動與氣氛。五、時間：釋放教師的若干工作時間，使其能參與課程的規畫與設計；主管人員並能善用時間管理的技巧，撥出時間來做課程領導的工作。六、資源：妥善規畫課程發展與實施的財務資源。七、專業發展：針對行政人員、教師、家長和學生（參與課程發展者）之需求和任務需要，規畫提供各種專業發展活動。

　　上述學者們的看法，大同小異。若行政領導者能參考他們的看法，營造 SBCD 的有利條件，相信必能落實 SBCD 的理念。

陸、建立課程革新的任務組織
　　並採系統化的革新步驟

　　B. J. Caldwell 與 J. M. Spinks 曾發展出一套發展卓越學校的行政管理模式，謂之合作式學校管理循環（The Collaborative School

Management Cycle），如圖 11-2。此模式，不但可用在一般的學校行政改革，也可用於學校本位的課程發展與革新。

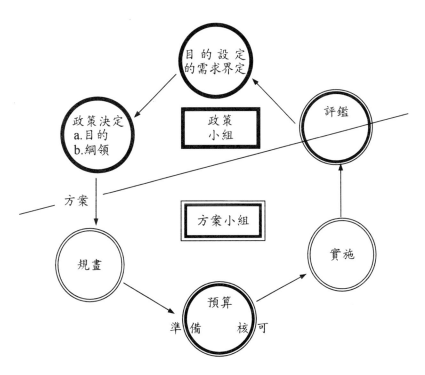

圖 11-2　合作式學校管理循環

資料來源：修改自 Beare, Caldwell & Millikan（1989），p. 134.

從圖 11-2 顯示，課程的發展與革新，應建立任務組織，至少為兩類：一為課程的政策小組，如學校課程發展委員會；另一為課程方案的規畫小組，如各學習領域課程方案規畫小組。此兩類

組織，分工合作參與課程的發展與革新工作。

　　圖中由粗實線圈起的部分，包括課程目的設定與需求界定、政策決定（含目的和綱領）、評鑑和預算核可等較政策性事項，由政策小組決策之。細實線圈起的部分，包括課程方案之規畫設計、預算需求之準備、方案之實施和評鑑等較實務性工作，由方案規畫小組研究規畫。至於預算和評鑑兩部分，均由粗、細實線圈起，表示預算準備由方案小組研擬，預算核可由政策小組決定，兩小組均參與預算的決定；評鑑亦由兩類小組人員參與。另圖中間位置的方案小組，由粗實線和細實線共同圈起，表示部分政策小組成員須參與方案小組的工作。以國內情境而言，表示學校課程發展委員會部分委員，應定期參與各學習領域課程規畫小組，實際參與規畫設計。

　　圖11-2也顯示，學校本位課程的發展與革新應採取系統化的行政步驟與流程，並且使這些步驟相互回饋，形成回饋循環：第一，評估學校的需求，並設定願景與目的。第二，決定政策：清楚地說明課程目標和有關學校課程實施的各項原則與綱領。第三，進行課程方案之規畫與設計，如教學活動設計、教材選編、教學評量方法、教學時間安排等。第四，研擬並核定預算需求：針對新課程的規畫、實施與設備充實，提出經費預算需求，由政策小組核定之。第五，實施新的課程方案。第六，進行評鑑：包括新課程的評鑑、教學評鑑和學習結果評量。此模式，對學校本位課程發展的行政領導者，極具參考價值。

　　綜言之，筆者認為建構學校的共享願景，將領導者角色由管理者調整為激勵者、促進者，把行政重點放在課程與教學領導，

塑造專業、參與、分享和開放的學校文化氣氛，營造有利於學校本位課程發展的情境條件，建立課程革新所需的任務組織，採用合作化、系統化、步驟化的行政改革歷程等，皆為落實學校本位課程發展的有效領導策略。

參考文獻

徐超聖（民88）。發揮校長的課程領導落實九年一貫課程的實施。收錄於國立台北師範學院主編，**自主與卓越——九年一貫課程的變革與展望**，27-56頁。台北：國立台北師院。

教育部（民87）。**國民教育階段九年一貫課程總綱綱要**。台北：教育部。

陳伯璋（民88）。**九年一貫課程的理念與理論分析**。收錄於國立台北師範學院、中華民國教材研究發展學會主辦九年一貫課程研討會論文集。台北：中華民國教材研究發展學會。

歐用生（民88）。**九年一貫課程之「潛在課程」評析**。收錄於國立台北師範學院、中華民國教材研究發展學會主辦九年一貫課程研討會論文集。台北：中華民國教材研究發展學會。

Beare, H. Caldwell, B.J. & Millikan, R.H. (1989). *Creating an excellent school.* London & New York: Routledge.

Foriska, T.J. (1998). *Restructuring around standards: Practitioner's guide to design and implementation.* Thousand Oaks: Corwin Press.

Marsh, C. Day, C. Hannay, L. & McCutcheon, G. (1990). *Reconceptualizing school-based curriculum development.* London: The Falmer Press.

Marsh, C.J. (1997). *Planning, management and ideology: Key concepts for understanding curriculum 2.* London: The Falmer Press.

Murphy, J. (1990). Principal instructional leadership. in P.W. Thurston & L.S. Lotto (eds.) *Advances in educational administration,* vol. I, part B, 163-200. London: JAI Press.

Murphy, J. & Beck, L.G. (1995). *School-based management as school reform: Taking stock.* Thousand Oaks, California: Corwin Press.

Robertson, P.J. Wohlstetter, P. & Mohrman, S.A. (1995). Generating curriculum and instructional innovations through school-based management. *Educational administration quarterly, 31*(3), 375-404.

Rowan, B. (1995). Learning, teaching, and educational administration: Toward a research agenda. *Educational administration quarterly, 31*(3), 344-354.

➠本文原載於國民教育，40 卷 1 期，八十八年十月。

第十二章

課程計畫架構示例

　　國民中小學九年一貫課程改革首創學校課程計畫審查制度，暫行課程綱要規定各校應於每學年開學前一個月，將整年度學校課程計畫送所轄教育行政主管機關備查後，方能實施。至於課程計畫內容，則規定學校課程計畫應依學習領域為單位提出，內容包含：「學年／學期學習目標、單元活動主題、相對應能力指標、時數、備註」等相關項目。這樣的課程計畫內容相當簡要；就七大學習領域而言，因教育部公布的各學習領域課程綱要均已載明各學習階段的能力指標，教師們只要將各階段能力指標適當合理地分配在各學年及學期，構思出能使學生習得各該能力指標的相對應單元教學活動及其主題名稱，並妥適地規畫各單元的教學時數，就能夠撰寫出形式上合於行政規定的課程計畫來。但是，若教師們只是以形式上符合行政規定的角度撰寫如此簡要的課程計畫，則未免過於消極，無法凸顯教師的專業素養及追求教育專業的使命感。

　　更重要的是，九年一貫課程所提供的學習內涵，除了七大學

習領域課程及融入於七大學習領域的六大教育議題課程之外，尚包括各年級二至七節不等的彈性學習節數課程在內。彈性學習節數提供一個學校乃至年級、班級規畫與實踐各校、各年級、各班級特色及願景的良好空間。唯彈性學習節數課程的規畫與設計，對學校及其教師而言，挑戰性大，困難度高，因為它不像其他七大學習領域及六大教育議題課程般，有現成的部頒課程綱要作為參照；無論是課程目標、課程內容、或是教學單元活動及評量方法，均須從無到有，自行創造；而國內教師則長久以來鮮少有課程設計的經驗，課程設計的能力也因而極為不足。

有感於此，本文乃提供一個課程計畫架構示例如下，以作為學校規畫各學習領域課程計畫，尤其是設計彈性學習節數課程計畫的參考架構，希有助於九年一貫課程改革理想的實踐。

_____國民中（小）學_____課程計畫架構示例

一、理念

對本課程的意義、價值、重要性和理論基礎等提出系統化的合理性說明，用以作為本課程實施的指導原則，也用以贏得教師、家長和相關人士對本課程的支持。撰寫時，可從教育者的觀點，就下述角度說明本課程計畫的理念。

㈠為實踐學校某願景。

㈡以某教育哲學或課程理論作為本課程的指導方針。

㈢為培養學生某些重要的知識、能力或態度。

㈣為實踐與傳承社區某文化與價值特色。

㈤為回應學區家長某期待。

㈥為發揮本校教師專長。

㈦用以協助學生掌握未來社會的變遷方向。

二、總目標

　　將預期學習者體驗本課程後所應產生的知能發展狀態，列舉為課程總目標；此處的目標敘寫可採長期性、概括性或綱領性目標敘述語句敘述，唯不能從教育者或教師的角度敘寫，而是以學習者為主體寫出預期的目標。通常可從下述三個層面敘寫課程目標。

㈠知識方面

㈡技能方面

㈢情意方面

三、學生經驗分析

㈠說明課程實施的對象。

㈡學習者在學習本課程之前，已學過哪些課程，說明其先備經驗是否足以學習本課程或與本課程重複。

㈢本課程實施時，學習者的其他領域課程經驗與本課程間之關係分析。

㈣說明學習者的發展層次最適合學習何種課程，及最有效的

學習方法。

四、課程實施說明

㈠時間：說明本課程延續的學年、學期，每週節數，總學習節數（時數）。

㈡施教者：說明本課程施教者的專長、身分和專業要求，採用個別教學或協同教學，並說明實施方式。

㈢教材或資源：說明本課程所採用的教材和教學資源，如教科書、讀本、雜誌、簡報、影片、歌曲、光碟、圖畫、實物或現場資源。

㈣場地與設備：說明本課程實施之場所及必備之設備。

五、課程整體架構

㈠本課程在全校課程中的地位及與其他課程間的水平與垂直關係，可採文字或圖表說明之。

㈡表列本課程的總目標、分階段（年級或學期）能力指標、單元教學目標及主要學習內容，如表 12-1 格式。

表 12-1 ＿＿＿＿＿國民中 (小) 學＿＿＿＿＿課程整體架構表　設計者：＿＿＿

總目標	分段能力指標	教學目標或 主要學習內容	學習階段或 年級、學期
一、…… 二、……	(一)……………。	1. 2. 3. 4.	三年級上學期
	(二)……………。	1. 2. 3. 4.	三年級下學期
	(三)…………。	1. 2. 3. 4. 5. 6.	四年級上學期
三、……	(一)…………。	1. 2. 3. 4. 5.	四年級下學期
四、……			

表 12-1 說明：

  ㈠總目標較抽象；能力指標是總目標的具體化，盡量以可觀
   察的學習者表現行為描述；教學目標及主要學習內容則是
   能力指標的再具體化，仍然以可觀察或測量的學習者表現
   行為敘述，指明學習者應習得的事實、原理原則、技能、
   方法、價值或態度。

  ㈡須考慮目標的完整性，通常以目標分類法，區分認知類、
   技能和情意類目標，各類目標再區分不同能力層次。

  ㈢目標應予以適當的排序和組織，可考慮目標間的時空關係、
   概念關係和探究過程關係，以及教材性質和學生發展層次
   等因素排序和組織，並將相關聯的目標組合在一起，以便
   形成完整的教學單元。

六、教學計畫

  發展出更詳細的教學計畫，如表 12-2。

七、單元教學活動設計：

  依教學計畫，設計出各單元教學活動，如表 12-3。

表12-2　　　 國民中（小）學　　學年　　年級　　　 課程　教學計畫表　設計者：

週次	起訖日期	主題或單元名稱	分段能力指標	教學目標	教學活動摘要	教學節數	教材與資源	評量方式	融入六大議題

表 12-3 _____國民中（小）學_____學_____學年度_____學期_____年級_____課程

單元教學活動設計

教學起訖日期	單元名稱		設計者	
			教學時數	
分段能力指標			主要教材或教學資源	
教學目標				
教學活動說明		教學時間	教學資源	評量方式

八、課程評鑑

　　課程評鑑指用科學化、系統化方法，蒐集課程的資料，針對課程的一部分或全部判斷其價值的過程，其意義比學習結果的評量還廣。課程評鑑的重要功能之一，是診斷出現有問題的課程，以為改進的依據，對課程品質的提升助益極大。因此，課程計畫中，亦應盡可能說明該課程的評鑑方法與重點。可從下述重點，列述本課程的評鑑方法：

　　㈠課程發展過程之評鑑。

　　㈡課程計畫之評鑑。

　　㈢課程安裝與準備之評鑑。

　　㈣課程實施之評鑑。

　　㈤課程效果之評鑑。

第三篇

課程評鑑

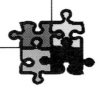

第十三章

評國民教育階段九年一貫課程總綱綱要的課程評鑑規定

🌀 壹、前言

　　課程評鑑乃運用系統方法蒐集資料，針對課程的全部或一部分，判斷其內在價值（merit）或效用價值（worth）的過程（Sanders, 1990, p.163; Glatthorn, 1987, p. 272）。它的核心功能，是對課程做決定：包括開發、設計、修正、改良、比較、評價、採用或捨棄等決定。它應是課程發展或課程改革過程中不可或缺的一環。

　　但以往我國的歷次課程改革，並未重視課程評鑑所可發揮的課程決定功能。以往的課程改革不見得是來自系統化的課程評鑑資料，而課程改革實施後，亦未見立即對其實施系統化課程評鑑。「課程評鑑」一詞，在以往的國中小學課程標準總綱當中，甚至未曾出現過。民國六十四年公布的國小課程標準總綱有關課程評鑑的規定，僅強調對學生學習表現加以考查的「教學評鑑」（教

育部，民 65，頁 3）。民國八十二年修正發布的國小課程標準，將原有的「教學評鑑」正名為「教學評量」，並有「主管教育行政機關得就課程編制、教材編選、教學實施、教學評量等作整體或抽樣評鑑；並依據評鑑結果，提供各校具體的改進措施。」之規定（教育部，民 82，頁 9）。亦即，八十二年的課程標準總綱，已具備若干課程評鑑的實質意涵，但仍未列明是「課程評鑑」。當時的規定只強調由主管教育行政機關實施評鑑，評鑑的觀念內涵乃受到限制。

🍃 貳、九年一貫課程總綱綱要首度出現「課程評鑑」一詞，並有若干積極性規定

此次，教育部於民國八十七年九月底公布，預定於民國九十學年起實施的國民教育階段九年一貫課程總綱綱要，則首度將「課程評鑑」列入課程綱要當中，這在我國國民教育課程改革史中，屬一大創舉，頗值肯定。

此外，九年一貫課程總綱綱要的課程評鑑規定，較之以往的相關規定，具備若干前瞻、正面、積極性特徵：第一，強調中央、地方政府和學校皆應實施課程評鑑，而非只有教育行政機關才做評鑑。第二，規定各校均應組織課程發展委員會審查各年級的課程計畫，將學校層次的課程評鑑制度化。第三，各校課程發展委員會由學校行政人員、教師、家長和社區人士，甚至學者專家組成，使課程的評鑑工作能反映各方旨趣。第四，強調評鑑範圍的

多樣，評鑑方法的多元和評鑑結果的有效利用。第五，重視評鑑後的檢討，已考慮到後設評鑑的問題。

參、課程評鑑規定美中不足，仍有可議之處

雖然有這些積極性規定，但審度規定內容，仍然美中不足，其課程評鑑觀，有許多值得進一步討論之處。

一、雖強調主要課程決定層次應實施課程評鑑，卻忽略了教室層次上教師的自我課程評鑑

Stuffelbeam（1983, p. 118）指出，評鑑最重要的不是在證明而是在改進。他又強調，評鑑是在為決定者提供所需的資訊，故評鑑的核心功能是做決定：背景評鑑（context evaluation）為規畫上的決定提供服務，投入評鑑（input evaluation）為結構性決定提供服務，過程評鑑（process evaluation）為實施上的決定提供引導，產出評鑑（product evaluation）則旨在提供不斷修正回饋的決定。（Stufflebeam, 1983, p. 122；黃政傑，民 76，頁 102；王文科，民 83，頁 329）。換個角度說，理想上各課程決定層次若想要做有關課程規畫、評估資源、實施課程和不斷修正課程的決定，均應對該課程決定層次的背景、投入、實施過程和實施結果實施評鑑，才能使該層次的課程決定更合理化。亦即，只要是課程決定者，無論是哪一層次，皆應實施課程評鑑。

九年一貫課程總綱綱要規定：「課程評鑑應由中央、地方政府和學校分工合作，各依權責實施。」就此觀之，本次的課程總綱綱要已強調主要課程決定層次均應實施課程評鑑。這與以往只強調主管教育行政機關實施評鑑的觀點相比，在觀念上已產生結構性改變，是相當積極性的規定。

　　但是，課程決定者不只包括中央、地方政府和學校，還包括了教師。教師在教室層次上的課程決定，不但是理論上的應然，也是實務上的實然。不管課程的改革由誰發動，最後一定要經過教師的轉化，才能產生課程效果。所以，課程評鑑絕對不能忽略教室層次的自我評鑑。現在，九年一貫課程總綱綱要已賦與教師在教室層次上的若干課程決定權；而且，教師實質上是經常在做教室層次的課程決定，若忽略了教師在教室層次上的課程評鑑工作，是不完整的。

二、中央、地方和學校三者在課程評鑑上的分工方式待商榷

　　九年一貫課程總綱綱要提到中央、地方政府和學校在課程評鑑上的分工為：「中央：建立各學科學力指標，並督導地方及學校課程實施成效。」「地方政府：負責辦理與督導學校的課程實施及各學科表現的測驗。」「學校：負責課程與教學實施，並進行學習評鑑。」這樣的分工，固然列出了各課程決定層級的一些課程評鑑重點，期藉以發揮分工合作的效果，來落實九年一貫課程的精神，達成預定目標。但是，這樣也同時窄化了課程評鑑的

範圍和功能。

　　前已述及，從 Stufferbeam 的觀點而言，各課程決定層次皆可實施有關該層次課程方案的背景、輸入、過程和結果之評鑑，以對課程的目標、計畫、資源結構、實施過程和回饋修正做合理的決定。但目前的分工，在中央方面強調學力指標的建立以及對地方、學校課程實施成效之督導，只偏重於部分的背景評鑑和產出評鑑。在地方政府方面，則偏重於實施之督導和課程產出之評鑑。對中央和地方政府則都強調其對學校之「督導」。行政督導的成份，重於課程評鑑應有的改良或做決定功能。在學校方面，只重視教學實施評鑑和產出評鑑。就此觀之，現在的分工方式，將會限制了各課程決定層次運用課程評鑑來作合理課程決定的功能。

　　其次，就課程評鑑的範圍而言，課程評鑑的範圍，實與課程的定義同其範圍。課程的意義有多廣，課程評鑑的範圍就有多廣。而且，M. C. Alkin（p.166）指出，課程評鑑可能指對課程產品如學習科目、課表、教科書等之評鑑；也可能指對整個課程方案之評鑑。各課程決定層次到底要評鑑課程的哪一部分，是教科書或課程計畫，是學習結果或課程的實施過程，是評鑑其中一部分或採系統的評鑑模式評鑑整個課程方案，應由各課程決定層級依其需要實施之，實在沒有必要像生產線上的勞力分工般，太嚴格地劃分各自的評鑑範圍。

三、略偏於功利主義的評鑑觀

　　M. E. Gredler（1996, p. 41 & p. 63）將主要的系統化評鑑模式

區分為兩類：功利主義觀點（utilitarian perspectives）和直觀主義／多元主義觀點（intuitionist/ pluralist perspectives）。前者包括差距模式、CIPP模式（背景、輸入、過程、結果評鑑模式）、全貌模式（counterance approach）和不受目標限制的評鑑模式（goal-free evaluation），後者包括教育鑑賞批評模式（educational connoisseurship and criticism）、感應模式（responsive evaluation）、審判／抗詰模式（judicial/adversarial models）和闡明式評鑑（illuminative evaluation）。

功利主義的觀點，基本上是管理哲學的延伸，其主要特徵有三：第一，假設評鑑的觀眾，乃既定的做決定者；亦即評鑑是為既有的決定者而實施。第二，根據事先決定的標準來評估方案或課程是否合乎社會效益。第三，評鑑所蒐集的資料或表現標準是與整個系統相關聯者，而非個別的主體、學生或教師相關聯者。

相對地，直觀主義／多元主義的評鑑觀點，與前述功利主義者不同：第一，它闡明了課程或方案有關之人員的資訊需要和關懷，而不只是少數關鍵的做決定者提供資訊或只考慮少數決策者的旨趣。第二，認為判斷方案或課程是否具有價值的共同性標準，在許多社會情境下是不可能的，方案或課程的價值，依不同群體和不同的目的而不相同，評鑑的角色乃在反應這些不同觀點。第三，每個與課程或方案有所關聯的人，均對課程或方案產生不同的經驗，這些經驗在任何方案的評鑑上，都非常重要。

九年一貫課程總綱綱要在課程評鑑上之規定，未明示其所支持的課程評鑑模式，也提到評鑑方法的多元、評鑑內容的多樣。但是，有若干線索顯示隱含著功利主義的評鑑觀點。例如，在中

央、地方政府和學校的課程評鑑分工上，強調中央建立各學科學力「指標」，並「督導」地方及課程實施成效；地方政府負責辦理與「督導」學校的課程實施及各學科表現的「測驗」；各校應組成課程發展委員會「審查」全校各年級的課程計畫。這些用語當中，「督導」、「審查」偏於強調評鑑的發動者和觀眾是行政決定者、管理者，亦暗示了某種督導或審查的「標準」。「指標」一詞更具有「標準」的意涵；各學科表現的「測驗」，傾向於對整個教育系統量化的學習結果資料之蒐集。從這些語意線索觀之，九年一貫課程總綱綱要的課程評鑑觀，略偏於功利主義的觀點。

課程本身充滿價值意涵，課程評鑑的各模式亦然。課程評鑑若太偏於功利主義的觀點，而忽略價值多元的觀點，可能會使評鑑成為只是貫徹某種價值或意識型態的有效傳輸工具。又評鑑若偏重量化的資料，將忽視許多潛藏的、質的問題；亦會脫離了評鑑的脈絡，使評鑑成為孤立的行為（歐用生，民84，頁2）。相對地，多元主義的課程評鑑觀提醒我們：評鑑的觀眾不應只是少數的課程決定者，還包括了使用者和受影響者，如教師、學生和家長；評鑑的標準應反映多元的旨趣和觀點；評鑑的方法和過程，應能完整而深入到課程的運作情境中，以真正掌握課程運作的真象。多元主義課程評鑑觀的這些觀點，值得吾人重視、深思。

四、內容簡短，居綱要之末，暗示評鑑的弱勢地位

從語意學觀點言之，當某一主題或觀念在文本中所出現的次數或量，明顯少於其他主題或觀念。或者，其出現的位置是屬於

次要、不顯眼、附帶或末位的，則暗示該主題或觀念的相對地位較低，較不被重視。九年一貫課程總綱綱要對於課程評鑑的規定，正好顯現出這種現象。在總綱綱要中，有關課程評鑑的規定總共才五點，就量而言明顯地少於其他有關課程理念、目標、學習領域、教學時數等之主題；就位置而言，也被放在整個綱要的最末端，最不起眼，容易被忽略。這種現象，實反應出國內長久以來在課程改革過程中總是忽略課程評鑑工作的真相。

另值得一提的是，目前的規定是以「課程評鑑」一詞，取代以往的「教學評鑑」或「教學評量」，概念內涵比以前已擴充許多，但只以五點規定來闡釋辦理的原則。這樣的規定方式，令人有意猶未盡、語焉不詳或空洞不明的感覺。將來宜針對課程方案的評鑑、課程教材評鑑、教學評鑑和學習評量等概念，做適度的區隔，分別要述其辦理的目的、原則、方式或過程，才能使課程評鑑的規定，更趨完整。

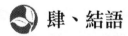 肆、結語

評鑑乃知得失、明優劣、辨良窳、判價值、做決定的必要過程。同樣的道理，課程改革亦應重視課程的評鑑工作。唯有如此，才能邁向更合理的課程改革工程。

本次的九年一貫課程總綱綱要在課程評鑑方面已有若干積極性規定，值得肯定。不過，規定的內容，仍有美中不足之處，尚有調整改進的空間。正值九年一貫課程各學習領域正要研訂課程

大綱之際，謹提出上述評論，希作為各領域規畫小組研訂其評鑑規定之參考；也藉此提醒各層次課程改革的決定者，要重視課程評鑑工作。

🌐 參考文獻

王文科（民 83）。**課程與教學論**。台北：五南。

教育部（民 65）。**國民小學課程標準**。台北：正中書局。

教育部（民 82）。**國民小學課程標準**。台北：台捷。

教育部（民 87）。**國民教育階段九年一貫課程總綱綱要**。台北：教育部。

黃政傑（民 76）。**課程評鑑**。台北。師大書苑。

黃政傑（民 82）。**課程教學之變革**。台北：師大書苑。

黃嘉雄（民 85）。建立新課程實施的評鑑制度邁向更合理的課程改革工程。**國民教育**，37（1），49-55頁。

歐用生（民 84）。加強課程評鑑工作。**研習資訊**，12（1），1-7頁。

Alkin, M.C. (1990). Curriculum evaluation models. in H.J. Walberg & G.D. Haertel (ed.), *The international encyclopedia of educational evaluation* (166-168). New York: Pergamon Press.

Glatthorn, A.A. (1987). *Curriculum leadership.* Glenview, Illinois: Scott, Foresman & Company.

Gredler, V.E. (1996). *Program evaluation.* Englewood Cliffs, New Jersey: Prentice Hall.

House, E.R. (1983). Assumptions underlying evaluation model. In G.F. Madaus, M.S. Scriven & D.L. Stufflebeam (eds.), *Evaluation models: Viewpoints on educational and human services evaluation* (45-64). Boston: Kluwer-Nijhoff Plublishing.

Sanders, J.R. (1990). Curriculum evaluation. In H.J. Walberg & G.D. Haertel (ed), *The international enclepedia of educational evaluation.* New York: Pergamon Press.

Stufflebeam, D.L. (1983). The CIPP model for program evaluation. In G.F. Madaus, M.S. Scriven & D.L. Stufflebeam (eds.), *Evaluation models: Viewpoints on educational and human services evaluation* (117-141). Boston: Kluwer-Nijhoff Publising.

➠本文原載於國立台北師範學院、中華民國教材研究發展學會主編（民88），邁向課程新紀元——九年一貫課程研討會論文集下冊，470-476頁。台北縣：中華民國教材研究發展學會。

第十四章
學校書面課程計畫評鑑規準之初步建構

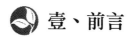 **壹、前言**

　　國民中小學九年一貫課程暫行綱要規定：「各校應成立課程發展委員會，下設各學習領域課程小組，於學期上課前完成學校總體課程之規畫、設計教學主題與教學活動，由教師依其專長進行教學。」「課程發展委員會應充分考量學校條件、社區特性、家長期望、學生需要等相關因素，結合全體教師和社區資源，發展學校本位課程，並審慎規畫全校總體課程計畫。」「學校課程計畫應依學習領域為單位提出，內容包涵：學年／學期學習目標、單元活動主題、相對應能力指標、時數、備註等相關項目。」「各校應於每學年開學前一個月，將整年度學校總體課程計畫送所轄縣市政府教育行政主管機關備查後，方能實施（教育部，民89，頁14）。」

　　按上述規定，未來九年一貫課程實施後，學校書面課程計畫

的研擬與發展，將是學校的例行年度大事；學校書面課程計畫的審查，也將成為各主管教育行政機關的重要行政業務。

問題是，良好的學校課程計畫，應具備哪些要項和條件？有哪些評鑑書面課程計畫的規準，可供學校自我評估或主管教育行政機關據以審查之參考？這是極其重要且迫切的課題。因為良好的書面課程計畫，雖未必然會轉化為良好的課程實際，但品質不佳的課程計畫，絕無法產生良好的課程結果；優秀的課程計畫，是保障課程品質的基礎。

事實上，從民國八十八學年度教育部選定二百餘所學校試辦九年一貫課程以來，就有許多試辦學校和縣市政府面臨了缺乏適當課程計畫評鑑規準之難題。若干試辦學校最近所提出的課程計畫，已可發現不少缺失。例如，只以美麗的詞藻勾繪出學校願景，卻不見學校願景、學校整體課程目標、學校各領域課程目標和國家課程目標間之適當連結；或只以虛浮的所謂跨領域統整主題來拼湊各學科的單元，而忽略學習經驗的前後銜接，及其與課程目標之連結；有些則只是片段式的單元教學活動設計，而未考慮較長學習時間的課程藍圖之規畫。縣市政府的難題亦不亞於學校，現任台北縣政府教育局督學的前板橋市實踐國小張素貞校長，即在民國八十九年九月七日所召開的教育部國民中小學九年一貫課程試辦工作輔導小組研討會上大聲疾呼：「我們體會到課程評鑑的重要性，但卻找不到適當的評鑑規準來評鑑學校的課程計畫、課程實施與課程結果。」另基隆市政府為激發教師潛能，開發學校本位課程，提升教師編擬教學計畫能力，特於八十九學年度辦理該市國民中小學教學計畫（事實上亦是課程計畫）評選，籌辦

人員可謂積極任事，用心良苦；但是，其所列出的評選重點只有五項，依序為：教學計畫含跨八十九學年度第一學期全學期，以學校為本位並結合社區資源，呈現跨年級、跨班級、跨科目或不同領域等協同教學形式，足以引發學習動機，以及教學計畫具體可行且能有效教學（基隆市政府，民89）。這些評選重點，有些雖點出課程與教學計畫的要點，但實在是過於簡單。

九年一貫課程即將於下學年從國民小學一年級起實施（另五、六年級同步實施英語課程），距現在只剩下十個月時間，審視上述情況，豈不令人憂心！基於此，筆者乃不揣淺陋，試著於本文建構出一套評鑑學校書面課程計畫的規準，以供學校和各主管教育行政機關自評或審查之參考。

貳、適用範圍與建構方法

課程評鑑係運用系統方法蒐集資料，針對課程的全部或一部分，判斷其內在價值（merit）或效用價值（worth）的過程（Glatthorn, 1987, p. 272; Sanders, 1990, p. 163; 黃嘉雄，民89，頁187）。所以，就評鑑的時機而言，可能指發生於課程開發與設計階段之評鑑，針對課程安裝階段之評鑑、實施階段之評鑑，以及對課程結果之評鑑；或者，包含全部前述各課程革新過程諸階段之評鑑。就評鑑的對象範圍而言，如 M.C. Alkin（1990）所言，可能指課程產品如學習科目、課表、教科書等之評鑑，也可能指對整個課程方案之評鑑（p. 166）；而所謂整個課程方案，也許是學校整體

課程方案或其單學科（學習領域）課程方案，也許是全國性或地區性整體課程方案或單學科（學習領域）課程方案。若指單一學習領域或學科之評鑑，Glatthorn（1987）指出，可包括其書面的課程、支持的課程、教導的課程、測驗的課程、習得的課程和課程的形成方面等諸層面之評鑑（pp. 282-283）。就價值判斷而言，有所謂功利主義的觀點（utilitarian perspectives），主張可用事先決定的標準，以評估方案或課程是否合乎社會效益；亦有所謂直觀主義／多元主義的觀點（intuitionist/pluralist perspectives），認為判斷方案或課程是否有價值的共同性標準，在許多社會情境下是不可能的，方案或課程的價值依不同群體和不同目的而異，而評鑑的角色乃在反應這些不同觀點（Gredler, 1996）。是故，從事課程評鑑或建構評鑑規準時，應先界定評鑑的價值觀、目的和範圍，以作為後續蒐集資料、解釋資料和價值判斷之依據。

　　本文所欲建構的學校書面課程計畫評鑑規準，目的在於對學校和主管教育行政機關提供判斷課程計畫優劣的規準，故在價值觀上採功利主義的觀點。在範圍方面，僅指學校層次的單一學習領域課程計畫而非全國性或地區性的書面課程計畫，也非指全校性的總體課程計畫；另各不同的學習領域課程本身，應各有其內在的課程哲學和合理性課程要素，故理想上各學習領域課程均應可建構出其獨特的課程計畫評鑑規準，但限於時間與精力，本文只嘗試建構適用於各學習領域的共通性書面計畫評鑑規準，使用者可再參照各學習領域課程的特殊性修改或增列之。就評鑑對象而言，本文所建構之規準，僅指用以對學校單一學習領域書面課程計畫之評鑑，不包括用以對課程的材料、教科書、安裝、實施

過程與課程結果之評鑑。

　　本文將採用文獻分析，加上自己的思考判斷，建構評鑑規準。首先，蒐集研閱提供課程評鑑規準的文獻，挑選其中適用於書面課程評鑑之規準，逐項檢討修改成適於國內學校情境的項目規準；接著，再研閱課程設計的相關書籍與文獻，將其所論述的課程設計原則，轉化為評鑑的項目規準。最後，參考此兩者而得的規準進一步思考判斷後，建構出規準。

 # 參、諸家學者建議的評鑑規準

一、一九六八年聯合國教科文組織主辦亞洲地區課程評鑑研究工作坊之建議

　　一九六八年九月九日至十六日聯合國教科文組織（UNES-CO）於曼谷辦理亞洲地區課程評鑑研究工作坊，提出一個可供亞洲國家適用於各學科（領域）的課程評鑑規準架構，茲將其中可適用於書面課程評鑑的規準，列述或修改如下（UNESCO, 1968）：

(一)目標

1. 基礎
立基於該社會的理想與哲學，回應當代社會的持續性問題與

需要，以及學校在社會中的角色定位，考慮學童的發展需要，來自學科專家的建議。

2.目標的陳述

具體。

3.完整性

使學生在各方面能全面性發展，包括認知方面的知識與技能、高級心智過程，情意方面的興趣、態度與價值，以及身體方面的發展。

(二)內容

1.學習內容

與目標相關聯，能引起學生的興趣與動機，配合學生的準備度，強調整體的結構而非片段的事實，採用最新資料，且內容正確。

2.組織

具延續性（continuity）、具順序性、具統整性：包括能以原理原則結合各科目內容，注重課程結構的相關性，以及不同科目領域教科書內容的相關性。

(三)過程

（原規準偏重於課程實施過程之評鑑，唯其中若干項目可轉化為書面課程的評鑑規準，以下即經筆者修改轉化的項目規準）

1.將目標轉化為專業性教育活動行為

單元計畫中列出具體目標，選擇的學習活動，產生目標所提

示的行為改變方向之最有效果的學習活動。

2. 教學方法與技術

適切於目標，適切於學習原則：包括學習準備度、內在動機、參與、投入探究過程、經驗統整等，考慮個別差異。

3. 教學輔助物

適切於目標，適切於溝通與學習原則。

4. 評鑑（evaluation）與評量（assessment）

將評鑑納為教與學過程中不可分割的一部分，視評鑑為一持續不斷的過程。評量學習成就的方法：應具有效性、可信性、可行性和完整性。學習成就評量的目的與使用：是診斷性的而非評等第，用以改進課程與教學。

二、E.E. Ames、L.A. Trucano、J.C. Wan 與 M.H. Harris 等人的健康教育課程評鑑規準

Ames、Trucano、Wan 與 Harris（1995）等人提出的健康教育課程評鑑規準，適用於中小學健康教育課程之評鑑，內含政策與課程（學區層次）、師資安排（學區層次）、社區投入與資源（學區層次）、教師資格與在職訓練（學區層次）、教學組織、教學活動／方法、教學內容、教材資源和評鑑等九大項目，各又包含許多細項；其中，前四大項偏重於對學區層次的評鑑，後五項則是針對學校層次課程的評鑑項目（pp. 169-175）。基於本文之目的，茲臚列或修正其後五項評鑑規準如下：

(一)教學組織

- 教學的哲學、目的和目標契合於州現行健康教育（以下稱本領域）課程綱要。
- 在每一年級建立了有關學生知識、態度與行為的本領域課程目標。
- 分配適當的教學時間以達成揭示的目標。
- 能與其他領域而有助於達成本領域教育目標之活動相整合。
- 本領域的教學安排，能與其他學術科目的教學安排被同等重視。
- 其他六、七、八和九細項之規準，偏重於列出健康教育課程在小學、初中和高中階段的修習時間與修習方式，不再舉述。

(二)教學活動／方法

- 態度發展與認知學習的平衡。
- 所規畫與發展的教學活動，能使學生習得並發展本領域的基本知識、態度、習慣和技能。
- 個別採用或適度結合下列諸方法：問題解決、圖示說明、實驗、講述與討論、閱讀與寫作、小組與全體討論、學習計畫、研究和社區方案。

(三)教學內容

- 內容以促進健康與幸福，健康的維持與預防而非疾病與問

題為核心（屬健康教育領域之重要哲學理念，若其他領域課程應調整之）。

- 以學生需求的評估為基礎，內容包括下列：（健康教育領域內的重要課程內涵，不予詳列）。

(四)教材資源

- 教材是即時性的新近材料。
- 教材具科學上的正確性。
- 所選材料是為了達成課程目標。
- 採用官方和民間機構所提供的可用材料以豐富教學內容。
- 採用當代的視聽媒體材料以豐富教學內容。

(五)評鑑

- 所規畫的評量活動，對評估學生在本領域知識、態度與行動上的成長與發展，具有效能。
- 評鑑結果能用以持續改進本領域課程方案。

三、A.A. Glatthorn

Glatthorn（1987）曾發展出一組適用於單一學習領域課程的評鑑規準架構，內含書面的課程、支持的課程、教導的課程、測驗的課程、習得的課程和課程形成等六類，計五十三個細項。茲將其中可適用於書面課程評鑑的項目規準，列述或修正如下（並非只有那些被歸類為書面課程評鑑的項目才適用，其他五類別之

細項，有些亦可採用）：

㈠書面課程

目標：

- 清楚明白地陳述該領域（學科）目標，且其對需參考者而言，具可理解性（易於閱讀）？
- 這些目標與學區（上級教育行政機關）相關課程的目標一致？
- 這些目標根據本領域專家的建議？
- 這些目標獲得家長的了解與支持？
- 這些目標獲得班級教師的了解與支持？
- 這些目標獲得學生的了解與支持？

各層級目標的範圍與順序：

- 這些目標被分析成一系列的各年級層次目標（成就目標），且能指明欲達成的重要概念、技能和態度？
- 這些層級性目標具充分的完整性，能適當地反應本領域的目標？
- 這些層級性目標以某種方式（如範圍和順序圖表）清楚地呈現，能增進了解與運用？
- 這些層級性目標根據且反應了本領域專家的建議？
- 這些層級性目標的出現位置反應了當前有關學生發展的知識？
- 這些層級性目標的出現位置提供了必要的學習增強，但不

會產生無謂的重複？

- 這些層級性目標的出現位置，在難度上適合於該層級的學習者？
- 這些目標適當地分配在各年級，使各年級間之目標具平衡性？

書面課目指引（course guides）：
- 具備涵蓋本領域所有各年級的書面課目指引？
- 這些書面課目指引對行政人員、教師和家長具可讀性（可理解性）？
- 課目指引的格式易於促進修正和補充？
- 課目指引以某種格式和方法清晰地說明年級層次的目標，以利運用？
- 課目指引適當地區分出須精熟的、具相關性的和擴展性的學習結果，並且將重點放在須精熟的學習結果？
- 課目指引清楚地指出須精熟的學習結果之重要性，並建議了能反映其重要性的時間分配？
- 課目指引建議了將目標轉化為學習單元的組織方式，但並不要求特定的單元組織型態？
- 課目指引建議（而非指定）了可能導向相關目標達成的教與學之活動？
- 所建議的教與學活動，反應了當前有關教與學的知識，且其品質是卓越的？
- 課目指引建議適當的評鑑過程與方法？

• 課目指引建議適當的教學材料和其他教學資源？

(二)支持的課程（只挑適用的）

時間：

• 本領域時間的分配，能適當地反應學區（教育行政機關）目標、本領域課程目標和專家的建議？

• 學校的主要行事曆和有關時間分配的行政綱要適當地反應學區的時間分配？

教材：（略之）

教師發展：（略之）

教導的課程：（略之）

測驗的課程：（略之）

習得的課程：（略之）

形成方面：

• 該領域課程的發展過程為何？又該過程能提供所有學校相關人員的適當投入？

• 提供哪些特別的措施，供相關人員的持續投入？

• 提供哪些特別的措施，以修改本領域課程？

肆、黃政傑及黃光雄、蔡清田課程設計專書的重要觀點

　　黃政傑（民 88）所著「課程設計」及黃光雄、蔡清田（民 88）合撰「課程設計——理論與實際」兩本課程設計方面專著，提供許多課程選擇與組織上的原則或規準，頗值採用為評鑑書面課程計畫之規準。由於兩專著的觀點，有諸多相似處，茲將兩本專著中之課程選擇與課程組織原則，合併列舉為評鑑的參考規準。另兩本專著雖有課程目標和課程評鑑的專章，但均未明示目標選擇與組織，以及評量安排的原則或規準，故無法從中汲取此兩方面的評鑑規準。

一、課程選擇

(一)內容的選擇

- 能達成目標：根據目標選擇內容，使之能達成目標。
- 具重要性：是學科（學習領域）中最基本、最重要的概念、原則、事實和方法，最能獲致學習遷移效果者。
- 具正確性：無錯誤的事實、概念、原則或方法，且能反應最新的知識發展。
- 具可學習性：難度適中，適合學習者的先備經驗。

- 適合學習者的需求與興趣。
- 具實用性：與實際生活、社會現實相結合。
- 適度彈性：可因個別學生需要，或因應地方和教師之需要而彈性調整。
- 資源方便：與內容相關之資源，方便取得，合乎經濟原則。
- 份量適當：份量與教學時間相稱，不致太多或太少。

(二)活動的選擇

- 練習原則：提供練習以獲得目標的機會。
- 達成多種目標：安排的學習活動可達成多種目標。
- 活動多變化：提供達成同一目標的多種學習活動，或設計了共同的基本活動和變通性可選替活動。
- 符合學生的能力、需要和興趣。
- 採用適當的媒材：配合活動的性質與學習效果的提升，採用適當的媒介材料。
- 彈性原則：可因個別學生、地區特性和教師之需要而彈性運用。
- 經濟原則：活動之安排，考慮經濟上的可行性。
- 指導原則：對於學習者學習新行為或新事物之活動，有提供適切的指導。

二、課程組織

- 合乎課程目標：課程內容配合課程目標而組織。

- 具延續性：重要內容在不同學習階段適度加深加廣地持續出現。
- 合順序：

  由簡單到複雜（就內容深淺言）。

  由具體到抽象（就內容的抽象程度言）。

  由近而遠（就內容與學習者生活經驗之關係言）。

  依事件發生之時序而組織。

  由整體到部分或由部分到整體，或兩者之整合。

  依學習領域知識或探究順序而組織。

  配合學習者的身心發展狀態而組織學習順序。

  （上述七種順序性組織方式，部分可依學習領域性質而定）
- 具統整性：

  學習者先後課程經驗的統整。

  學科（學習領域）間的關聯與統整。

  學科內容要素的統整。

  課程內容與生活經驗的統整。

  課程內容與社會現實的統整。

 伍、筆者建構之規準

　　學校層級的書面課程計畫，到底應包括哪些項目或內容，迄今並無定論。Glatthorn（1987）認為，就工學模式（Technological model）的課程計畫而言，大部分的課程綱要包含五項內容：(1)課

程理論基礎與基本理念，或是引導課程設計者之哲學陳述；(2)一系列刻意排序的目標；(3)建議的學習活動，且以圖表方式呈現，使這些活動與目標間的關係非常清楚；(4)有時活動是在每一目標之下描述，有時目標與活動按平行的欄位並列；(5)一系列建議的教學材料；測驗習題與其他評量活動之建議（p. 202）。就自然主義的課程設計模式（Naturalistic model）而言，他認為課程綱要通常由一些學習劇本（learning scenario）組成。他所謂的學習劇本，是一種較彈性的、開放性的指引，以協助教師實施新課程。亦即，教師可不斷思索目標、學習經驗和學習材料之性質及其相互關係，而彈性調整劇本裡的課程經驗。他認為一個學習劇本通常包含四項內容：(1)對該單元目標清楚而詳細之說明；(2)上課節數建議（一個劇本可能是六到八節，一學期包括數個劇本）；(3)一系列高品質學習經驗的建議，其以整合目標、活動與材料的方式組織之；(4)複印了一些教師可用以形成教學計畫的文章、地圖和圖片。

　　至於教育部所頒國民中小學九年一貫課程暫行綱要內之各學習領域課程綱要，大體上都由基本理念、課程目標、分階段能力指標（層級性具體化課程目標）及其與十大基本能力之關係、實施要點（內含教材選編、教學方法和教學評量等）和附錄（通常建議了主要學習內容或教材綱要、單元主題、單元教學活動設計示例等）。而暫行課程綱要實施要點要求各校須提報其主管教育行政機關備查的學校總體課程計畫，規定應依學習領域為單位提出，內容包含：學年／學期學習目標、單元活動主題、相對應能力指標、時數、備註等相關項目。

　　綜合上述，再證之前舉諸學者有關課程計畫評鑑指標分類之

紛歧現象可知，學校層級的單一學習領域課程計畫內涵，有簡有繁，既會受不同的課程理論取向和不同的課程設計模式之影響，亦會因不同行政機關之要求或學校本身之內在需求而有所差異。唯若以目標模式的課程設計為出發點，採較詳盡的方式研擬書面課程計畫，筆者認為內容可包括：理念與目標、學習內容、教與學的活動、教學資源與媒材、時間分配和評量活動等六大部分。茲就此六大類，參考前述學者的看法，初步建構學校層級學習領域課程計畫之評鑑規準於下（每項規準之後列出參考來源，參考自 UNESCO 者以 U，Ames 等人者以 A，Glatthorn 者以 G，黃政傑、黃光雄和蔡清田三位者以黃分別表示之，未標者則係筆者的意見）。

一、理念與目標

(一)基礎（指理念與目標形成的根本基礎）

- 立基於社會的理想與哲學，或源自對理想社會的願景（修自 U）。
- 回應當代社會的持續性重要議題與需要（U）。
- 考慮學習者的發展需要（U）。
- 契合於上級機關課程綱要的理念與目標（A, G）
- 契合於全校性課程計畫的理念與目標。
- 依據或反應本學習領域專家的建議（U, G）。
- 回應當前本領域課程與教學的重要學理。

- 考慮家長與教師的意見，獲得其支持（G）。

(二)內涵

- 具完整性，包含了學生在本領域課程所應獲得的認知、技能和情意等各方面的目標（U, A, G）。
- 能與其他領域的相關目標，形成相互支持的關聯與整合（A）。

(三)呈現

- 將本領域概括化目標進一步轉化為一系列具層次性的年級性或階段性具體目標（G）。
- 以某種圖表清楚地呈現各年級或階段的層次性目標，並能增進理解與運用（G）。
- 目標的陳述或敘寫具體而清楚，易於理解（U, G）。
- 各層級性目標的出現年級或階段，回應了當前有關學生發展的知識（G）。
- 各年級或各階段層級性目標，形成適當的加深加廣延續性，有助於學習增強，但不致造成無謂的重複（G）。
- 各層級目標適當地分配於各年級或階段，使各年級或階段的目標契合於該年級或階段的份量與難易度（G）。

二、學習內容

指為達成課程目標而安排給學習者學習的本領域概念、原則、

事實、原理、價值與技能等。它與目標息息相關，但不見得是目標本身；又某些領域的學習內容，可能包含了許多外顯性活動，此類活動性的學習內容與課程實施時所安排的學習活動，雖亦息息相關，但兩者間亦有所區別。例如，「會觀察現象的改變，察覺現象的改變必有其原因」，這是目標；而安排有關天氣變化的溫度、溼度等之概念及相關原理原則之學習，使學生獲得前述目標，則是學習內容；又教學過程中所進行的觀察、記錄、計算、討論和歸納等活動，則是教與學的活動。

㈠內容

- 能達成目標：所選擇內容能有效達成目標（U, A, 黃）。
- 具重要性：是本領域中最基本、最重要的概念、原則、事實、原理、價值、方法與技能，能獲致最大的學習遷移效果（U, A, 黃）。
- 具正確性：內容具科學上的正確性（U, A, 黃）。
- 具可學習性：難度適中，適合學習者的先備經驗與發展狀態（U, 黃）。
- 能引發學習者的興趣、動機，適合其需求（U, A, 黃）。
- 具實用性：與實際生活、社會現實相結合（黃）。
- 合時宜性：採用新近發展的知識與原理原則，或反應當前社會的重要議題。
- 適度彈性：可依個別學生需要，或因應地方和教師之需要而彈性調整；或區分了須精熟的基本內容、相關性內容與擴展性內容（G, 黃）。

- 份量適當：與教學時間相稱，不致太多或太少（G, 黃）。
- 資源方便：與內容相關之資源，方便取得，合乎經濟原則（A, 黃）。
- 內容無種族、性別、宗教、政黨和階級等之偏見。
- 內容反應了本學習領域專家的建議。

(二)組織

- 合乎課程目標：配合課程目標而組織之（黃）。
- 具延續性：重要內容在不同學習階段有適度加深加廣的持續出現，但不致形成浪費學習時間的無謂重複學習（U, 黃）。
- 合順序性：依學習領域或學習內容之性質，並考量學習者的身心發展狀態，採取下列方式組織學習內容的順序（U, 黃）。
  ◎由簡單而複雜（內容深淺），
  ◎由具體而抽象（抽象程度），
  ◎由近而遠（與學習者生活經驗之關係），
  ◎依事件發生時序，
  ◎由整體而部分或由部分而整體，或兩者之整合（技能類學習須特別考慮），
  ◎依學習領域知識的探究活動順序。
- 具統整性：從下述方向組織學習內容，促使學習經驗在前後、左右和內外之間，形成有意義的連結與整合（U, 黃）。

◎先後內容間之良好銜接，

◎與其他學習領域內容間之關聯與銜接，

◎本領域內容要素之整合，

◎內容與生活經驗形成有意義的連結，

◎內容與社會現實相互關聯。

(三)呈現

- 易於理解：內容的陳述，用語淺顯，易於理解，對行政人員、教師和家長皆具可理解性（G）。
- 提供必要的圖表，以協助使用者對目標與內容之關係及整體內容有完整性的了解。
- 易於修定和補充：提供適度的空間，提醒使用者因時因地或因知識之發展而作必要之修定和補充。

三、教與學的活動

指為達成課程目標，針對學習內容之性質而建議教師安排的教學與學習活動。

- 能有效達成目標：所建議的教與學的活動，能有效達成課程目標，協助學習者精熟學習內容（U, A, G, 黃）。
- 能達成多種目標：所建議的活動最好能同時達成多種目標，或兼顧認知、技能和情意學習的均衡（A, 黃）。
- 採用各種活動：配合學習內容的性質，建議了各種不同的教與學的活動，使活動多變化或設計了變通性替選活動（A,

黃）。

- 符合學習原理：適合學生的能力、興趣和動機，提供學生參與、練習、思考、探究和整合的充分機會（U, G, 黃）。
- 考慮學生的個別差異：建議的活動，能考慮學習者的個別差異（U, 黃）。
- 易於彈性運用：可因地區特性和個別教師之需要而彈性運用（黃）。
- 採用適當的媒材：配合學習內容與活動的性質，協助學習效果的提升，建議了適當的媒材（A, G, 黃）。
- 符合經濟原則：建議的活動，考慮經濟上的可行性，易於實施。
- 提供指導：對於學習新行為或新事物之活動，有提供適切的指導性活動（黃）
- 活動之陳述，易於教師和家長理解。

四、教學資源與媒材

指用以協助教學者進行教學活動的各種教學資源，以及呈現學習內容與活動的媒體器材，包括圖片、書籍、模型、儀器、實物和電化器物等。在書面課程計畫中，一般不包括教科書，但可能建議了學習的材料和教學的資源與媒材，因計畫之詳簡而定。

- 能達成目標：建議的資源與媒材，能有效協助達成課程目標（U, A）。
- 符合溝通原則：能協助教學者與學生進行有效的溝通

（U）。

- 符合學習原理：能引發學習者的興趣與動機（U）。
- 考慮採用現代化視聽媒材：因學習內容之性質，在經費許可情形下，建議採用適當的現代化視聽器材，以提升學習效果（A）。
- 具方便性：建議的資源與媒材，容易取得，且操作簡易（A，黃）。
- 具經濟性：所建議的資源與媒材考慮經濟上的可行性，或者能建議可行的選替材料。

五、時間分配

包括在全校總課程架構下對本領域課程時間及對本領域內各單元教學時間之分配。

- 能達成目標：本領域教學時間的分配，能有效達成教育行政機關和學校所規畫的本領域課程目標。
- 符合規定：本領域教學時間的分配，符合教育行政機關的規定（G）。
- 單元時間分配適當：領域內各單元教學活動的時間分配，能達成各該單元目標，並考慮了學習內容的難易度，以及能有效實施所安排的教與學活動。

六、評量活動

專指建議評量學生學習成就的方法與活動，但不包括教學評鑑和教材評鑑等其他更廣義的課程評鑑活動。

- 切合目標：根據課程目標與學習內容而建議適切的評量方法與活動。
- 具有效性：評量方法與活動能有效地評量出學習者的真正學習成效（U, A）。
- 具完整性：評量安排能完整地評量課程所欲達成的各種目標而非單方面目標（U）。
- 具多元性：根據課程目標與學習內容之性質，採用各種多樣化的評量方法與活動。
- 具可行性：評量方法與活動易於實施，具可行性（U）。
- 具回饋性：將評量納為教與學過程中不可分割的一部分，不但能回饋於教師的教，學生的學，亦能用以回饋課程計畫之改進（U, A）。

陸、使用及後續研究之建議

上述規準係筆者基於拋磚引玉而提出之初步建構，不見得每項規準皆適用於各機關、學校和各學習領域，茲對使用者和未來進一步研究，提出下列建議：

一、使用者和研究者可再根據各學習領域之特殊性，針對各項規準之適用情形，酌予增刪或修改。

二、根據不同書面課程計畫內容之多寡或詳簡程度，選取適用的部分。

三、每項規準之後，可採用檢核表的方式，逐項勾選，檢核計畫是否符合這些規準。或者，採用等級量表的方式，列出優、良、可、差，或甲、乙、丙、丁，或一、二、三、四等之等級，由評鑑者逐項勾選適當的等級；等級亦可採用三等量表或五等量表。另外，亦可於規準之後規畫建議欄，以便對受評之計畫提供回饋意見。

四、學校研擬書面課程計畫時，亦可就規準所列項目，事先研閱評估，以作為撰寫課程計畫之參照規準。

五、使用者和研究者可參照這些規準，發展出專門適用於各單一學習領域（或學科）的評鑑規準。

六、除了書面課程計畫之評鑑規準外，有關課程材料、課程安裝、課程實施等之評鑑範圍，未來亦可比照建構評鑑規準。

七、所建構之初步規準，將來應進一步採調查法，調查教師、行政人員、學科專家和課程專家等之意見，以累積更多的智慧，使之更完善。

參考文獻

黃政傑（民 88）。課程設計。台北：東華。

黃光雄、蔡清田（民 88）。課程設計──理論與實際。台北：五南。

黃嘉雄（民 89）。論台灣地區國民中小學九年一貫課程的評鑑規畫。收錄於教育部、國立台北師範學院、台北市政府教育局主辦，國民中小學九年一貫課程試辦工作輔導小組研討會會議手冊，187-204頁。台北：教育部。

教育部（民 89）。國民中小學九年一貫課程暫行綱要。台北：作者。

基隆市政府（民 89）。基隆市八十九學年度國民中小學「教學計畫」評選注意事項。基隆市：作者。

Alkin, M.C. (1990). Curriculum evaluation models. In H.J. Walberg & G.D. Haertel(ed.), *The international encyclopedia of educational evaluation* (166-168). New York: Pergamon Press.

Ames, E.E., Trucano, L.A., Wan, J.C. & Harris, M.H. (1995)(2nd ed.). *Designing school health curriculum: Planning for good health.* Dubuque, IA: WCB Brown & Benchmark.

Glatthorn, A.A. (1987). *Curriculum leadership.* Glenview, Illinois: Scott, Foresman and Company.

Gredler, M.E. (1996). *Program evaluation.* Englewook Cliffs, New Jersey: Prentice Hall.

Sanders, J.R. (1990). Curriculum evaluation. In H.J. Walberg & G.D. Haertel (ed.), *The international encyclopedia of educational evaluation* (45-64). New York: Pergamon Press.

UNESCO. (1968). Final report. Regional workshop on research in curriculum evaluation, Bangkok, 9-16 Sep., 1968. Bangkok: Bangkok Institute for Child Study.

➠本文原載於中正大學教育學院主編（民 89），新世紀教育的理論與實踐，289-308 頁。高雄：麗文文化。

第十五章

彈性學習節數課程評鑑架構與規準

🍃 壹、前言

　　過去數十年來，在教育部頒課程標準的詳細規範及明顯中央集權化課程決定政策影響下，我國小學的課程自主餘地極少。無論是教學科目名稱與目標、各科節數或授課時數，乃至教材、教科書內容，以及成績考查辦法等，都呈現濃厚的制式化和齊一化色彩，學校所擁有的課程決定權非常有限，學校幾無彈性空間以發展與實施具在地特色的課程，校長和教師們也就大都安於現狀，很少將時間、精神投注於課程事務，教師的課程發展專業能力幾乎被消弱殆盡。

　　一直到民國八十二年教育部修訂頒布國民小學課程標準，情況才稍有變化，八十二年修訂頒布的國小課程標準，有如下規定：「各校得視實際需要，在各年級至少增設一節，為彈性應用時間。」「鄉土教學活動，三至六年級實施，除應配合各科教學外，

各校亦得視地方特性，彈性安排方言學習及鄉土文化有關之教學活動，指導學生學習（教育部，民 82，頁 4-5）。」彈性應用時間和鄉土教學活動的開設，為學校層次的自主化課程發展開啟一道曙光。這道曙光對長期中央集權化的我國課程決定與管理政策而言，實屬概念上的重大突破，意義非凡。但這道曙光著實太隱晦了，一則是因它占整體學校課程的比重太少，微不足道，另一則是因許多縣市政府為了推展全縣（市）的教育特色或政策而將學校的彈性應用時間給占用了，真正留供各校自主發展課程者反居少數。因而八十二年課程標準裡的各校彈性應用時間，亦未實質提供學校發展自主化課程的機會，教師參與課程發展的機會和能力，也仍舊難以開展。

到了民國八十九年教育部公布國民中小學九年一貫課程暫行綱要後，情況則產生重大變化。一方面學校本位課程發展（school-based curriculum development）的概念，響徹雲霄，被許多學者認為是九年一貫課程改革的重大特色之一（王嘉陵，民 90；陳伯璋，民 89；歐用生，民 89）。另一方面，九年一貫課程暫行綱要確實給與各校比以前更多、更大的課程自主決定權，其中最重要的課程自主權來自彈性學習節數。九年一貫課程中學校彈性學習節數的量，一至九年級每年級可安排二至七節不等，可實施的課程活動包括：「由學校自行規畫辦理全校性和全年級活動、執行依學校特色所設計的課程或活動、安排學習領域選修節數、實施補救教學、進行班級輔導或學生自我學習等活動（教育部，民 89，頁 14）。」在九年一貫新課程改革中，學校本位課程發展的觀念盛行，各校學習領域課程結構改變了、節數減少了，而彈性

學習節數的量增多了，學校課程自主決定權擴增了；相對地，如高新建（民90）所言，學校規畫彈性學習節數的難度、複雜度也變得比過去高，學校教育人員所面臨的挑戰更大。

如前所述，長久以來國內的課程決定政策，鮮少給與學校層級發展自主化課程的機會，國民小學教師課程發展的專業能力與信心也極為薄弱，如今九年一貫新課程突然賦與學校相當比例的彈性學習節數以發展和實施學校層級的自主化課程，其課程品質豈不令人憂心？系統化的課程評鑑則是了解、評估和判斷課程價值，並進而確保課程品質的最佳方法。透過課程評鑑，可以診斷課程的問題或困難，進而據以修正改進，使之更完美（黃政傑，民76）；或者，如 Malcolm Provus 差距模式（Discrepancy Model）的精神，可根據評鑑結果與預定標準間差距之大小，據以決定是否終止課程方案（Gredler, 1996）。而九年一貫課程架構下的學校彈性學習節數課程由誰評鑑？如何評鑑？九年一貫課程暫行綱要實施要點中有關「課程評鑑」的規定，僅列述如下：「課程評鑑應由中央、地方政府分工合作，各依權責實施：一、中央：建立各學習領域學力指標，並督導地方級學校課程實施成效。二、地方政府：負責辦理與督導學校舉辦各學習領域表現測驗。三、學校：負責課程與教學的評鑑，並進行學習評鑑（教育部，民89，頁15）。」就此規定觀之，真正負責學校彈性學習節數課程評鑑者應是各校而非中央或地方政府。但是，數十年來皆鮮有機會發展課程的學校，已慨歎教師缺乏能力發展課程了，豈有能力或意願進行課程評鑑？

若干的研究已發現，課程評鑑是我國學校層級課程發展與實

施過程中極弱的一環。王月美（民90）針對三所國小校長課程領導之個案研究發現，三所試辦國小校長進行九年一貫課程領導時，皆歷經組織、規畫、實施、回饋等四階段，但都不太相同，且多未完全採行回饋階段。王嘉陵（民90）對一所國民小學學校本位課程發展之個案研究，也指出課程評鑑係東方國小（個案學校化名）需要加強的部分。蔡孟育（民89）對一所國民小學鄉土教學活動課程發展、實施與評鑑之研究，也發現課程評鑑是該校鄉土教學活動課程發展與實施過程中最弱的一環。台北縣東山國小校長邱惜玄在省思該校的課程發展與協同教學之困惑與不足時，亦坦率指出：「內外部評鑑機制的建立，乃是我們日後要努力的方向（邱惜玄，民90，頁92）。」因此，值九年一貫課程已開始全面實施之際，實急需發展出實用有效的課程評鑑架構及其規準，對各校的彈性學習節數課程進行評鑑，一則了解各校彈性學習節數課程的品質，進而協助各校改進課程；另則藉所發展出的評鑑架構與規準，作為引導各校進行自我評鑑之參考。

　　唯彈性學習節數課程的種類，依前述暫行課程綱要之列舉說明，變化極大。有些可能是結構比較鬆散的全校性或全學年活動，乃至於班級輔導活動；也有些可能是為了因應個別學生需求而提供的個別化補救教學活動或給與學習者相當自主性的學生自我學習活動；亦有些可能是由各班教師或學校教師組專案小組所規畫設計供學生修習一至數學年不等而結構較嚴謹的班級或全校性特色課程，在此種情形下，欲發展出一個能完全適用各種不同型態的彈性學習節數課程評鑑架構與規準，實屬困難。為了引導各校採用較嚴謹的方法規畫設計具長期積累性、銜接性學習效果的彈

性學習節數課程，而非只是藉著「彈性」之名而安排了一些偶然性或隨興式的活動，並藉以提升教師的課程設計能力，本文乃以能適用於學校所開發而供學生修習一至數學年的彈性學習節數課程為主要對象，試著發展出一套彈性學習節數課程的評鑑架構及其規準，供各校和各教育行政機關參考採用。

貳、評鑑架構發展與實施的原則

評鑑事涉價值判斷，而價值判斷的結果，往往對當事者及政策或方案造成極大的影響。因此，發展評鑑架構，實施評鑑時，應信守某些基本原則。儘管學界對於是否應有所謂共通性的發展與實施評鑑基本原則之看法，一直存在著爭論（Nevo, 1995）。然而，有關這方面的努力，則是評鑑界用以說服大眾接受及肯定評鑑價值的重要工作。其中，最常被提及的努力成果，是美國教育評鑑標準聯合委員會（The Joint Committee on Standards for Educational Evaluation）所發表與公布的評鑑標準。該聯合委員會所界定的評鑑標準（evaluation standards），是指投入評鑑專業實務者所相互同意的一些原則，用以增進評鑑的品質與公平；於一九八一年首度公布，一九九四年修正，內含四大類共三十項細目的評鑑標準（Gledler, 1996, p. 358）。

茲將此四大類三十項細目原則，要述如下：

第一類是效用性標準（utility standards），內含七項細目，分別是：

1. 辨明利害關係人，以滿足其資訊需求。
2. 評鑑者須是有能力、可信賴者。
3. 資料的選擇和範圍應充分而適當。
4. 明確的價值判斷觀點和理由。
5. 評鑑報告清楚而完整的描述。
6. 評鑑報告及時傳播。
7. 評鑑須產生影響，增進利害當事人對評鑑資訊的運用。

第二類是可行性標準（feasibility standards），內含三個細目：
1. 資料的獲得及進行程序須考慮實際情境。
2. 考慮政治上的存活力（political viability），評鑑計畫與實施須考慮各種利益團體的不同觀點。
3. 資源的使用須注重成本效益。

第三類是妥適性標準（proprietary standards），內含八項細目：
1. 服務取向，協助受評者有效滿足其服務對象之需要。
2. 獲得受評者正式書面同意。
3. 尊重並保護基本人權。
4. 評鑑過程中的人際關係互動，須尊重人的尊嚴與價值。
5. 價值的評估須完整且公平。
6. 評鑑發現應向會受評鑑影響者及依法應知悉結果者公開。
7. 以公開和誠實的態度，面對利害衝突。
8. 信守節約、道德和法定的有關評鑑之財務責任。

第四類是正確性標準（accuracy standards），內含十二項細目：

1. 對方案的探究和描述須清楚且正確。

2. 應對方案之背景深入了解。

3. 評鑑的目的與程序應充分描述。

4. 資料來源應具說服性和可靠性。

5. 資料具有效性。

6. 資料具可信性。

7. 資料須具系統性。

8. 量化資料須適當且有系統地分析。

9. 質化資料亦須適當和系統化地分析。

10. 評鑑結果須具可檢證性。

11. 評鑑報告須公正無私。

12. 重視後設評鑑，評鑑本身須持續經得起各項評鑑標準的檢驗（Gledler, 1996; The Joint Committee on Standards for Educational Evaluation, 1994）。

游家政（民 91）認為該聯合委員會所公布的四類評鑑標準（原則），可作為課程評鑑規準的必備屬性；另他又主張增列「啟發性」一項規準，以激發課程發展者和評鑑者去建構自己的評鑑規準，讓評鑑內化為有意義的專業活動。唯細觀聯合委員會公布的第一類效用性標準之第七細目，即主張評鑑應產生影響力，主張對評鑑的計畫、實施及報告之處理與執行方式，應鼓勵那些與評鑑有關之利害關係人充分參與投入（Gledler, 1996, p. 359）。易言之，聯合委員會的評鑑標準，已具備鼓勵課程發展者及實施者

參與評鑑的規畫、實施與報告之處理等追求專業成長與改進的啟發性意義。

Nevo（1995）亦認為美國教育評鑑標準聯合委員會公布之評鑑標準，為評鑑系統之評估提供了一個相當實用的評估架構。不過，他主張以適切性（relevance）取代第一類的效用性標準，強調評鑑的功用更應重視對評鑑對象性質的理解及評估其品質，而非強調評鑑的功利性用途。此種觀點，提醒評鑑者應更重視受評對象之條件、價值觀和處境之深入理解，並減低評鑑的績效責任導向，值得重視。此外，Nevo認為聯合委員會的四類評鑑標準之前後次序，應依重要性程度依序調整為：適切性（原標準是效用性）、正確性、可行性和妥適性。不過聯合委員會並未特別強調其所公布之標準，是按重要性而排序，事實上其列出的三十項細目標準均被認為是重要的，故到底哪類標準才比較重要，應是一種仁智之見。

總言之，美國教育評鑑標準聯合委員會公布之四類三十項細目教育評鑑標準，雖非十全十美，也非學界所完全同意，但其確能為發展評鑑架構及實際進行評鑑，提供一個有用且追求評鑑品質的參照架構。本文所擬發展與實施的課程評鑑架構，將力求符合其所揭櫫的標準與原則。

參、曾發展或實施的課程評鑑架構案例評析

一、黃嘉雄、丁福壽和鄭全成等之單領域課程計畫評鑑規準

　　黃嘉雄（民 89）曾以文獻探討法，以國民中小學九年一貫課程暫行綱要之內涵精神為依歸，建構學校層次的單領域課程計畫評鑑規準，作為教育行政機關審查學校課程計畫或學校自我評鑑課程之參考架構。該評鑑規準分六大層面：理念與目標層面包括理念與目標的形成基礎、內涵和呈現方式三個次類目，計十六項規準；學習內容層面包括內容選擇、組織與呈現方式三個次類目，計十九項規準；教與學的活動層面包括十項規準；時間分配層面有三項規準；最後，評量活動層面有六項規準，總計五十四項規準（詳本書前文）。

　　丁福壽（民 91）則參照黃嘉雄的評鑑規準，再加上其他文獻，採用德懷術調查法建構了國民小學自然與生活科技學習領域課程計畫的評鑑規準。計有六層面的三十九項規準，分別是理念與目標層面的「基本觀點」、「法制性」、「前瞻性」、「明確性」、「統整性」、「具體性」、「連貫性」、「發展性」、「可行性」和「社區性」等十細項規準，教與學內容層面的「重要性」、「難易度」、「生活化」、「結構性」、「繼續性」、「統

整性」、「清晰性」和「流暢性」等八細項規準，教與學活動層面的「趣味化」、「個別差異」、「多樣媒材」、「評鑑功能」和「多元性」等五細項規準，教學資源層面的「多元化」、「多樣化」、「方便性」、「有效性」、「經濟性」、「資訊化」、「科學化」和「社區化」等八細項規準，教學時間層面的「時間分配」、「規畫性」、「妥適性」和「彈性化」等四細項規準，以及教學評量層面的「目標性」、「成效驗證」、「多元性」和「回饋性」等四細項規準。

鄭全成（民91）亦參考黃嘉雄的評鑑規準，另加上其他文獻探討所得，進而以焦點團體座談及德懷術調查法建構了國民小學社會學習領域課程計畫之評鑑規準，內分必要規準和理想性規準兩大類。必要規準包括符合課程總綱綱要、具備各年段課程計畫與內容大綱、符合課程發展的一般過程等三類目的十二細項規準。理想性規準則分為六層面，包括理念與目標層面的「符合性」、「適切性」、「主動性」、「整合性」、「周延性」、「連貫性」、「統整性」、「適當性」、「清晰性」、「具體性」、「層次性」和「可行性」等十二細項規準，課程與教學活動設計層面的「多元性」、「專業性」、「適切性」、「系統性」、「有效性」、「驗證性」、「發展性」和「完整性」等十細項規準，教與學的內容層面的「重要性」、「適量性」、「生活化」、「公平公正性」、「發展性」、「結構性」、「連貫性」和「理解性」等八細項規準，教學資源層面的「多元化」、「多樣化」、「方便性」和「重要性」等四細項規準，教學時間層面的「妥適性」和「彈性化」二細項規準，以及教學評量層面的「目標性」、「有

效性」、「多元性」、「回饋性」、「適切性」、「兼顧形成性、診斷性和總結性評量」、「重視個別差異」、「評量通知展現社會學習領域特色」和「兼顧質化與量化評量結果的呈現」等九細項規準，總計兩類規準高達四十五細項。

上述三位學者，或採用文獻分析法，或再加上焦點團體座談法及德懷術調查法而建構出學校層次單領域課程計畫的評鑑規準，這些規準對建構適用於學校彈性學習節數課程的評鑑架構與規準，相當具有參考價值。雖然三位所建構者皆只是針對書面課程計畫的評鑑規準，不過因其規準內涵包含教與學的活動、教學資源和教學評量等層面，故若加以適當轉化，亦可調整為課程實施和課程效果層面的參考規準。

唯三位學者所建構之規準，對本文之目的而言，仍有不足之處。首先，有關課程發展過程層面之規準相當不足，必須再補充，應如蔡居澤（民88）之建議，將評鑑擴大為包含課程發展與實施各個階段的評鑑，將課程的規畫與設計、內容、實施過程及延續階段皆列入評鑑範圍。其次，規準的細目高達四、五十項，實在太瑣碎，與前述建構評鑑架構的「可行性」原則相違，實可將某些性質相近之規準加以整合，使之更方便運用。第三，有關課程實施結果層面的規準，亦付闕如。最後，皆未實際針對學校情境實施評鑑，尚未獲得實際資料的驗證回饋。

二、林瑞榮之研究

林瑞榮（民89）曾針對台灣各縣市的國小鄉土教材進行評

鑑。他的評鑑架構分為兩部分：教材發展過程部分，著重縣市政府與學校間的課程發展權責關係、教材組織模式、參與發展人員之分工、編輯與試教教師之研習、教學資源的提供和發展的過程等之了解與評估；正式教材內容部分，則以內容分析法，就教材的出版特性、物理特性、內容特性和教學特性等四方面十細目進行量化的分析。他的評鑑架構重視教材的發展過程之評鑑，本文可參考其精神，將教材擴充為重視對學校彈性學習節數課程發展過程之評鑑，把發展過程列為評鑑架構之一環。至於教材的內容分析部分，由於學校的彈性學習節數不見得編有教科書或書面教材，因此只能將其分析細目中的部分重點納為本文評鑑架構中的一部分，但不宜成為評鑑架構中的重點。

林瑞榮（民 79）亦曾發展欲針對「舟山模式」、「板橋模式」和「南海模式」等三種國小社會課程評鑑的計畫。依該計畫，他所提出的評鑑架構包括四大部分：一是課程要素與發展要素的整體評鑑，擬採用文獻探討、理論分析、調查法、訪談與晤談及參與觀察等方法，針對課程的要素，如主要理論取向、目標、內容、活動、教法、媒體、評鑑（評量）和有關材料，以及課程的發展要素，如發展程序、人員、組織、經費、角色分配、評量設計、實施計劃、師資進修等項目評鑑。二是課程材料的分析，擬採用量化為主的內容分析法，輔以非結構式分析，針對教科書、教師手冊、習作簿和教學媒體等加以分析。三是課程效果的實驗，擬採用前後組實驗設計，並輔以參與觀察法，實驗比較三種社會課程的實施效果。最後是評鑑的檢討，擬採用Scriven的評鑑檢核表進行後設評鑑。

從林瑞榮的社會課程評鑑計畫觀之，其評鑑架構頗為完整，所欲評鑑的範圍包括課程的發展過程、課程計畫（即他所謂的課程要素）、課程材料、課程效果和後設評鑑，而且也列出各評鑑範圍的細目及蒐集資料的方法。不過，缺乏有關課程實施之評鑑，是美中不足之處。另外，最須考慮的是，他的評鑑計畫，企圖心很大，欲針對三種社會課程的各層面及其效果進行評鑑，若欲真正落實實施，恐需組成龐大的專業評鑑團隊，投入可觀經費，延續數年時間方能竟其功。

　　對本文所欲發展之評鑑架構而言，林瑞榮的社會課程評鑑計畫中的評鑑範圍與細目重點，極具參考價值，但將予以修正。尤其是若不對各校之彈性學習節數課程進行效果比較，就毋須採用實驗法，而可改採其他蒐集資料的方法來了解課程效果，以增進實施的可行性及未來之推廣。

三、李琪明之研究

　　李琪明（民 88）曾採 CIPP 評鑑模式為基本架構，但稍加調整，建構出適用於國民中小學學校層次德育課程的評鑑指標，內含背景因素二十二個重點評鑑因素，以及輸入、過程與輸出指標計四十六個。其中，背景因素包含學生、教師、資源和學校與社區特色等學校基本資料及特性之評估因素二十二項，輸入層面之指標包含學生背景、教師結構與投入、資源分配與投入等指標十項，過程層面之指標有正式課程、非正式課程和潛在課程之實施與運作等指標十五項，輸出層面的指標則包括學生整體表現、優

良行為、偏差行為以及師生、家長、社區與視導人員的滿意度等指標二十一項。他的指標架構亦列出各指標細目的操作型定義，以及蒐集資料的來源與方法。

李琪明的指標架構包含了課程的背景因素、輸入因素、實施過程和結果層面之評鑑，亦具體界定出各層面評鑑指標項目的定義及蒐集資料的方法，對本文而言頗具參考價值，唯亦將加以調整修正。首先，在背景因素之評鑑方面，按 Stufflebeam 的 CIPP 評鑑模式之原意，背景因素之評鑑，旨在協助機構做是否對原有計畫加以改良或另創革新計畫之決定，並使革新計畫之決定更合理（黃光雄，民 78）。若評鑑目的不在於協助學校發展出適合其背景脈絡的課程計畫，而在於評估其彈性學習節數課程之規畫是否考慮或評估其背景脈絡因素，則可將背景因素層面納為評鑑學校彈性學習節數課程發展過程的項目之一即可，但毋須另列此層面及其評鑑細目。其次，李琪明所列出的德育課程輸入、過程和結果層面之評鑑指標細目，大部分是從德育的角度所界定的細目及操作型定義，許多將無法適用於各校因情境所需而發展與實施的各類彈性學習節數課程，因而其細目和定義只能提供作為本文建構評鑑指標細目的參考方向。最後，其評鑑的細目指標太多，過於細瑣，可加以整合。

四、郭昭佑與陳美如的研究

近年來，郭昭佑（民 89a，民 89b）曾陸續發表有關學校本位課程評鑑的論文，並與陳美如（民 90）發展出一套學校本位課程

評鑑的指標架構。該評鑑指標架構按學校課程發展的階段，列出各階段的評鑑細目及規準，包括籌畫階段的研習宣導與專業訓練類指標九項、組織建置與成員參與類指標十項、脈絡分析與供需評估類指標十一項和全校總體課程計畫類指標十項，設計階段課程設計組織運作類指標九項、課程方案目標與架構類指標八項、教學材料設計類指標七項、教學方法設計類指標九項、教學資源設計類指標八項、評量與補救方案設計類指標八項和試驗階段回饋類指標七項，實施階段的事前研討與教學準備類指標九項、教學實施與檢核類指標六項、資訊收集與研討因應類指標七項和回饋與修正類指標五項，以及成果階段的學生學習成效類指標四項、教師專業成長類指標四項、滿意度類指標五項、負荷情形類指標四項和評鑑結果的分享類指標四項。總計指標細目高達一百四十四項。

這兩位學者的評鑑指標架構，對本文而言能提供一個相當完整的指標細目檢索架構。唯其細目太多，部分細目亦有重複現象，故可加以整合。另外，此架構把課程發展的籌畫階段與設計階段劃分為兩部分，實屬多餘，兩者可合併。再者，部分細目的列述，如「教材的搜尋、分析與選擇」、「補充教材設計」、「教師參與的態度與程度」、「試驗規模與時程」、「特殊學障之轉介」等屬中性的項目之舉列而非規準的敘述；而另有部分細目的列述，如「符應學生能力與需求」、「考量學生個別差異」、「注重學習動機的激發」、「注重基本能力培養」則屬應然規準的規範性敘述，兩種語句性質不一，宜將其統一修改為應然性的規範語句，以符合評鑑指標規準的應然性質。最後，若能參考前述李琪明和

林瑞榮的做法，將各類目指標的資料蒐集來源與方法列出，則評鑑架構會更完整。

五、Convey 的評鑑架構

John Convey 曾協助美國一所小學（Kendall Demonstration Elementary School）發展出一個適用於評鑑數學、科學、社會和語文等領域課程的架構，並實際於該校實施評鑑。他發展出的課程評鑑架構，包括四層面的評鑑：第一層面是課程綱要（program guides）之評鑑，評鑑重點包含綱要中課程目標、所建議課程活動、教學方法、教材和教學評量程序等之合適性；第二層面是課程綱要使用情形之評鑑，評鑑重點包含教師對每一課程目標的實際教學時間、教師的教學、教材和評量過程的實際運作情形；第三層面是課程方案對教師影響之評鑑，評鑑重點為了解教師對課程方案的知覺與感受，例如了解教師對課程綱要的一般感受，對所建議課程活動合適性、實施方便性、教學準備之負擔、是否樂於繼續推動本方案、課程經驗價值性等之知覺與態度；最後的層面，是課程方案對學生影響之評鑑，評鑑重點包括評估學生在課程方案所列目標的進展情形，如評估學生在與這些目標相關聯之測驗結果，與這些目標直接或間接之活動或態度上之進步情形；亦可評估學生對課程方案的滿意度。此外，Convey 亦就各層面的評鑑重點建議了一些蒐集資料的方法與工具（Leonard, 1982）。

Convey 的評鑑架構涵蓋課程計畫、課程實施和課程結果三層面，結果層面有包含對學生和對教師影響兩類；而且，亦建議各

層面評鑑蒐集資料之方法與工具。就整體架構而言，頗為完整，能對課程進行全貌式的了解與評鑑。但是，他對有關各課程層面評鑑重點細目之列述，則過於簡要，應可進一步具體化。

六、Zaid 的評鑑架構

Zaid（1986）認為系統化的課程評鑑，應包含課程規畫（curriculum planning）、課程發展（curriculum development）、課程實施（curriculum implementation）和課程效果（curriculum effects）等四個連續階段或層面之評鑑，而且四層面評鑑又具有彼此回饋的關係，如圖 15-1。

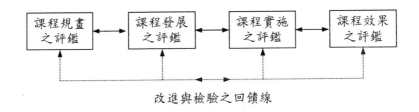

改進與檢驗之回饋線

圖 15-1　Zaid 的四大基本課程評鑑層面之回饋關係圖

茲簡要說明 Zaid 的四層面課程評鑑之功能、重點與程序如下：

第一層面，課程規畫之評鑑

本層面之評鑑功能類似 CIPP 評鑑之背景評鑑或所謂的需求

評估，旨在協助課程工作者決定課程革新的需求、新課程的目的與基本特質、建構滿足新課程發展所需的教育的、心理學的、社會學的、實踐的和物理的各種資源。本層面的評鑑過程有三：首先，是決定現有課程的合適性。透過系統化方法蒐集課程基本的資料，如教育哲學、當地歷史和文化、學術研究結果、學習者發展和學習理論、政治意識型態、大學要求和當代社會、經濟與科技發展趨勢等資料，評估現行課程與應然課程間的差距，以決定是否終止、修正或持續現行課程。

其次，當決定發展新課程時，則進入課程發展規畫的評鑑。包括先評鑑主要的課程規畫要素，如課程目的、知識、學習活動和評量活動，以確保新的課程內容能滿足人類成長需求和學生個人的期望；接著，亦須評鑑附屬的課程規畫要素，如教學策略、教學媒體與材料、課程組織模式、人力和物質支持服務等；然後，決定新課程的效標，可尋找一個類似性質的成功課程當效標，作為發展新課程的標竿。

最後，評鑑新課程的教育性和實踐性效益，對所欲發展的新課程做最後的評估，評估的重點是回答下列問題：此課程會滿足所期待的學生學習與成長需求？此課程包含了學生學習與成長所需的各類知識和經驗？所欲規畫的課程形式若於學校情境實施，將不會遭致明顯的抗拒或困難？此課程整體而言，符合學校內和社會各部門的期望？所期望的教育性產出與所投入於課程的花費相稱？學校以特定時間實施本課程，對學生學習與成長是重要的嗎？

第二層面，課程發展之評鑑

本層面之評鑑，主要在於評估課程產品如課程計畫文件、支持材料和教學策略等是否符合某些內在規準的合適性。可採用的方法，包括文件檢視分析、鑑賞與批評、小規模試辦、行動研究、臨床實驗等。易言之，本層面是對課程細部計畫之評鑑。本層面評鑑包括課程合適性和支持服務合適性兩類評鑑。

第一類，課程合適性的評鑑，又包括下列評鑑：第一，構造合適性，評估課程之各內容要素是否形成有機的、邏輯的、整合的、相互支持的和可行的關係。例如，一般目標與行為目標、行為目標與課程知識、行為目標與評量活動、行為目標與教學活動、課程知識與教學活動、課程知識與評量活動、教學活動與評量活動間等的邏輯關係、因果關係和相互支持關係。第二，課程內容的教育合適性，評估所規畫設計的課程內容是否完整地涵蓋所欲達成的目標。第三，新課程構念合適性，評估預期學生習得的課程內容與實際能習得的內容之間的契合程度。第四，課程的心理學合適性，指從心理學的研究成果與發現，評估課程內容的合適性，如從學習理論、學生的一般智能、學習者的認知發展階段、動作能力、道德發展階段、社經背景、語言發展和人格特質等評估學習內容的合適性。第五，課程的工具合適性，評估課程文件、教科書、指引、習作簿和教材等物理屬性的合適性。

第二類，支持服務合適性的評鑑，則包括兩項：一、課程媒材合適性，評估之規準包含：與課程之相關聯、內容完整、能彈性運用和多元化的展現；二、教學策略合適性，評估規準如適合

於學生、教師專業、目標性質、教學時間和學校設施等。

第三層面，課程實施之評鑑

本層面之評鑑主要在於評估影響課程實施的因素和課程運作與實施的實際過程，以做為回饋改進之參考。評鑑的項目有二，一是課程影響因素，如人的因素、心理學因素、課程本身因素、物質因素和社會政治因素等；另一是課程實施過程，如準備過程、例行行政過程、裝置過程和教學過程等之了解與評估。

第四層面，課程效果評鑑

本層面之評鑑，用以決定課程是否繼續實施、或改進、或終止。評鑑的面向有二，一是課程的主效果，亦即其對學生知識、態度和技能等成就之影響與成效；另一是邊際效果，包括對教師、行政人員、學校情境和當地社區環境的影響效果。

Zaid 的評鑑架構比 Convey 的架構更完整、更有體系，可作為本文發展評鑑架構與規準之重要來源，但其有關課程規畫階段之評鑑，比較適合課程發展者自行評鑑之用；另外，他的課程效果評鑑層面涵蓋的範圍太多，因此也可再修正簡化，使之更具可行性。

七、Glatthorn 之評鑑架構

Glatthorn（1987）曾發展出一組適用於單一學習領域的評鑑規準架構，內含書面的課程、支持的課程、施教的課程、測驗的

課程、習得的課程和課程形成等六層面計五十三個細目的評鑑規準。茲列述如下：

(一)書面課程

1. 目標

- 清楚明白地陳述該領域（學科）目標，且其對須參考者而言，具可理解性（易於閱讀）？
- 這些目標與學區（上級教育行政機關）相關課程的目標一致？
- 這些目標根據本領域專家的建議？
- 這些目標獲得家長的了解與支持？
- 這些目標獲得班級教師的了解與支持？
- 這些目標獲得學生的了解與支持？

2. 將各層級目標的範圍與順序

- 這些目標分析成一系列的各年級層次目標（成就目標），且能指明欲達成的重要概念、技能和態度？
- 這些層級性目標具充分的完整性，能適當地反應本領域的目標？
- 這些層級性目標以某種方式（如範圍和順序圖表）清楚地呈現，能增進了解與運用？
- 這些層級性目標根據且反應了本領域專家的建議？
- 這些層級性目標的出現位置反應了當前有關學生發展的知識？
- 這些層級性目標的出現位置提供了必要的學習增強，但不

會產生無謂的重複？

- 這些層級性目標的出現位置，在難度上適合於該層級的學習者？
- 這些目標適當地分配在各年級，使各年級間之目標具平衡性？

3.課程指引（course guides）

- 具備涵蓋本領域所有各年級的書面課程指引？
- 這些書面課程指引對行政人員、教師和家長具可讀性（可理解性）？
- 課程指引的格式易於促進修正和補充？
- 課程指引以某種格式和方法清晰地說明年級層次的目標，以利運用？
- 課程指引適當地區分出須精熟的、具相關性的和擴展性的學習結果，並且將重點放在須精熟的學習結果？
- 課程指引清楚地指出須精熟的學習結果之重要性，並建議了能反映其重要性的時間分配？
- 課程指引建議將目標轉化為學習單元的組織方式，但並不要求特定的單元組織型態？
- 課程指引建議（而非指定）了可能導向相關目標達成的教與學之活動？
- 所建議的教與學活動，反應了當前有關教與學的知識，且其品質是卓越的？
- 課程指引建議適當的評量過程與方法？
- 課程指引建議適當的教學材料和其他教學資源？

(二)支持的課程

1. 時間

- 學區清楚說明本領域課程在學校各年級的時間分配？
- 本領域時間的分配，能適當地反應學區（教育行政機關）目標、本領域課程目標和專家的建議？
- 學校的主要行事曆和有關時間分配的行政綱要適當地反應學區的時間分配？

2. 教材

- 教材量與學生註冊人數需求相稱？
- 教材裡的學習目標與課程指引的目標相契合？
- 教材反應了本領域的最新知識？
- 教材無性別偏見和種族刻板印象？
- 教材的難度層次適當？
- 教材的設計與組織能便於教師使用？
- 教材反應了基本學習原理，妥適地提供動機引發、解釋說明、運用實例、增強和擴展學習等設計？

3. 教師發展

- 學區持續提供教師成長方案，以協助教師有效使用課程指引並參與指引的改進？

(三)施教的課程

- 教師分配於本領域的教學時間，符合學區和學校的規定？
- 教師對本領域裡各內容的時間分配，能反應課程內容的優

先性？

- 教師的教學確為實現該年級的課程目標？
- 教師的教學方法反應了本領域課程的最新教學知識，且品質卓越？
- 本課程對教學產生哪些非意圖的效果？

(四)測驗的課程

- 學區提供了能適當反應且符合課程指引所載目標的課程本位測驗（curriculum-based test）？
- 這些測驗測量成就的效度與信度高？
- 學區採用標準化測驗以提供本領域課程成就的常模參照資料？
- 學區採用的標準化測驗適當地反應且符合課程指引所載目標？

(五)習得的課程

- 學生認為他們所學的內容是有用、有意義的？
- 學生所習得的課程目標達到一定的滿意水準？
- 有發現哪些非意圖的學習結果？
- 學生投入於本領域學習而導致的機會成本為何？

(六)課程形成

- 該領域課程的發展過程為何？又該過程能提供所有學校相關人員的適當投入？

- 提供哪些特別的措施，供相關人員的持續投入？
- 提供哪些特別的措施，以修改本領域課程？

    Glatthorn 的評鑑規準架構涵蓋了課程發展（形成過程）、書面課程計畫、課程實施的準備與支持措施、教材、課程實施、測驗和課程結果等諸層面的評鑑，其規準細目數量多且極明確，對本文發展評鑑架構頗有助益。但亦有若干不足或待修改處，首先是細目數量太多，應可再整併；其次，教材評鑑諸規準不見得適用於學校的彈性學習節數課程，因學校可能未使用教科書形式的教材；復次，測驗課程的評鑑規準較偏於紙筆式標準化測驗運用情形之評鑑，宜將之修改為有關教學評量安排之評鑑；最後，細目規準中有關學區（教育行政機關）應辦理的事項，就我國的彈性學習節數課程之精神而言，大都不能引用。

肆、評鑑架構與規準

    上述文獻探討，對彈性學習節數課程評鑑架構與規準之建構，提供重要的啟示。首先，美國教育評鑑標準聯合委員會公布的效用性、可行性、妥適性和正確性等四類評鑑標準，為評鑑架構之發展與實施，提供了基本的參照準則。

    其次，學者們所發展出的評鑑架構，大都強調對課程之評鑑，應重視全貌式評鑑之精神，力求包含對課程的發展與規畫過程，課程的計畫或綱要指引，課程實施前的安裝準備與支持，課程的

實施過程和課程的效果等諸層面，採用各種合適的方法蒐集充分可靠的資料，以對整體的課程現象做合理的價值判斷。Stake（1977）和 Eisner（1979）兩位美國著名教育評鑑學者，亦均曾有類似的論述及主張。

復次，學者們已發展出的評鑑架構和評鑑規準細目，雖可作為本文發展彈性學習節數課程評鑑架構中各細目規準之重要檢索來源，但由於有些學者的評鑑規準或偏重於書面課程計畫評鑑規準（如黃嘉雄、丁福壽和鄭全成者），或偏重於單一特定學科或領域之規準（如林瑞榮、李琪明者），或過於強調整體學校本位課程之詳細發展過程之評鑑（如郭昭佑和陳美如者）；或者，有些學者發展出的評鑑規準細目實在過於瑣碎龐雜。故可參考這些既有的評鑑架構和細目規準，加以進一步調整、修正、補充或整合，使之更能適用於彈性學習節數課程的評鑑。

最後，李琪明、Convey 和 Zaid 之評鑑架構，不但列出評鑑課程的諸層面及其項目重點，亦指出各評鑑項目蒐集資料的方法，Zaid 的評鑑架構更指出各層面與項目的價值判斷規準。此三位學者的觀點，能對課程評鑑整體架構勾勒出大輪廓。本文乃採取其整體架構觀點，發展整體的評鑑架構，至少包含三大部分：(1)是課程評鑑的諸層面和項目；(2)是價值判斷的規準；(3)是蒐集資料的來源與方法。

茲就前述文獻分析及思考所得，整合提出彈性學習節數課程評鑑架構及規準如表 15-1。

表 15-1　國民中小學彈性學習節數課程評鑑架構與規準

課程層面	評鑑項目	規　　　　準	資料來源與方法
課程發展過程	組織合適性	1. 成立彈性學習節數課程發展與設計小組，小組成員的專業性、代表性和人力足數所需。 2. 本小組內部及其與校內其他課程發展組織及行政單位間的分工、互動與協調情形良好。	1. 訪問課程發展專案小組成員及相關教師。 2. 分析課程發展過程的相關文件。
	過程合適性	3. 發展過程中蒐集、參考與評估課程設計所需的充分資料，如家長、社區和教師意見、學校發展願景與特色、師資結構、資源狀態、學生發展狀態和課程設計專業文獻等。 4. 學校提供小組發展課程所需的必要資源與關注，如時間、經費、場地、獎勵和諮詢管道。 5. 所發展出的課程方案，在未正式實施前，先經過小規模試辦或檢視分析，評估其妥適性、可行性和教育性價值，並據以做必要的修正。	

（下頁續）

（續上頁）

課程計畫	形式合適性	6. 所發展出的彈性學習節數課程計畫具備一般課程計畫的基本內涵，如課程理念、分年級、學期或分階段層次性目標、建議能達成目標的學習內容、教學活動、教材與評量方法。 7. 課程計畫的敘述文句，清晰且易於教師及家長了解。	以文件分析法分析學校基本資料、校務發展計畫、預算書、全校課程計畫和彈性學習節數課程計畫等文件。
	結構與邏輯合適性	8. 彈性學習節數課程的一般性長期目標、具體目標和各單元教學目標間形成相互支撐的整體邏輯關係。 9. 課程目標包含認知、技能和情意等層面的目標。 10. 課程目標與所建議的學習內容、教學活動、教學評量安排之間的邏輯關係、因果關係具合理性。	
	效益合適性	11. 所發展的彈性學習節數課程計畫內容，確與學校的發展願景和方向相契合。 12. 課程目標與內容對學習者的成長與發展而言，確實是重要的、有價值的、有意義的。	

（下頁續）

（續上頁）

		13. 實踐課程計畫所需的人力、設施和資源合乎成本效益觀念，具可行性。	
	心理學合適性	14. 課程目標內容與活動適合於學習者的體能、語言和認知發展層次。	
		15. 課程內容與活動能引發學習者興趣，增進其持續參與學習的動機。	
		16. 課程目標、內容與活動能反應學習者的個別化需求。	
課程實施前的安裝與支持	人員妥適性	17. 課程實施前能針對施教之教師提供有關本課程的充分專業研習與成長活動，使施教者了解課程的目的、內容與實施方法。	1. 訪問學校行政人員和課程發展小組成員。 2. 實地勘查校內設施。
		18. 實施前能向家長宣導說明本課程的精神與內涵，以獲得其支持，	
	資源與設施妥適性	19. 實施本課程有關的教材、空間和設備足敷所需，事先備妥。	

（下頁續）

（續上頁）

課程實施	意識合適性	20.課程實施者對於本課程目的、內容與方法之了解與詮釋，與課程計畫所載精神相符合，且支持本課程的實施。	1.訪問教學者。 2.觀察教學過程。
	教學過程合適性	21.教師編輯或採用的教材或教學資源，確能達成課程目標，且其物理性特性和內容特性良好。 22.教師的教學方法、教學時間分配、教學策略確能達成課程目標或能掌握、深化本課程的理念與目標。 23.教師的教學評量方法與工具，能掌握課程目標與內容特質，並以評量結果回饋於自己的教學和學生的學習。 24.學生在各單元的學習活動和行為反應，與本課程計畫所欲達成的長期性目標方向相契合。	
	支持合適性	25.課程實施者在課程實施過程中所遭遇的困難或問題，能尋求解決或獲得學校相關人員的協助與支援。	

（下頁續）

（續上頁）

課程效果	教師的滿意性	26.經過一段較長時間的課程實施後，教學者對於課程實施的結果表達支持和肯定的意見，樂於繼續推動本課程。	1.訪問教學者 2.觀察教學過程中的學生表現，並檢視學生的作業成品。 3.依課程性質，實施總結性學習成就評量。
	學習成效的滿意性	27.課程實施後，學生在認知、技能和情意層面上的行為表現，符合課程計畫所列課程目標的一定滿意程度。 28.課程實施中與實施後所發現的非意圖性學習結果，符合教育的原理原則，無負面效果。	

參考文獻

丁福壽（民91）。**國民小學自然科與生活科技學習領域課程計畫評鑑規準之研究**。國立台北師範學院課程與教學研究所碩士論文（未出版）。

王月美（民90）。**國小校長課程領導之個案研究——以九年一貫課程試辦學校為例**。國立台北師範學院課程與教學研究所碩士論文（未出版）。

王嘉陵（民90）。**學校本位課程發展的歷程與困境——一所國民小學之個案研究**。國立高雄師範大學教育學系碩士論文（未出版）。

李琪明（民88）。我國國民中小學學校層次德育課程評鑑指標之建構。**公民訓育學報**，8，197-230頁。

林瑞榮（民79）。國小社會課程評鑑計畫。**台南師範學院學報**，*23*，161-188頁。

林瑞榮（民89）。國小鄉土教材的評鑑與設計。**課程與教學季刊**，*3*（3），73-90頁。

邱惜玄（民90）。協同教學之發展歷程與省思——以東山國小為例。**第三屆課程與教學論壇「課程改革的反省與前瞻學術研討會」論文集**（上冊），73-96頁。台北：國立台北師範學院課程與教學研究所、中華民國課程與教學學會。

高新建（民91）。彈性學習節數的規畫與運用。歐用生、莊梅枝主編，**反省與前瞻——課程改革向前跑**，151-170頁。台北縣：中華民國教材研究發展學會。

陳伯璋（民89）。「邁向新世紀的課程」——九年一貫新課程的理念、內涵與評析。教育部台灣省國民學校教師研習會編，**九年一貫課程試辦學校研習參考資料**，32-40頁。台北縣：編者。

教育部（民82）。**國民小學課程標準**。台北：作者。

教育部（民89）。**國民中小學九年一貫課程暫行綱要**。台北：作者。

郭昭佑（民89a）。學校本位評鑑理念在課程評鑑上的應用。**國教學報**，12，21-38頁。

郭昭佑（民89b）。學校本位課程評鑑——對九年一貫課程發展的啟示。**教育研究資訊**，8（6），16-34頁。

郭昭佑、陳美如（民 90）。課程評鑑指標建構——學校本位課程發展觀
　　點。**第三屆課程與教學論壇——課程改革的反省與前瞻學術研討會
　　論文集（上冊）**。97-115 頁。台北：國立台北師範學院課程與教學
　　研究所、中華民國課程與教學學會。

黃光雄編譯（民 78）。**教育評鑑的模式**。台北：師大書苑。

黃政傑（民 76）。**課程評鑑**。台北：師大書苑。

黃嘉雄（民 89）。**學校書面課程計畫評鑑規準之初步建構**。中正大學教
　　育學院主編，新世紀教育的理論與實踐，289-308 頁。高雄：麗文。

游家政（民 91）。學校本位課程評鑑的規準。歐用生、莊梅枝主編，反
　　省與前瞻——課程改革向前跑，306-317 頁。台北縣：教研學會。

鄭全成（民 91）。**國小社會學習領域課程計畫評鑑規準之研究**。國立台
　　北師範學院課程與教學研究所碩士論文（未出版）。

蔡居澤（民 88）。活動課程評鑑的探討——以美國探索教育活動為例。
　　公民訓育學報，8，283-294 頁。

蔡孟育（民 89）。**一所國民小學鄉土教學活動課程發展、實施、評鑑之
　　研究**。國立台北師範學院課程與教學研究所碩士論文（未出版）。

Eisner, E.W. (1979). *The educational imaginations: On the design and evalua-
　　tion of school programs.* New York: Macmillan.

Glatthorn, A.A. (1987). *Curriculum leadership.* Glenview, Illinois: Scott, For-
　　esman and Company.

Gredler, M.E. (1996). *Program evaluation.* New Jersey: Prentice-Hall.

Leonard, K. (1982). Curriculum evaluation at Kendall Demonstration Elemen-
　　tary School, 1981-1982. ERIC. ED231859

Nevo, D. (1995). *School-based evaluation: A dialogue for school improvem-*

ent. Oxford: Pergamon.

Stake, R.E. (1997). The countenance of educational evaluation. In A.A. Bellack & H.M. Kliebard (eds.), *Curriculum and evaluation* (372-390). Berkeley: MrDutrhan.

The Joint Committee on Standards for Educational Evaluation (1994). The program evaluation standards (2nd ed.). Thousand Oaks, CA: SAGE.

教育願景 17

九年一貫課程改革的省思與實踐

作　　者：黃嘉雄
執行編輯：林怡君
副總編輯：張毓如
總　編　輯：吳道愉
發　行　人：邱維城
出　版　者：心理出版社股份有限公司
社　　址：台北市和平東路二段 163 號 4 樓
總　　機：(02) 27069505
傳　　真：(02) 23254014
郵　　撥：19293172
　E-mail：psychoco@ms15.hinet.net
駐美代表：Lisa Wu
　　　Tel：973 546-5845　Fax：973 546-7651
登 記 證：局版北市業字第 1372 號
電腦排版：臻圓打字印刷有限公司
印 刷 者：翔勝印刷有限公司
初版一刷：2002 年 11 月

ISBN 957-702-540-4

國家圖書館出版品預行編目資料

九年一貫課程改革的省思與實踐 / 黃嘉雄著. --
- 初版. -- 臺北市：心理, 2002 [民 91]
面； 公分. --（教育願景；17）

ISBN 957-702-540-4（平裝）

1. 九年一貫課程

523.4   91018062

讀者意見回函卡

No.＿＿＿＿＿　　　　　　　　　　　填寫日期：　年　　月　　日

感謝您購買本公司出版品。為提升我們的服務品質，請惠填以下資料寄回本社【或傳真(02)2325-4014】提供我們出書、修訂及辦活動之參考。您將不定期收到本公司最新出版及活動訊息。謝謝您！

姓名：＿＿＿＿＿＿＿＿＿＿　性別：1□男 2□女

職業：1□教師 2□學生 3□上班族 4□家庭主婦 5□自由業 6□其他＿＿＿＿＿

學歷：1□博士 2□碩士 3□大學 4□專科 5□高中 6□國中 7□國中以下

服務單位：＿＿＿＿＿＿＿＿　部門：＿＿＿＿＿＿職稱：＿＿＿＿＿

服務地址：＿＿＿＿＿＿＿＿＿＿電話：＿＿＿＿＿傳真：＿＿＿＿＿

住家地址：＿＿＿＿＿＿＿＿＿＿電話：＿＿＿＿＿傳真：＿＿＿＿＿

電子郵件地址：＿＿＿＿＿＿＿＿＿＿＿＿＿＿＿＿

書名：＿＿＿＿＿＿＿＿＿＿＿＿＿＿＿＿＿＿＿＿＿＿＿＿

一、您認為本書的優點：（可複選）

　❶□內容 ❷□文筆 ❸□校對 ❹□編排 ❺□封面 ❻□其他＿＿＿＿

二、您認為本書需再加強的地方：（可複選）

　❶□內容 ❷□文筆 ❸□校對 ❹□編排 ❺□封面 ❻□其他＿＿＿＿

三、您購買本書的消息來源：（請單選）

　❶□本公司 ❷□逛書局⇨＿＿　書局 ❸□老師或親友介紹

　❹□書展⇨＿＿書展 ❺□心理心雜誌 ❻□書評 ❼□其他＿＿＿＿

四、您希望我們舉辦何種活動：（可複選）

　❶□作者演講 ❷□研習會 ❸□研討會 ❹□書展 ❺□其他＿＿＿＿＿

五、您購買本書的原因：（可複選）

　❶□對主題感興趣 ❷□上課教材⇨課程名稱＿＿＿＿＿＿＿＿

　❸□舉辦活動 ❹□其他＿＿＿＿＿＿＿＿　（請翻頁繼續）

廣 告 回 信
台灣北區郵政管理局登記證
北 台 字 第 8133 號
（免貼郵票）

 心理出版社 股份有限公司

台北市 106 和平東路二段 163 號 4 樓

TEL:(02)2706-9505
FAX:(02)2325-4014
EMAIL:psychoco@ms15.hinet.net

沿線對折訂好後寄回

六、您希望我們多出版何種類型的書籍

　❶□心理❷□輔導❸□教育❹□社工❺□測驗❻□其他

七、如果您是老師，是否有撰寫教科書的計劃：□有□無

　書名/課程：＿＿＿＿＿＿＿＿＿＿＿＿＿＿＿＿＿＿＿＿

八、您教授/修習的課程：

上學期：＿＿＿＿＿＿＿＿＿＿＿＿＿＿＿＿＿＿＿＿＿＿

下學期：＿＿＿＿＿＿＿＿＿＿＿＿＿＿＿＿＿＿＿＿＿＿

進修班：＿＿＿＿＿＿＿＿＿＿＿＿＿＿＿＿＿＿＿＿＿＿

暑　假：＿＿＿＿＿＿＿＿＿＿＿＿＿＿＿＿＿＿＿＿＿＿

寒　假：＿＿＿＿＿＿＿＿＿＿＿＿＿＿＿＿＿＿＿＿＿＿

學分班：＿＿＿＿＿＿＿＿＿＿＿＿＿＿＿＿＿＿＿＿＿＿

九、您的其他意見

謝謝您的指教！　　　　　　　　　　　　　46017